本书为贵州省教育厅创新群体重大研究项目“黔东南民族建筑研究创新团队”（黔教合KY字〔2017〕048）、凯里学院博士专项“黔东南传统民族建筑营造技法研究”（BS201408）、贵州省高等学校教学内容和课程改革项目（项目编号：20190167）研究成果

# 黔东南传统村落文化保护与教育传承

蔡　萍◎著



知识产权出版社
全国百佳图书出版单位
—北京—

**图书在版编目（CIP）数据**

黔东南传统村落文化保护与教育传承 / 蔡萍著. —北京：知识产权出版社, 2022.6
ISBN 978-7-5130-8194-8

Ⅰ. ①黔… Ⅱ. ①蔡… Ⅲ. ①村落－保护－研究－黔东南苗族侗族自治州 Ⅳ. ①K928.5

中国版本图书馆CIP数据核字(2022)第094236号

**内容提要：**

本书秉承“传承中华文脉，守护精神家园”的信念，基于对黔东南传统村落文化与教育生境的分析，在教育场域理论的指导下，运用田野调查法、空间分析法、个案研究法、历史分析法等研究方法，对民众的不同生活空间：家庭、村寨、学校、社会展开逐层研究，力图通过家庭教育、村寨教育、学校教育、社区教育与智慧教育的有机结合，构建五位一体的教育机制，彰显传统村落文化联动协同效能，促进其发展与创新。

本书适合传统村落与民族文化教育研究科研工作者、高校相关专业师生及社会人士阅读。

**责任编辑：**王　辉　　　　**责任印制：**孙婷婷

**黔东南传统村落文化保护与教育传承**

QIANDONGNAN CHUANTONG CUNLUO WENHUA BAOHU YU JIAOYU CHUANCHENG

蔡　萍　著

| | | | |
|---|---|---|---|
| **出版发行：** | 知识产权出版社有限责任公司 | **网　　址：** | http://www.ipph.cn |
| **电　　话：** | 010－82004826 | | http://www.laichushu.com |
| **社　　址：** | 北京市海淀区气象路50号院 | **邮　　编：** | 100081 |
| **责编电话：** | 010－82000860转8381 | **责编邮箱：** | laichushu@cnipr.com |
| **发行电话：** | 010－82000860转8101 | **发行传真：** | 010－82000893 |
| **印　　刷：** | 北京中献拓方科技发展有限公司 | **经　　销：** | 新华书店、各大网上书店及相关专业书店 |
| **开　　本：** | 720mm×1000mm　1/16 | **印　　张：** | 15 |
| **版　　次：** | 2022年6月第1版 | **印　　次：** | 2022年6月第1次印刷 |
| **字　　数：** | 252千字 | **定　　价：** | 76.00元 |

ISBN 978－7－5130－8194－8

# 目　录

# 绪　论

## 一、问题的提出

中国拥有悠久农耕文明史，在魏晋以降的古代文献资料中，“村落”一词频频出现。[1]“村落”的基本释义如下：村庄，是“乡人聚居之处”，因而也叫“聚落”。村落是人类因生存需要而聚居的处所，是在家庭基础上的延伸和发展，是由一个或几个家族联合构成的具有相当规模和相对稳定的基本社会单位。[2]在传统农业社会，村落生活是中国人聚落的主要方式。从古至今，人类一辈辈在村落中繁衍生息。

随着工业化和城镇化的不断加快，大批农民离开乡村外出务工，村落在现代化的冲击下数量急剧减少，具体表现为：乡土建筑老化破败，民族文化空间淡化，乡村技艺出现断层，民族风俗节庆被逐渐淡忘等，致使灿烂的农耕文明黯然失色。因此，对村落进行保护具有必要性和紧迫性。村落文化是全球范围内一种重要的文明形式，其对丰富地域文化形态，塑造民族文化心理，构成民族文化特性等发挥着不可替代的作用。[3]

文化即文治与教化，文化与教育关系紧密，它们相辅相成，互为前提。文化是教育内容的源头，犹如教育长河之水，文化的性质也会深刻地影响教育的开展。教育在传承和交流文化的同时，融合与创新了文化本身，即教育具备文化的

---

❶《三国志·魏志·郑浑传》：“入魏郡界，村落齐整如一，民得财足用饶。”晋代崔豹作《古今注》：“四顾荒郊，村落绝远。”《北史》：“吏人如丧亲戚，城邑村落营斋供。”唐代张守节作《史记正义》，注《史记·秦本纪》曰：“筑冀阙，秦徙都之，并诸小乡聚。”“正义”云：“万二千五百家为乡，聚犹村落之类也”。唐朝韩愈《论淮西事宜状》：“村落百姓，悉有兵器，小小俘劫，皆能自防。”宋代叶适《题周子实所录》：“余久居水心村落，农蓑圃笠，共谈陇亩间”。明朝袁可立的《甲子仲夏登署中楼观海市》：“村落敷洲渚，断岸驾长虹。”清朝郑燮《山中卧雪呈青崖老人》诗：“银沙万里无来迹，犬吠一声村落闲”等。

❷ 孟庆刚，等．青州民俗（上）[M]．北京：中国文史出版社，2009：125.

❸ 谢旭斌，李雪娇．传统村落“文化母本”的生成与转化[J]．湖南大学学报（社会科学版），2019，33（5）：126-133.

双重性。[1]因此，教育在文化传承中具有非常重要的地位。

黔东南苗族侗族自治州（以下简称“黔东南州”）是全国传统村落分布集中、特色鲜明、保存完好的地区。黔东南州的传统村落在“中国传统村落名录”中有409个，在全国地州市中排名第一位。黔东南州少数民族传统村落占比99.52%，村落中保留着民族文化的多样性，保护黔东南州传统村落文化是繁荣发展民族文化和实现乡村振兴的根基。黔东南传统村落文化的习得与传承是在村寨的共同交往中自然产生，现今传统教育场域已经被破坏，外来文化已伴随着社会的多种交流方式快速地涌入民族地区，强烈地冲击着本土民族文化，挤压着原生民族文化的生存与发展空间。当前，黔东南州的社会环境、地区的文化生态和民众的生活方式都发生了巨大的变化，传统村落空心化和民族文化逐渐消逝的现象也越来越普遍。如何保护传统村落，如何传承传统村落文化，如何使传统村落文化在新的时代背景下发展，这是现实中亟待思考与解决的问题。

## 二、研究现状

### （一）关于中国村落的研究

19世纪末，美国公理会传教士明恩溥，基于多年在华的生活感触与体验，著有《中国乡村生活》一书，书中生动地解析了中国乡村结构肌理与传统习俗、科举制度和教育改革、乡民的内心世界等，拉开了对中国乡村研究的序幕。[2]

在中国对村落研究较早的有费孝通，他以江苏省吴江区开弦弓村为研究对象，通过对该村社会结构及其运作状态进行详细实地调研，从家族关系、生活运行、商业贸易等方面对当时村落整体运行进行详细解剖，对中国村落研究发挥了范例作用。[3]此后，中国的人类学、社会学、历史学等领域的学者在此基础上开展了一系列的研究，如对鹭江村、林村、黄村、台头村等乡村的考察和调研，为当时和后人进行村落的运行机制、家族与社会关系等方面的研究提供基础。

[1] 孟立军. 贵州民族文化传承的课堂民族志研究[M]. 北京：中国社会科学出版社，2017：10.

[2] 明恩溥. 中国乡村生活[M]. 陈午晴，唐军，译. 北京：中华书局，2006.

[3]《江村经济》是费孝通1938年在英国伦敦大学学习时撰写的博士论文，论文的依据是作者在江苏省吴江县开弦弓村（今属苏州市吴江区七都镇）的调查资料，最初以英文发表，题为《开弦弓，一个中国农村的经济生活》。1939年在英国出版，书名为《中国农民的生活》。作者将开弦弓取名为江村。

黄宗智通过对华北乡村的实地调查，探讨了基层村落与国家之间的关系。[1]王笛运用计量学、心理学、社会学等多种研究方法，对1644—1911年以四川为中心的长江上游区域的社会阶层与组织的变化、农村经济的发展、教育从传统到近代化的转变等情况展开分析研究。[2]段友文基于黄河中下游特定地域生态环境，为新农村建设提供建议。[3]

## （二）关于中国传统村落的研究

在中国知网，以“传统村落”为主题，时间起于1991年1月1日，止于2021年12月31日，进行搜索，得出学术期刊论文7290篇，学位论文3423篇，会议论文664篇，报纸326篇，图书6部[4]，成果6个[5]。基于知网数据库的有限与侧重点不同，本书如下研究现状的分析主要针对论文展开。1991—2021年关于传统村落的发文量呈逐年递增的态势，直至2020年才有所回落（见图0-1）。

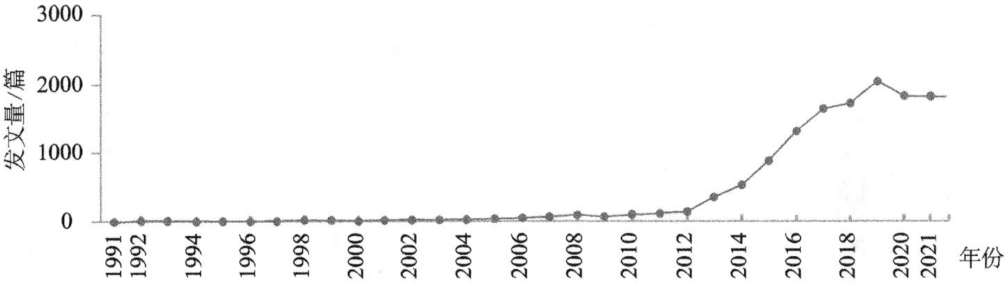


**图0-1　1991—2021年关于传统村落论文的发文量统计**[6]

---

❶ 李怀印．华北村治——晚清和民国时期的国家与乡村［M］．王士皓，岁有生译．北京：中华书局，2008.

❷ 王笛．跨出封闭的世界：长江上游区域社会研究（1644—1911）［M］．北京：北京大学出版社，2018.

❸ 段友文．黄河中下游家族村落民俗与社会现代化［M］．北京：中华书局，2007.

❹ 中国知网数据库中的6部图书分别是：《阿里传统建筑与村落》《重庆民居》《梅州传统客家民居村落剖析与鉴赏》《甘肃传统村落》《院落组成的传统村落》《皖南传统村落的遗产价值及其保护机制》。

❺ 中国知网数据库中的6个成果分别是：传统村落保护与更新关键技术研究、黄河流域古村落生态发展模式与政策评价研究、传统村落及其民居的基础理论和保护关键技术研究、“两美”视域下宁波村落传统建筑环境文化特征及延伸性研究、南宁历史建筑保护与传统聚落改造技术研究、贵州民族村寨文化空间识别技术构建与应用。

❻ 笔者在中国知网进行文献检索，通过中国知网的数据分析统计再导出图0-1。

在论文方面,中国学界对传统村落的研究始于20世纪90年代初,首先是殷永达对传统村落水口模式的研究。[1]其次是王秀文、徐晓光,他们指出日本现代社会是在传统村落社会的浸透下发展,现代日本人及日本社会在集团归属意识、等级序列意识、排外心理趋向等方面受传统村落社会的影响。[2]从1991年至1999年,关于传统村落的论文每年只有2~9篇。至2004年论文数量上升到41篇,2011年关于传统村落的论文数量突破100篇。中国传统村落保护工作自2012年正式启动,此后学界关于传统村落的成果直线上升:2012年有141篇;2016年发文量迅速突破1000篇;2019年达到最高峰为2030篇(第五批中国传统村落保护名录公布时间是2019年);2020年开始有点回落,下降至1831篇;2021年基本保持平衡,数量是1819篇。可见,学界的研究热度与研究成果与国家的政策导向紧密相关。

在11 377篇关于传统村落的学术期刊论文、学位论文和会议论文中,主要集中于传统村落、传统村落保护、乡村振兴、村落空间等方面(见图0-2)。

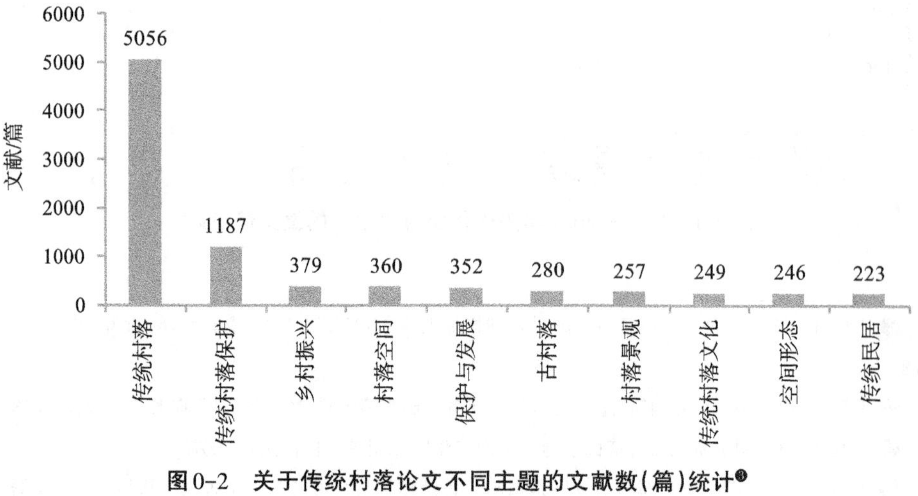


**图0-2 关于传统村落论文不同主题的文献数(篇)统计**[3]

[1] 殷永达.论徽州传统村落的水口模式及文化内涵[J].东南文化,1991(2):174-177.

[2] 王秀文,徐晓光.日本村落社会组织及其传统特征——兼谈村落文化传统对现代日本社会的影响[J].日本学刊,1991(3):98-109.

[3] 笔者在中国知网进行文献检索,通过中国知网的数据分析统计再导出图0-2。

其中，有5056篇论文主要主题是传统村落，1187篇论文主要主题是传统村落保护，379篇论文主要主题是乡村振兴，360篇论文主要主题是村落空间，352篇论文主要主题是保护与发展。传统村落文化是传统村落保护的重要组成部分，从中国知网的数据分析可知，主要主题是"传统村落文化"的论文数量相对偏少，仅有249篇，占比2.2%。由此可见，学界关于传统村落文化保护的研究还有待深入。

论文所属的不同学科分布中，7311篇论文是"建筑科学与工程"学科，1752篇属于"考古"学科，1320篇属于"旅游"学科，1282篇属于"农业经济"学科，1085篇属于"文化"学科，430篇属于"社会学及统计学"学科(见图0-3)。通过中国知网数据统计分析可知，关于"传统村落"的论文，"建筑科学与工程"学科优势明显，占比64.26%。教育作为文化保护与传承的重要方式，也是传统村落保护的重要途径，而且关于传统村落的论文中属于教育学科的数量偏少，只有214篇(其中体育122篇，中等教育92篇)，占比仅为1.88%。可见，传统村落的保护与教育学科的联系有待加强。

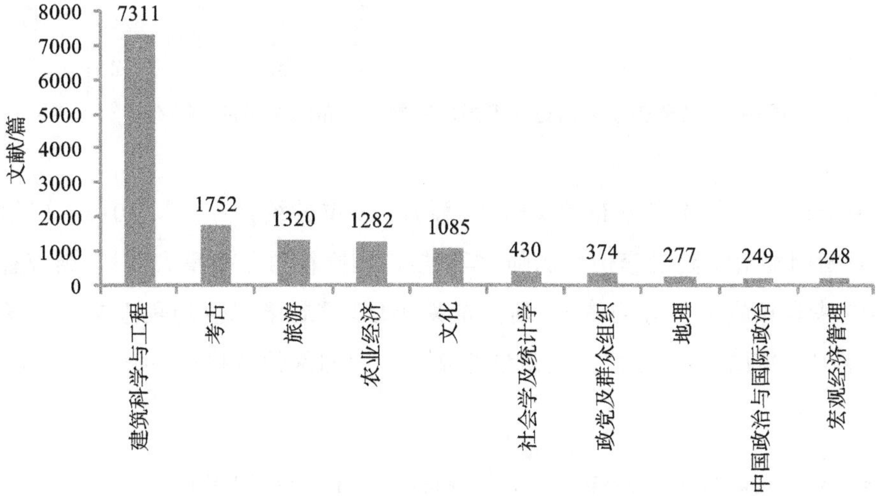


**图0-3 关于传统村落论文不同学科分布的文献数(篇)统计[1]**

[1] 笔者在中国知网进行文献检索，通过中国知网的数据分析统计再导出图0-3。

关于传统村落的论文不同研究层次分布的文献数(篇)统计中,有3056篇属于工程研究层次,643篇属于应用研究层次,541篇属于技术研究层次,441篇属于应用基础研究层次,194篇属于开发研究的政策研究层次(见图0-4)。可见,现有相关研究成果主要集中在工程研究与应用研究领域,关于传统村落的研究应该实践与理论相结合,学者们应加强相关的理论研究。

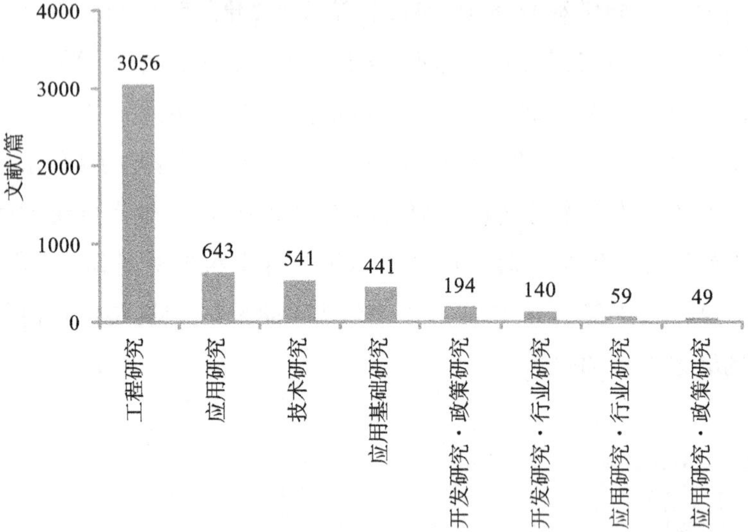


**图0-4 关于传统村落论文不同研究层次分布的文献数(篇)统计❶**

关于传统村落作者分布的文献数(篇)前10位的统计中(见图0-5),居第一位的是衡阳师范学院的李伯华老师,李教授以国家社科基金重大项目、湖南省人居环境基地开放项目等为依托,研究成果丰硕。❷居第二位的是人文地理学专家,长沙学院的刘沛林教授。吴慧虹等基于中国知网的数据源,利用citespace软

❶ 笔者在中国知网进行文献检索,通过中国知网的数据分析统计再导出图0-4。

❷ 李伯华,徐崇丽,郑始年,等.基于图式语言的少数民族传统村落空间布局特征研究——以湘西南侗为例[J].地理科学,2020,40(11):1784-1794;李伯华,李珍,刘沛林,等.聚落"双修"视角下传统村落人居环境活化路径研究——以湖南省张谷英村为例[J].地理研究,2020,39(8):1794-1806;李伯华,曾灿,刘沛林,等.传统村落人居环境转型发展的系统特征及动力机制研究——以江永县兰溪村为例[J].经济地理,2019,39(8):153-159.

件分析，得出刘沛林教授的传统村落研究引用指数高于李伯华教授。❶从整体来看，发文作者以高校教师为主体，其他机构如杂志社、设计院等则辅之。学者们的专业背景以理工类居多。

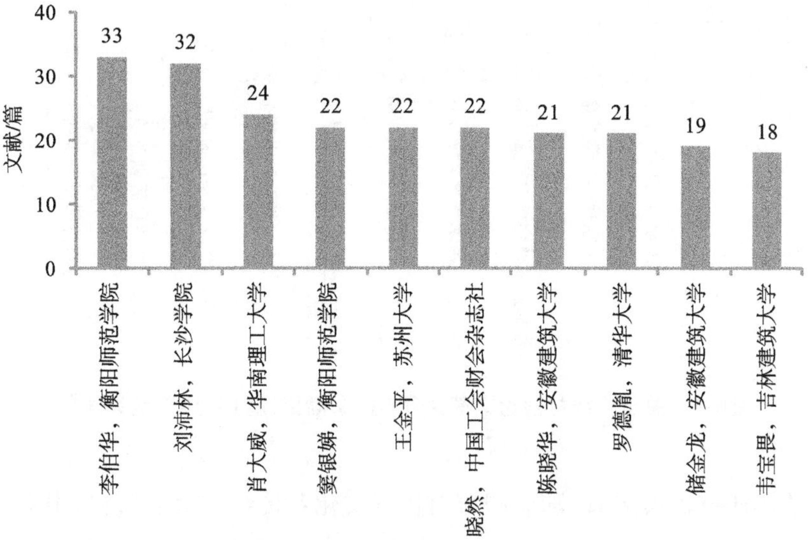


**图0-5 关于传统村落论文作者分布的文献数(篇)前10位统计❷**

随着21世纪以来国家对传统村落保护的重视，中央和地方政府对相关研究予以科研项目支持，以解决传统村落及其文化在社会发展过程中的问题。通过发挥基金项目的引领与支撑作用，提升了传统村落相关研究的创新能力，推动了自然科学、人文科学与社会科学相关领域的发展。在众多的相关论文中，有901篇论文依托的项目得到国家自然科学基金支持、568篇依托的项目得到国家社会科学基金支撑、138篇论文以教育部人文社会科学研究项目为平台、108篇属于国家科技支撑计划项目的研究成果，还有很多论文得到部级和省级基金项目支持(见图0-6)。

❶ 吴慧虹，申梦婷，李苑华. 基于知识图谱的国内传统村落研究进展综述[J]. 现代农业研究，2021，27(11)：7-10.

❷ 笔者在中国知网进行文献检索，通过中国知网的数据分析统计再导出图0-5。

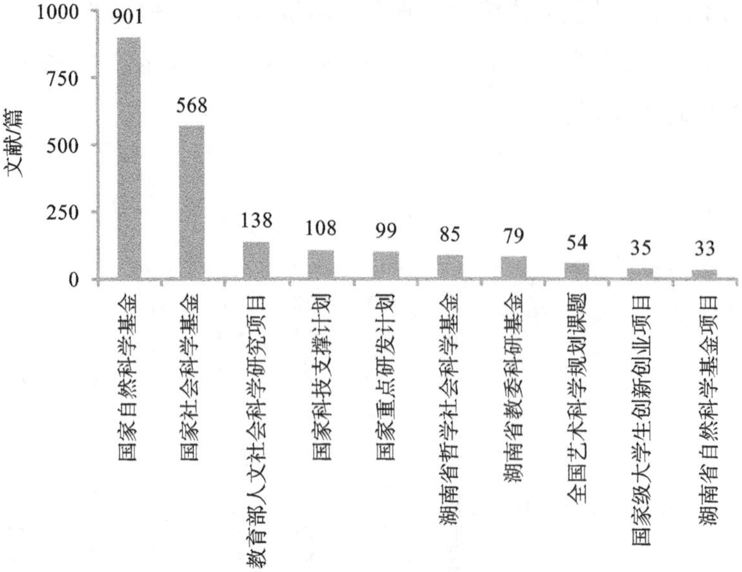


**图0-6　关于传统村落论文基金分布的文献数(篇)前10位统计图**[1]

从总体研究进展来看,随着国家对传统文化和传统村落的重视,中央和地方政府通过政策和基金项目的导向与支撑作用,研究成果自21世纪以来呈逐年增长的趋势,2020年开始有点回落,近两年保持平稳态势。丰硕的研究成果使得传统村落研究内容的深度得到挖掘,广度得到拓展,也促使社会各界对于传统村落的关注日益增加。研究热点主要从民族建筑、人居环境逐渐延伸到非遗保护、旅游开发、乡村振兴等层面,然而以创新式研究方法取得的研究成果相对较少,对于传统村落与其他相关学科在各个方面的交叉研究还有待深入。[2]

## (三)关于多元文化教育的研究

在西方,20世纪20年代出现了"多元文化",这一术语是为了解决政治领域中的民族问题而被提出来的,与"多元文化主义"意识形态紧密相关。20世纪60年代中后期,移民和外来人口使美国人口大量增加,随之带来一系列种族关系、宗教信仰、居住区域、人口结构等社会问题。

---

❶ 笔者在中国知网进行文献检索,通过中国知网的数据分析统计再导出图0-6。

❷ 李伯华,罗琴,刘沛林,等. 基于CiteSpace的中国传统村落研究知识图谱分析[J]. 经济地理,2017,37(9):207-241,232.

多元文化教育源于民族权利的复兴，是西方文化追求自由、平等、人性尊严的产物，为减少种族、性别和社会经济地位的不同所造成的差异，开始探索多元文化的理论与实践问题。为研究多元文化教育在不同文化背景学生中的学习效果，相关研究者于1993—1995年开展大量的问卷调查，发现受教育者对本民族的文化表现出较大的兴趣，强烈要求开展多元文化教育。从现代教育观来看，理想的教育应与本民族文化相关、富有意义、具有个性化。[1]

作为一种普遍贯彻实施的文化教育活动，西方一些发达国家在学校教育中制定了相应的多元文化教育教学大纲，以确保多元文化教育的开展。例如，美国高校的大学生必修课程当中必须有一门关于种族主义、性别差异性等类似的课程，关于多元文化主义的问题在教学中也频繁被师生们探讨。多元文化教育既有利于团结各族人民，保障社会稳定发展，又能繁荣群众文化生活，丰富社会文化，促进各民族间的理解与包容。[2]和谐社会是世界上大多数国家、民族和人民共同追求的理想社会，而要建立和谐社会，首要就要正确处理民族文化，开展多元文化教育。

阿里斯戴尔·罗杰斯等分析了多元文化主义对现代国家公民权利的提升和保护，并提出了相关可供政府参考的政策建议。[3]挪威学者艾德等基于社会科学的视角运用国际人权法对少数民族文化权利等相关问题进行了讨论和分析。[4]加拿大学者威尔·金里卡通过对少数群体权利问题的研究，提出自由主义理论[5]，为研究民族多元文化提供了借鉴和理论指导。

### （四）对已有研究的述评及本书研究的空间

保护传统村落文化必须开展系统的教育活动，教育是传统村落文化传承的

---

[1] FORD DONNA Y. Multicultural Gifted Education[M]. New York: Teachers College Press of Columbia University, 1999: 68.

[2] 谢红雨，伊理，肖荷. 云南民族文化传承之区域教育路径研究[M]. 北京：科学出版社，2018：3.

[3] 阿里斯戴尔·罗杰斯，仕琦. 多元文化主义和公民权利的空间[J]. 国际社会科学杂志（中文版），1999(2)：47-60.

[4] 艾德，等. 经济、社会和文化的权利[M]. 黄列，译. 北京：中国社会科学出版社，2003.

[5] 威尔·金里卡. 少数的权利：民族主义、多元文化主义和公民[M]. 邓红风，译. 上海：上海译文出版社，2005.

重要途径。滕星教授根据多年的研究经验，提出"多元文化整合教育理论"以促进民族优秀文化的传承。[1]关于传统村落文化保护的问题，从国内外研究现状来看，成果数量呈现出日益增长的趋势，研究范式和内容上也在不断扩展和丰富。这些都为本书提供了重要的理论和实践基础。

总体而言，现今成体系、跨学科的一体化传统村落文化教育问题亟待解决，分散的村落文化教育传承问题研究亟待形成体系，条块状的村落文化教育传承内容亟待系统整合，区域化的村落文化教育传承空间亟待构建。跨学科、多学科的渗透融合，这是学术发展的趋势，也是促进新观点、新方法等丰富性创新成果产生的重要途径。根据传统村落文化传承所具备的不同属性，融合多个学科进行交叉研究，以教育学、人类学、建筑学、社会学等学科为研究视角进行传统村落文化研究，都可获得不同的研究成果，使传统村落文化保护的研究更为深入。

## 三、研究意义

"美丽乡村要望得见山、看得见水、留得住乡愁。"传统村落文化作为一种特殊的资源形态，其存在对中华传统农耕文化的延续以及黔东南的特色发展模式选择具有重要意义。[2]

实践意义。乡愁是乡村的文化记忆。黔东南传统村落文化内涵丰富，地域与民族特色突出，历史文化信息量厚重。对其进行深入研究和有效保护，既可繁荣和发展当前我国民族文化的需求，更可对我国乡村振兴增添生动的案例，对我国处于社会转型期新农村建设予以指导与借鉴。

理论意义。文化要繁荣，但必须先呵护和守护好自己的民族文化，传承价值恒久的传统文化精华，对于践行社会主义核心价值观具有重要的意义，研究成果可丰富传统村落文化教育传承的理论体系。

## 四、研究方法

开展传统村落文化保护与教育传承研究，科学的多元方法是进行研究的基础。传统村落文化的教育传承问题，本质上是如何通过教育来保护传统村落文

[1] 滕星．多元文化教育：全球多元文化社会的政策与实践[M]．北京：民族出版社，2010.

[2] 杨峰．保护传统村落　利在千秋[N]．黔东南日报，2018-01-08.

化,本书采用以下几种研究方法。

(1)文献分析法。笔者充分利用学校图书馆及网络数据库资源查阅、深入研读相关著作和收集传统村落文化保护、教育文化学、民族教育学等学科有关的研究文献和最新资料,了解发展动态。

(2)空间分析法。不同的文化空间产生不同的教育活动。本书在地域空间分析法的指导下,通过村民个体主要生活空间-民居、村民公共生活空间、学校的文化教育空间等不同的教育场域分析传统村落文化传承与发展。

(3)田野调查法。笔者走出书斋,走进村落,通过参加村民们的活动,与其共同生活,逐渐由陌生变为融入的状态,在日常生活中去认识与了解他们,观察村民们的思想、文化、社会圈等。在田野调查期间对传统村落的有关事实材料进行客观地收集,对研究对象进行及时的记录,分析传统村落文化在乡村传承的实际状况。

(4)个案研究法。通过对具有代表性的传统村落个案和各级学校个案的深度观察与详细分析,对传统村落文化的教育传承实施现状进行客观地描述,分析其成效与存在的问题,为把握传统村落文化教育传承的主要原则提供现实依据。

# 第一章　黔东南传统村落文化概论

## 第一节　传统村落的分布与特征

### 一、中国传统村落的分布

为了保护传统村落，国家住建部联合四部委印发《传统村落评价认定指标体系（试行）》，在全国范围内开展传统村落调查[1]，并于2012年开展首批中国传统村落申报工作。在各地住建部门组织申报的基础上，专家委员会根据试行指标体系对各地提交的传统村落申报材料进行评审认定，从2012年至2019年，共评选了五批中国传统村落名录，共计6819个中国传统村落。各批次中国传统村落的公布时间与具体数量（见表1-1）。

**表1-1　中国传统村落名录**　　单位：个

| 批次 | 时间 | 数量 | 合计 |
|---|---|---|---|
| 第一批 | 2012年12月17日 | 646 | 6819 |
| 第二批 | 2013年8月26日 | 915 | |
| 第三批 | 2014年11月17日 | 994 | |
| 第四批 | 2016年12月9日 | 1598 | |
| 第五批 | 2019年6月6日 | 2666 | |

据表1-1中数据可知，各批次传统村落的数量呈逐年逐批增长的态势，显示国家对传统村落保护的重视。中国传统村落覆盖了31个省（自治区、直辖市）[2]（见表1-2）。位居前10位的贵州、云南、湖南、浙江、山西等省（自治区、直辖市）共有传统村落数量5126个，占比75.17%。

---

[1] 住房城乡建设部、文化部、国家文物局、财政部印发的《传统村落评价认定指标体系（试行）》（建村〔2012〕58号）。

[2] 统计数据不含香港、澳门和台湾地区。

**表 1-2　中国传统村落分布与数量**　　单位:个

| 序号 | 省市 | 第一批 | 第二批 | 第三批 | 第四批 | 第五批 | 总数 |
|---|---|---|---|---|---|---|---|
| 1 | 贵州省 | 90 | 202 | 134 | 119 | 179 | 724 |
| 2 | 云南省 | 62 | 232 | 208 | 113 | 93 | 708 |
| 3 | 湖南省 | 30 | 42 | 19 | 166 | 401 | 658 |
| 4 | 浙江省 | 43 | 47 | 86 | 225 | 235 | 636 |
| 5 | 山西省 | 48 | 22 | 59 | 150 | 271 | 550 |
| 6 | 福建省 | 48 | 25 | 52 | 104 | 265 | 494 |
| 7 | 安徽省 | 25 | 40 | 46 | 52 | 237 | 400 |
| 8 | 江西省 | 33 | 56 | 36 | 50 | 168 | 343 |
| 9 | 四川省 | 20 | 42 | 22 | 141 | 108 | 333 |
| 10 | 广西壮族自治区 | 39 | 30 | 20 | 72 | 119 | 280 |
| 11 | 广东省 | 40 | 51 | 35 | 34 | 103 | 263 |
| 12 | 河北省 | 32 | 7 | 18 | 88 | 61 | 206 |
| 13 | 湖北省 | 28 | 15 | 46 | 29 | 88 | 206 |
| 14 | 河南省 | 16 | 46 | 37 | 25 | 81 | 205 |
| 15 | 山东省 | 10 | 6 | 21 | 38 | 50 | 125 |
| 16 | 青海省 | 13 | 7 | 21 | 38 | 44 | 123 |
| 17 | 陕西省 | 5 | 8 | 17 | 41 | 42 | 113 |
| 18 | 重庆市 | 14 | 2 | 47 | 11 | 36 | 110 |
| 19 | 海南省 | 7 | 0 | 12 | 28 | 17 | 64 |
| 20 | 甘肃省 | 7 | 6 | 2 | 21 | 18 | 54 |
| 21 | 内蒙古自治区 | 3 | 5 | 16 | 20 | 2 | 46 |
| 22 | 西藏自治区 | 5 | 1 | 5 | 8 | 16 | 35 |
| 23 | 江苏省 | 3 | 13 | 10 | 2 | 5 | 33 |
| 24 | 辽宁省 | 0 | 0 | 8 | 9 | 13 | 30 |
| 25 | 北京市 | 9 | 4 | 3 | 5 | 1 | 22 |
| 26 | 新疆维吾尔自治区 | 4 | 3 | 8 | 2 | 1 | 18 |
| 27 | 黑龙江省 | 2 | 1 | 2 | 1 | 8 | 14 |
| 28 | 吉林省 | 0 | 2 | 4 | 3 | 2 | 11 |
| 29 | 宁夏回族自治区 | 4 | 0 | 0 | 1 | 1 | 6 |

续表

| 序号 | 省市 | 第一批 | 第二批 | 第三批 | 第四批 | 第五批 | 总数 |
|---|---|---|---|---|---|---|---|
| 30 | 上海市 | 5 | 0 | 0 | 0 | 0 | 5 |
| 31 | 天津市 | 1 | 0 | 0 | 2 | 1 | 4 |

## 二、黔东南传统村落的分布与显性

### (一)空间分布

中国传统村落的空间分布呈现出以聚集态为主、分散态为辅,且区域分布不均衡的特征。[1]中国传统村落的核心集聚区主要在黔东南、滇西北、皖南和浙西4个地域,主要原因是受山地环境影响。特殊的地理空间环境使得当地民众较好地延续了传统地域民族文化和原生态农业生产与生活方式。根据表1-2中国传统村落分布与数量反映的信息可知:贵州省以传统村落共724个的数量位居全国第一,黔东南州是贵州省传统村落分布集中、特色鲜明、保存完好的地区。黔东南州在“中国传统村落名录”中有409个,占贵州省的56.5%(见表1-3),在全国地州市中排名第一位,其次是安徽省黄山市有中国传统村落271个,再次是浙江省丽水市有中国传统村落257个(见图1-1)。黔东南传统村落以苗族、侗族等少数民族村寨为主,主要分布在以雷山县、台江县、剑河县为中心的苗疆腹地,以及以黎平县、从江县、榕江县为中心的侗族聚居区,其他民族传统村落包括瑶族、壮族、仡佬族、水族等少数民族村落和多民族混居村落分散于州内各地,全州1市15县均有传统村落(见表1-4)。

**表1-3 贵州与黔东南州传统村落各批次数量** 单位:个

| 地域 | 第一批 | 第二批 | 第三批 | 第四批 | 第五批 | 合计 |
|---|---|---|---|---|---|---|
| 贵州省 | 90 | 202 | 134 | 119 | 179 | 724 |
| 黔东南州 | 60 | 165 | 51 | 33 | 100 | 409 |

[1] 许建和,柳肃,毛洲,等.中国传统村落的空间分布特征与保护系统方案[J].湖南大学学报(社会科学版),2021,35(2):152-160.

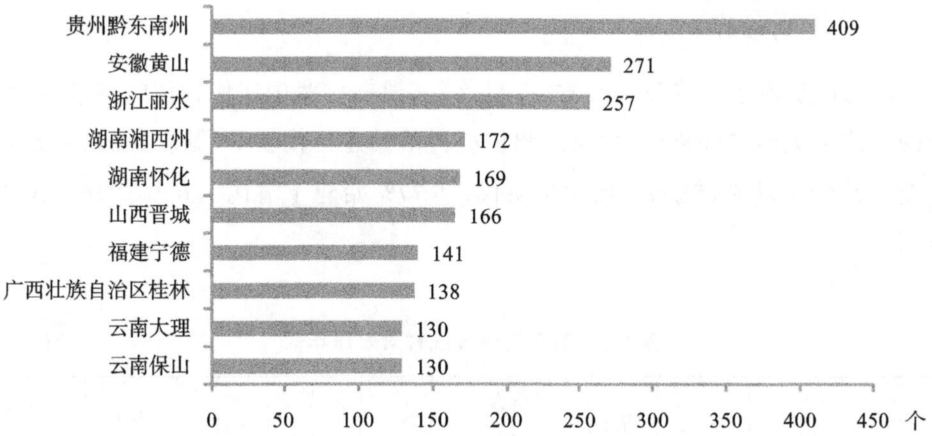


**图1-1　中国传统村落市域分布前10情况**

**表1-4　黔东南各县(市)传统村落数量**　　单位:个

| 序号 | 县(市) | 传统村落数量 | 序号 | 县(市) | 传统村落数量 |
|---|---|---|---|---|---|
| 1 | 黎平县 | 98 | 9 | 天柱县 | 9 |
| 2 | 从江县 | 81 | 10 | 凯里市 | 8 |
| 3 | 雷山县 | 68 | 11 | 黄平县 | 8 |
| 4 | 台江县 | 41 | 12 | 麻江县 | 3 |
| 5 | 剑河县 | 30 | 13 | 镇远县 | 2 |
| 6 | 榕江县 | 29 | 14 | 岑巩县 | 2 |
| 7 | 丹寨县 | 17 | 15 | 施秉县 | 1 |
| 8 | 锦屏县 | 11 | 16 | 三穗县 | 1 |

在黔东南州"中国传统村落名录"中,居前五位的分别是黎平县、从江县、雷山县、台江县、剑河县。这些县主要是苗族和侗族的聚居区,生态环境优良,民族文化原生古朴,属于原生态民族文化浓郁的地域。关于黔东南州各县的概况和民族文化特色,各位读者可查阅相关文献资料,现有相关成果是较丰富的,也可便捷地通过黔东南州的官网和各县的官网查找相关信息。[1]

[1] 黎平县人民政府官网[EB/OL]. http://www.lp.gov.cn;从江县人民政府官网[EB/OL]. http://www.congjiang.gov.cn;雷山县人民政府官网[EB/OL]. http://www.leishan.gov.cn;台江县人民政府官网[EB/OL]. http://www.gztaijiang.gov.cn;剑河县人民政府官网[EB/OL]. http://www.jhx.gov.cn;榕江县人民政府官网[EB/OL]. http://www.rongjiang.gov.cn.

## （二）时间分布

传统村落由于形成较早又称“古村落”。根据村寨中代代相传的族谱、村落中的口传历史等佐证资料，黔东南州传统村落始建年代较早（见表1–5），16.82%始建于元代及以前，51.77%始建于明代，29.77%始建于清代，1.62%始建于民国时期。

**表1–5　黔东南州传统村落始建年代**　单位：个

| 地区 | 元代及以前 | 明代 | 清代 | 民国及以后 | 地区 | 元代及以前 | 明代 | 清代 | 民国及以后 |
|---|---|---|---|---|---|---|---|---|---|
| 黎平县 | 19 | 47 | 31 | 1 | 天柱县 | 0 | 8 | 1 | 0 |
| 从江县 | 10 | 35 | 30 | 6 | 凯里市 | 1 | 5 | 2 | 0 |
| 雷山县 | 3 | 42 | 22 | 1 | 黄平县 | 0 | 6 | 2 | 0 |
| 台江县 | 21 | 17 | 2 | 1 | 麻江县 | 0 | 2 | 1 | 0 |
| 剑河县 | 1 | 6 | 23 | 0 | 镇远县 | 1 | 1 | 0 | 0 |
| 榕江县 | 5 | 15 | 9 | 0 | 岑巩县 | 0 | 2 | 0 | 0 |
| 丹寨县 | 5 | 7 | 2 | 3 | 施秉县 | 0 | 1 | 0 | 0 |
| 锦屏县 | 1 | 8 | 1 | 1 | 三穗县 | 0 | 0 | 1 | 0 |

## （三）黔东南州传统村落显性

黔东南州是中国原生态民族文化州，聚居着苗、侗、瑶、水、壮、畲等33个民族，在409个中国传统村落中，少数民族传统村落占比99.52%，是我国传统村落苗侗少数民族集中、文化保存完好的地区之一，其显性就是民族性，少数民族村落文化浓郁。

黔东南州传统村落以苗族、侗族村寨为主，还包括壮族、瑶族、水族、仫佬族、汉族等民族村落（见表1–6），其中苗族村落数量最多，共215个，占比52.57%，具有代表性的村寨有格头村、南猛村等；侗族村落共146个，占比35.70%；壮族村落共9个，占比2.20%；汉族村落2个，占比0.48%；多民族混居村落20个，占比4.89%。

**表1-6　黔东南州传统村落族属**

| 序号 | 族属 | 数量/个 | 占比/% | 代表性传统村落 |
|---|---|---|---|---|
| 1 | 苗 | 215 | 52.57 | 岜沙村、文斗村、上郎德村、控拜村、展留村、扬颂村、麻鸟村、石桥村、展留村、乌东村、教厂村、乌尧村、掌坳村等 |
| 2 | 侗 | 145 | 35.45 | 增冲村、增盈村、平架村、高近村、肇兴村、大利村、小黄村、占里村、述洞村、四寨村、堂安村、归柳村、晚寨村等 |
| 3 | 多民族混居 | 20 | 4.89 | 剑河县柳基村、黎平县育洞村、黄平县岩门司村、榕江县加宜村、从江县中华村、剑河县塘边村、麻江县六堡村等 |
| 4 | 壮 | 9 | 2.20 | 从江县归林村、刚边村、银平村、三联村、下尧村、下敖村、宰船村、鸡脸村、高文村 |
| 5 | 瑶 | 8 | 1.96 | 黎平县金城村、黎平县顺化瑶族乡高孖村；从江县高华村；榕江县怎东村、秋卡村、潘里村八组；麻江县河坝村；黎平县九潮镇大溶村新寨 |
| 6 | 水 | 5 | 1.22 | 从江县高良村；雷山县同鸟水寨；榕江县八蒙村、同流村、高兴村 |
| 7 | 畲 | 2 | 0.48 | 凯里市炉山镇角冲村、六个鸡村 |
| 8 | 仫佬 | 2 | 0.48 | 麻江县复兴村、黄平县新华村 |
| 9 | 汉 | 2 | 0.48 | 锦屏县隆里所村、锦屏县新化寨村 |
| 10 | 僅家[1] | 1 | 0.24 | 黄平县重安镇枫香村 |

为促进民族文化传承与生态保护协调发展，推动少数民族特色村寨保护，国家民族事务委员会分别于2014年、2017年和2019年公布三批“中国少数民族特色村寨”，黔东南州共有126个村寨成为“中国少数民族特色村寨”（见表1-7）。

[1] 待认定民族。

表 1-7　黔东南州“中国少数民族特色村寨”

| 序号 | 少数民族特色村寨 | 地址 | 批次 |
| --- | --- | --- | --- |
| 1 | 乌利寨 | 凯里市三棵树镇 | 一 |
| 2 | 三门塘村 | 天柱县坌处镇 | 一 |
| 3 | 隆里所村 | 锦屏县隆里乡 | 一 |
| 4 | 屯州村 | 剑河县革东镇 | 一 |
| 5 | 交宫村 | 台江县南宫乡 | 一 |
| 6 | 肇兴侗寨 | 黎平县肇兴镇 | 一 |
| 7 | 四寨村 | 黎平县双江镇 | 一 |
| 8 | 铜关村 | 黎平县岩洞镇 | 一 |
| 9 | 小丹江村 | 榕江县平阳乡 | 一 |
| 10 | 西江村 | 雷山县西江镇 | 一 |
| 11 | 复兴村 | 麻江县龙山镇 | 一 |
| 12 | 六堡村 | 麻江县杏山镇 | 一 |
| 13 | 卡拉村 | 丹寨县龙泉镇 | 一 |
| 14 | 石桥村 | 丹寨县南皋乡 | 一 |
| 15 | 棉席村棉席寨 | 凯里市开怀街道 | 二 |
| 16 | 养朵村养朵大寨 | 凯里市开怀街道 | 二 |
| 17 | 朗利村朗利大寨 | 凯里市三棵树镇 | 二 |
| 18 | 南花村南花寨 | 凯里市三棵树镇 | 二 |
| 19 | 岩寨村岩寨大寨 | 凯里市湾水镇 | 二 |
| 20 | 洪溪村洪溪寨 | 凯里市湾水镇 | 二 |
| 21 | 营盘村营盘苗寨 | 凯里市舟溪镇 | 二 |
| 22 | 对江村新寨革寨 | 凯里市大风洞乡 | 二 |
| 23 | 官庄村官庄寨 | 凯里市大风洞乡 | 二 |
| 24 | 白秧坪村偿班大寨 | 凯里市碧波镇 | 二 |
| 25 | 报京村报京大寨 | 镇远县报京乡 | 二 |
| 26 | 山坪村 | 黄平县谷陇镇 | 二 |
| 27 | 沙坪村 | 施秉县城关镇 | 二 |
| 28 | 云台村 | 施秉县城关镇 | 二 |
| 29 | 高碑村 | 施秉县甘溪乡 | 二 |

续表

| 序号 | 少数民族特色村寨 | 地址 | 批次 |
| --- | --- | --- | --- |
| 30 | 黄古村 | 施秉县马号乡 | 二 |
| 31 | 平寨村 | 施秉县双井镇 | 二 |
| 32 | 龙塘村 | 施秉县双井镇 | 二 |
| 33 | 铜鼓村 | 施秉县双井镇 | 二 |
| 34 | 寨头村 | 三穗县台烈镇 | 二 |
| 35 | 衙院村 | 岑巩县注溪镇 | 二 |
| 36 | 杨柳村 | 岑巩县羊桥土家族乡 | 二 |
| 37 | 抱塘村 | 天柱县坌处镇 | 二 |
| 38 | 雷屯村 | 锦屏县敦寨镇 | 二 |
| 39 | 瑶白村 | 锦屏县彦洞乡 | 二 |
| 40 | 文斗村 | 锦屏县河口乡 | 二 |
| 41 | 平敖村 | 锦屏县平略镇 | 二 |
| 42 | 茅坪村 | 锦屏县茅坪镇 | 二 |
| 43 | 昂英村 | 剑河县太拥镇 | 二 |
| 44 | 反召村 | 剑河县南哨镇 | 二 |
| 45 | 基佑村 | 剑河县久仰镇 | 二 |
| 46 | 红阳村 | 台江县台拱街道 | 二 |
| 47 | 反排村 | 台江县方召镇 | 二 |
| 48 | 长滩村 | 台江县老屯乡 | 二 |
| 49 | 交汪村 | 台江县方召镇 | 二 |
| 50 | 地扪村 | 黎平县茅贡镇 | 二 |
| 51 | 黄岗村 | 黎平县双江镇 | 二 |
| 52 | 滚政村 | 黎平县水口镇 | 二 |
| 53 | 述洞村 | 黎平县岩洞镇 | 二 |
| 54 | 中罗村 | 黎平县永从镇 | 二 |
| 55 | 堂安村 | 黎平县肇兴镇 | 二 |
| 56 | 大利村 | 榕江县栽麻镇 | 二 |
| 57 | 宰荡村 | 榕江县栽麻镇 | 二 |
| 58 | 秋卡村 | 从江县西山镇 | 二 |
| 59 | 岜沙村 | 从江县丙妹镇 | 二 |

续表

| 序号 | 少数民族特色村寨 | 地址 | 批次 |
| --- | --- | --- | --- |
| 60 | 高文村 | 从江县翠里乡 | 二 |
| 61 | 岜扒村 | 从江县高增乡 | 二 |
| 62 | 小黄村 | 从江县高增乡 | 二 |
| 63 | 高坪村 | 从江县下江镇 | 二 |
| 64 | 良文村 | 从江县下江镇 | 二 |
| 65 | 加车村 | 从江县加榜乡 | 二 |
| 66 | 加翁村 | 从江县加鸠镇 | 二 |
| 67 | 也蒙村 | 雷山县达地乡 | 二 |
| 68 | 掌坳村 | 雷山县大塘镇 | 二 |
| 69 | 乌东村 | 雷山县丹江镇 | 二 |
| 70 | 格头村 | 雷山县方祥乡 | 二 |
| 71 | 上郎德村 | 雷山县郎德镇 | 二 |
| 72 | 也改村 | 雷山县郎德镇 | 二 |
| 73 | 公统村 | 雷山县望丰乡 | 二 |
| 74 | 干荣村 | 雷山县西江镇 | 二 |
| 75 | 新桥村 | 雷山县大塘镇 | 二 |
| 76 | 陡寨村 | 雷山县方祥乡 | 二 |
| 77 | 平祥村 | 雷山县方祥乡 | 二 |
| 78 | 排肖村 | 雷山县望丰乡 | 二 |
| 79 | 乌响村 | 雷山县望丰乡 | 二 |
| 80 | 麻料村 | 雷山县西江镇 | 二 |
| 81 | 猫鼻岭村 | 雷山县西江镇 | 二 |
| 82 | 乔洛村 | 雷山县永乐镇 | 二 |
| 83 | 毛坪村 | 雷山县方祥乡 | 二 |
| 84 | 龙江村 | 麻江县宣威镇 | 二 |
| 85 | 城中村 | 麻江县宣威镇 | 二 |
| 86 | 卡乌村 | 麻江县宣威镇 | 二 |
| 87 | 翁保村 | 麻江县宣威镇 | 二 |
| 88 | 扬颂村 | 丹寨县扬武镇 | 二 |
| 89 | 麻鸟村 | 丹寨县排调镇 | 二 |

续表

| 序号 | 少数民族特色村寨 | 地址 | 批次 |
|---|---|---|---|
| 90 | 送陇村 | 丹寨县雅灰乡 | 二 |
| 91 | 王家村 | 丹寨县兴仁镇 | 二 |
| 92 | 排莫村 | 丹寨县扬武镇 | 二 |
| 93 | 高要村 | 丹寨县龙泉镇 | 二 |
| 94 | 刘家村 | 丹寨县排调镇 | 二 |
| 95 | 曼洞村青曼苗寨 | 凯里市舟溪镇 | 三 |
| 96 | 屯寨村屯寨苗寨 | 凯里市旁海镇 | 三 |
| 97 | 滚水村滚水寨 | 黄平县谷陇镇 | 三 |
| 98 | 下翁细村下翁细寨 | 黄平县重安镇 | 三 |
| 99 | 龙脚村 | 三穗县款场乡 | 三 |
| 100 | 雅中村 | 三穗县良上镇 | 三 |
| 101 | 丰收村苗屯大寨 | 镇远县尚寨土家族乡 | 三 |
| 102 | 周坪村 | 岑巩县注溪镇 | 三 |
| 103 | 龙塘村 | 天柱县竹林镇 | 三 |
| 104 | 共和村甘溪侗寨 | 天柱县渡马镇 | 三 |
| 105 | 下腾村 | 天柱县石洞镇 | 三 |
| 106 | 华寨村 | 锦屏县隆里乡 | 三 |
| 107 | 寨欧村 | 锦屏县偶里乡 | 三 |
| 108 | 平秋村 | 锦屏县平秋镇 | 三 |
| 109 | 黄门村 | 锦屏县彦洞乡 | 三 |
| 110 | 小广村 | 剑河县磻溪镇 | 三 |
| 111 | 方召村 | 台江县方召镇 | 三 |
| 112 | 交密村 | 台江县南宫镇 | 三 |
| 113 | 九摆村 | 台江县排羊乡 | 三 |
| 114 | 救寨村 | 黎平县洪州镇 | 三 |
| 115 | 晚寨村 | 榕江县寨蒿镇 | 三 |
| 116 | 滚仲村 | 榕江县平江镇 | 三 |
| 117 | 上敖村 | 从江县秀塘壮族乡 | 三 |
| 118 | 青山村 | 雷山县望丰乡 | 三 |
| 119 | 河坝村 | 麻江县龙山镇 | 三 |

续表

| 序号 | 少数民族特色村寨 | 地址 | 批次 |
|---|---|---|---|
| 120 | 瓮袍村 | 麻江县宣威镇 | 三 |
| 121 | 清江村 | 丹寨县南皋乡 | 三 |
| 122 | 高寨村 | 丹寨县龙泉镇 | 三 |
| 123 | 羊先村 | 丹寨县排调镇 | 三 |
| 124 | 乌佐村 | 丹寨县兴仁镇 | 三 |
| 125 | 老冬村 | 丹寨县扬武镇 | 三 |
| 126 | 甲劳村 | 丹寨县兴仁镇 | 三 |

传统村落是中国传统文化复兴的源泉，是生态文明建设的重要载体，是乡村振兴的重要抓手。为贯彻落实《关于实施中华优秀传统文化传承发展工程的意见》要求，根据住房和城乡建设部的工作通知，2020年5月以来，黔东南州已按照国家传统村落统一保护标志设计样式制作标志牌，并在409个中国传统村落中完成挂牌（见图1-2）。进入传统群落的村民和游客可用手机扫描标志牌上的“国家馆”和“贵州馆”的二维码，分别进入相应的传统村落数字博物馆，凭借现代信息科技，快捷地了解村落的基本情况，例如村落历史、主要民族、节庆活动、美味美食、非物质文化遗产等。

图1-2 黔东南州中国传统村落标志牌

# 第二节　黔东南传统村落文化概述

## 一、黔东南传统村落文化的组成

传统村落的形成与发展与社会的农耕文明紧密相关。从历史上看，凡自然条件能够满足农耕的地方，或早或晚都会进化到农耕社会。农业耕作活动受自然气候影响很大，从播种到收获，需要经历较长的时间周期。这使得生产者必须固定在一个地方，对农作物进行长时间的管理，正是由于这种农耕生产方式，先民的生活才能比较稳定地维系在一个定居地理空间里。先民人口数量不断增加，出于生产生活的需要，传统村落随着村落的形成而文化日渐丰富与完善。

村落实际上是农耕时代的一个基本社会单元，其主要由实体化的物质文化遗产和精神化的非物质文化遗产组成，构成了村民们的生活载体。传统村落中的建筑、服饰、生活用品、生产劳动工具等属于物质形态的文化，其离开人类活动仍旧可以存在，它的消失与否取决于物质载体的物理属性。非物质形态的文化，以人的生产生活为载体，依赖人而存在，在此文化场域中的人若消失，这种文化也会随即消失，村落中的语言和民间文学、传统歌舞、民族技艺与民俗、传统医学和药学等都属于非物质形态的文化。

黔东南村落中的物质文化遗产丰富。截至2018年8月的统计，全州共有各级文物保护单位1016处[1]，其中全国重点文物保护单位20处，例如大利村古建筑群、隆里古建筑群、郎德上寨古建筑群、和平村旧址、镇远天后宫等。省级文物保护单位97处[2]，例如夏同龢状元第、木召庄园遗址、加榜梯田、登岑粮仓群、高近戏楼、甘囊香芦笙堂碑、肇兴鼓楼和风雨桥、增盈鼓楼和风雨桥、则里鼓楼、纪堂鼓楼、流架风雨桥、抱塘古建筑等。州级和县级文物保护单位共899处，州级文物保护单位有鼓楼坡毛主席纪念碑、施洞红军洞、毛坪石桥、永宁桥、北塔桥、少寨红军桥、重安江钢架桥、滚古埋岩遗址、务垦石瓢井、则里古井、陈圆圆墓、袁氏

❶ 贵州省人民政府官网．黔东南州加强文物保护利用推动乡村振兴助力脱贫攻坚[EB/OL]．(2018-08-14)[2018-08-20]．http://www.guizhou.gov.cn/xwdt/dt_22/201808/t20180814_1532050.html.

❷ 贵州省人民政府官网．黔东南州加强文物保护利用推动乡村振兴助力脱贫攻坚[EB/OL]．(2018-08-14)[2018-08-20]．http://www.guizhou.gov.cn/xwdt/dt_22/201808/t20180814_1532050.html.

宗祠、杨氏先祠、芳寨龙船棚、施洞肖家和杨家窨子屋、加池四合院、下司古建筑群、龙江粮仓群、思州观音阁、旧州二战飞机场旧址等。县级文物保护单位有木界风雨桥、新寨风雨桥、文笔塔、武笔塔、复兴宝塔、马家大院、祭尤坛遗址、坦洞砖拱门、长青关岳庙、排调土司衙门遗址、高要梯田等。

黔东南由于不同的历史、独特的地理等原因,形成了具有鲜明特色的民族村落文化,构成了异彩纷呈的非物质文化遗产。目前,黔东南入选世界级非物质文化遗产名录的有侗族大歌,入选国家级非物质文化遗产名录的有41项,例如民间文学包括珠郎娘美、苗族古歌古词神话、刻道、苗族贾理、仰阿莎等;民俗包括苗年、侗年、苗族服饰、侗族服饰、月也、规约习俗(侗族款约)、苗族栽岩习俗、苗族鼓藏节、侗族萨玛节、苗族独木龙舟节、歌会(四十八寨歌节)、三月三(报京三月三)等;传统美术包括苗绣、侗族刺绣、苗族泥哨、苗族锡绣、苗族剪纸等。黔东南州入选贵州省非物质文化遗产名录共有175项。

## 二、黔东南传统村落文化的特征

源远流长的传统村落文化,不仅为传统村落的发展提供了丰富的精神滋养,而且也为中华民族的进步做出了独特的贡献。[1]黔东南传统村落文化呈现出鲜明的个性特征,主要表现在以下四个方面。

### (一)家族血缘性

人类早期氏族群体以血缘关系为链接。摩尔根认为部落联盟建立的条件为氏族的亲属感情、氏族的同宗关系和氏族的方言,这三者为联盟提供了重要的因素。[2]而在远古时期的部落内,血缘关系是个体归属于群体的重要依据。在农耕文明的早期,人类的生产能力极为低下,个体只有依靠群体的力量才能生存下去,以血缘来维系群体关系。在生产力停滞条件下,社会内卷严重,社会制度也越受血缘关系的影响。

传统村落中人际间的血缘关系首先通过“家”来体现,个体家庭是社会体系

---

❶ 胡彬彬,吴灿. 中国传统村落文化概论[M]. 北京:中国社会科学出版社,2018:45.

❷ 莫富. 血缘亲属关系和地缘关系在原始民族形成过程中的作用[J]. 中南民族大学学报(人文社会科学版),1989(5):108-111.

中独立的生产生活单位。核心家庭的不断繁衍扩大,就形成"聚族而居"的"家族"。家族向外延伸,形成以家族宗法为生活准则和价值评判的社会结构。在中国漫长的封建社会时代中,家族宗法制一直延续,发挥其乡村自治机能。"聚族而居"的生活方式,凸显了村落文化的家族血缘性。经济文化越封闭的村落,这种家族血源性特征就越强烈。

以苗族的鼓社与"父子连名制"为例。鼓社是以父系血缘为纽带组成的氏族集团,这种集团是以"父子连名制"所确定的父系血亲宗族关系为基础的,它一般由一个氏族组成,也可以由几个有血缘关系的村寨组成。"父子连名"的命名制度可以追溯至父系氏族公社时期❶。在父系氏族公社里,社会成员往往以男性世系来确定血缘关系,苗族以"父子连名"的命名方式来叙述族谱,记录世系和辈数,区分亲疏,由近代向远代逐辈逆推,一般可以追述一二十代,有的甚至可达到五十至七十多代。

### (二)民族多元性

黔东南自古以来就是多民族杂居的地区,从"蛮夷"之地发展到"夷汉杂处",时至今日,黔东南州有33个民族聚居在这里,成为西南地区民族融合的结合部。以黔东南州黎平县为例,其"中国传统村落名录"以总量98个位居全州之首。黎平县素有"侗都黎平""侗乡之窗""曙光之城"❷"侗族大歌之乡""鼓楼之乡"等美誉,黎平侗族传统文化保存完整,民俗节日众多,又有"百节之乡"之美称,每月都有传统节日,例如正月期间的千三欢聚节❸、玩故事节、二月的河歌节❹、三月的摔跤节、谷雨节、四月的斗牛节、五月的关秧门节、六月的喊天节等,丰富的节日展

❶ 在《苗族史诗·运金运银》中就已经有了这种"父子连名"制的痕迹,其中提到金、银、谷的名字时说:"金子又叫金力诺,银子又叫银力诺,她们全都出嫁了,还有一个谷力诺。"其中的"金""银""谷"皆为本人名,而"力"是父名,"诺"是祖父名,"金力诺""银力诺""谷力诺"则是父子连名形式的全名。

❷ 因其是红军长征途中召开的第一次中央政治局会议所在地,故有"曙光之城"之美称。

❸ 传说侗族祖先居住地扪,因人丁兴旺,发展到1300多户,田多地少,后分散到别处居住。后来,凡从地扪迁出的侗族,以地扪为中心结盟成一个款,每年聚会盟誓,祭祀祖先,汇演侗戏、踩歌堂。知名举办点为黎平县茅贡镇地扪村。

❹ 河歌,侗语称"嘎尼阿",属侗族"小歌"的歌调之一,是侗族青年男女在劳动之余,行歌坐夜、寻求伴侣和老人们在劝世训诫时演唱的一种歌调。节日期间开展河歌比赛、河歌对唱、盛装游行、文艺表演等主题活动。知名举办点为黎平县龙额村。

现了侗族多元的村落文化。

除了两个待认同民族僅家和西家，黔东南州境内居住的33个民族的传统居住地主要在乡村，在黔东南传统村落中少数民族村落占比99.52%，各族人民在各自的生产生活中共同创造了绚丽多姿的民族文化，使黔东南传统村落文化拥有异彩纷呈的民族多元性。

### （三）地域差异性

《礼记·王制》曰："广谷大川异制，民生其间者异俗。"古时与近代生活在黔东南的各族人民虽然远离社会政治中心，但是由于受山地自然环境的影响，信息闭塞，对外交通极为不便，传承了集农、林、猎、采于一体的复合型山地生计类型，长期自给自足的农耕传统生活方式造成黔东南传统村落"十里不同风，百里不同俗"。

苗族历史是在不断迁徙中被创造出来的，在数千年的历史进程中，苗族历经多次大规模、大跨度的迁徙，同一宗族的成员分散居住在不同的地区，逐渐形成越来越多的支系。外部条件的恶劣让苗民主要分散在人迹罕至、地势险要的地理环境中居住，封闭的环境为苗族各支系不同"地缘（地域）文化"的形成提供了自然基础。所谓"一方水土养育一方人"，苗族内部各支系的生产与生活方式等无不受之影响，族内各支系由于长期处于相对独立的生存空间内，民族文化的整合性被打碎，支系文化历经着不均衡的演进进程，形成了"支系亚文化群"。周元春在《贵州古代史》一文中也曾分析到：与其他民族相比较，苗族内部众多支系的区分非常罕见。[1]

姬安龙在《台江苗族支系及其文化特征》一文中谈到台江过去有"方"（fangs）、"黎"（dlib）、"陇"（liongx）、"柳"（liux）、"嘎闹"（ghab nes）等不同的部族，在诸多传统文化因素中，语言和服饰是区别支系最首要的因素。[2]台江县地方志编纂委员会编写的1995年版《台江县志》中将台江苗族的服饰分为方你型（Wangb Fangb Nix）、方白型（Wangb Fangb Bal）、方纠型（Wangb Fangb Jes）、方翁型（Wangb Fangb Ongb）、方南型（Wangb Fangb Nangl）、方黎型（Wangb Fangb

---

[1] 周春元. 贵州古代史[M]. 贵阳：贵州人民出版社，1982：2.

[2] 姬安龙. 台江苗族支系及其文化特征[J]. 贵州民族研究，2009，29(3)：89-90.

Dlib)、方秀型(Wangb Fangs Xed)、翁芒型(Wangb Ongb Mangl)、后哨型(Wangb Nangl Xios)。[1]笔者曾参观过位于县城文昌东路的台江苗族刺绣博物馆,其中根据地名将台江苗族服饰分为台拱支系、排羊支系、革东支系、后哨支系、施洞支系、方召支系、白邦支系、革一支系。

《百苗图》是记录古时贵州及其周边地区苗族的生产、生活的图说文本,“百苗”虽只是概说,但也形象地再现了苗族支系的繁多和丰富多彩的民族文化。笔者在黔东南生活多年,当听及当地人对苗族的分类时,还有根据女性裙子长短来命名苗族支系,例如长裙苗、中裙苗、短裙苗、超短裙苗,新桥村就是当地有名的超短裙苗。另外,还有根据苗族生活的地带不同而区分的,例如高坡苗、河边苗、水家苗等。苗年是黔东南一带苗胞非常重视的节日,但是境内各地过苗年的时间和节俗也不尽相同。可见在黔东南即使是同一民族,但由于地理位置不同,服饰、语言、民俗等方面也都具有不同程度的差异。

### (四)传承活态性

身处传统村落中,仿佛穿越时空的隧道,依然能感受到数百年甚至上千年前的居民的生活气息。传统村落文化被誉为中国传统文化的“活化石”,传统村落则是承载与展示这一独特文化的“博物馆”。传统村落文化来源于广大村民的生产生活实践,靠“人”而鲜活,活态性是其根本属性之一,至今这种文化依旧在“母体”中代际传承。例如,村落方言依然是村落中交流的主要语言;古井依然为居民生活饮用水提供方便;祠堂、鼓楼等公共建筑尽管随着时代的变迁,其功能也在变化,但依旧是神圣之所;神龛被子孙后代恭敬地供奉在堂屋,维系着一个家族的人心;乡村古道里历史的足迹,默默地倾诉过往的故事;传统村落中的“非遗”,作为流动的艺术,传承活态性使之保持其独特的生命力。苗族古歌、侗戏、刺绣等民间艺术代代相传,新时代背景之下又创造了新的经济与文化价值。

## 三、黔东南传统村落文化的功能

黔东南州传统村落作为苗、侗等民族的主要聚居地,其既是黔东南州传承和

---

[1] 台江县地方志编纂委员会.台江县志[M].贵阳:贵州人民出版社,1994:105-109.

弘扬中华民族农耕文明的根基及主要载体，又是黔东南州社会发展变迁历史的实物佐证，具有历史价值。各族人民长期生活在这里，形成独特的由日常生活习惯、风土人情，地域制度等构在的多元文化，具有文化价值。黔东南传统村落中的民族服饰、银饰、鼓楼、风雨桥等都具有极高的审美价值和艺术价值。村落和建筑选址所蕴含的因地制宜、顺应自然的理念，和谐的人居聚落空间，传统建筑的营造技艺，农耕文明中先进的生产、生活经验都具有科学价值。黔东南传统村落中丰富的自然资源和原生态民族文化，经合理的开发和推广，可发展生态旅游，具有经济价值。黔东南传统村落文化具有多维度价值，也具备多层面功能，其功能主要表现在对个体、村落和社会等不同主体所起的作用。

### （一）黔东南传统村落文化对个体的教化功能

黔东南传统村落文化通过家庭熏陶、村寨教育等多途径对生活于其中的人特别是村民产生影响，长期的耳濡目染对人的思想观念和行为状态都发挥着的作用，实现个体社会化与个性化的功能。

传统村落中的歌曲、谚语、谜语等可谓活态的民间百科全书，有关自然知识、生活礼俗、传统技术知识等都蕴含其中。特别是苗侗村民认为“歌养心、饭养身”，唱歌是人们生命中的重要组成部分，会唱歌是拥有智慧的外在表现，在择偶和人际交往中占有优势。歌曲中蕴含的教育内容丰富，是村民们喜闻乐见的教育方式。

在麻江县复兴村流传着关于狮子岩的传说：坐落于复兴村新寨组东南方向的狮子岩和凯里香炉山是两姊妹。姐姐比较贪玩，在此地与凡人结下良缘，但是遭到了天谴，姐姐不甘离开，便化身为石，成了现在的狮子岩；妹妹也在此地跟随姐姐一起化身为石，成为现今凯里市的香炉山。村寨中还流传着关于姊妹的山歌：

姊妹无假戏无真，水有源头树有根。
姊妹从小栽福禄，福禄长大装得人。
河水朝天亡国了，剩下伏羲姊妹们。
剩下伏羲俩姊妹，哥哥喊妹结为婚。
结了三年六个月，生下一个雪球人。

又无媒来又无证，拿扇磨子来维平。

磨子维平不算平，姊妹隔河来取证。

拿扇磨子高坡滚，磨子滚来两扇分。

如果磨子滚河了，哥哥和妹结完婚。

姊妹取证取到了，哥哥和妹结完婚。

姊妹取证没取到，姊妹还是姊妹们。

《苗族古歌》[1]中《开天辟地》讲述天地的形成与人的起源：……哪个开始种庄稼？哪个开始创造人？哪个开始犁天下？告劳开始种树子，告劳开始种庄稼，姜央才来造人类……

乡村儿歌与儿童的生活紧密联系，由于语言的口语化与音律化，易于被儿童接受与强化，无形中促进了儿童智力与非智力的发展。

"学哎就呆峡，嘎啊酿嘎脑，偶谁啊买偶囊，嘎猛哎究躲脑，偶猛哎就躲囊。该呆躲嘎啊给遭，酿偶啊给趴。"[2]（苗歌汉译）儿歌大意："以前生活很穷，饭也没有饭，衣服也没有穿，饭要去干活才有的吃，衣服也要缝才有的穿，小朋友以后吃饭不要挑食，有衣服要爱惜。"教育儿童要爱惜粮食和衣物。

"脑嘎凹握北，握北脑嘎究啊猫敲。八赖八说说，八说发究说，发说究躲脑发说究酿糕卢。"[3]（苗歌汉译）儿歌大意："吃饭要洗手，洗手吃饭才不会拉肚子。睡觉要睡早，睡早才起早，起早才有吃，起早才有出息。"教育儿童要养成良好的生活习惯。

"聂脑糟该洛，蜡窝抛邦，蜡八造，当猛当楼水啊相，累须蜡局就啵芳，蜡牢究躲脑。"[4]（苗歌汉译）儿歌大意："喜欢吃柚子，二月才开花，三月刚结果，等来等去都没熟，等到九月才见黄，月圆才能吃上它。"这首儿歌教育儿童对柚子从开花到结果的一个生长历程的认知。

"脑嘎奥囊税，低给啊脑扩，低给啊脑凉斗松内，行额摆奶楼，啊酿奶楼啊酿

---

[1]《苗族古歌》这部创世纪史诗一万多行，由《开天辟地》《运金运银》《打柱撑天》《铸造日月》《枫香树种》《犁东耙西》《洪水滔天》《跋山涉水》等十二组既单独立又相互联系的古歌组成。

[2] 儿歌收集者：潘小成，收集地点：麻江县宣威镇龙江村。

[3] 儿歌收集者：潘小成，收集地点：麻江县宣威镇龙江村。

[4] 儿歌收集者：潘小成，收集地点：麻江县宣威镇龙江村。

被。”[1](苗歌汉译)儿歌大意:“吃饭要听话,杀鸡不要吃鸡头,杀鸡不要吃内脏,好吃的要留给爷爷奶奶们,没有爷爷奶奶就没有现在的我们。”教育儿童就餐礼仪,教导儿童尊重老人,爱戴长辈。

“笼某答笼打,笼等打钢鸟,就帮几干内,娃杭谋零鸟。”[2](苗歌汉译)儿歌大意:“逗去又逗来,逗到只马蜂,蜇了下耳朵,我感觉很痛。”儿歌描述孩子玩耍时的淘气与天真。

“丹皮刚哥裹,溜达逼改猛,妈及娥啊罗,妈喝呕里略。”[3](苗歌汉译)儿歌大意:“像蝗虫样的姑娘,长大了就飞走了,妈挑不来水喝,只能喝浑田水。”这首儿歌多唱给女孩子,希望女孩子长大出嫁后,记得常回娘家看望母亲。

“俺爸某广东,俺妈某广西,拉俺斗马酿,啊幼妈生究,啊羊马生究。”[4](苗歌汉译)儿歌大意:“我爸爸去广东打工,我妈妈去广西打工,留我跟别人住,做好别人也骂,做不好别人也骂。”乡村里多有留守孩子,父母外出打工,孩子不得不留给别人带,此歌表达了留守孩子寄人篱下的不悦与无奈,以及对父母关爱与陪伴的渴望。

“呕勇娘崩得,娘港机览哦,蛮脑漏哑译,呼给溜略不,网若流崩错,流给羌嚷丽,雕猛教俺活,俺多猛呼猛尚,尚猛干当和。”[5](苗歌汉译)儿歌大意:“这条河边森林长得好,树苗长得很茁壮,叶子长得甚宽大,您的声音胜过鼓,您的美丽令鸬鹚暗淡无光,您的名声胜过芦笙响,我做得好那是因您教得好,我记得您的教诲,您的教诲让我记您一辈子。”此歌表达了徒弟对师长的敬佩与感谢之情。

孝是村落文化中的重要人伦情感,在黔东南少数民族歌曲中反映孝道的非常多,主要表现为知父母恩,善待父母。

《赞父母》:“……老人教训不要顶嘴多言语,永记——爹娘恩情莫忘。要记住,不要忘恩负义,真不该,咒骂老人遭谴责……”教育村民要记住父母的恩情,孝顺父母,懂得与父母的相处之道。

---

❶ 儿歌收集者:潘小成,收集地点:麻江县宣威镇龙江村。

❷ 儿歌收集者:文央然,收集地点:雷山县郎德镇乌流寨。

❸ 儿歌收集者:文央然,收集地点:雷山县郎德镇乌流寨。

❹ 儿歌收集者:文央然,收集地点:雷山县郎德镇乌流寨。

❺ 儿歌收集者:文央然,收集地点:雷山县郎德镇乌流寨。

自古以来，中国就主张“和谐”，“礼之用，和为贵，先王之道斯为美”。传统村落民歌中有许多体现的是“和谐思想”，具体主要表现为“夫妻之和”“邻里之和”“村寨之和”“民族之和”等方面。

“……我俩结婚要和气，一同出工一同归；早晚一同煮饭，一同烧火；一个放柴一个吹；上山一同挖地，一同锄草，一个栽苗，一个施肥，回家后一同睡……”歌曲通过对乡间夫妻共同劳动生活场景的描绘，教育夫妻应同心协作共建家庭。

“寨上村里，不是外人，共个身体，都是兄弟，都要对待好，坡上农活一起做，来了客人一起招待，你家煮粥一起尝，我家有酒有肉一起吃，男男女女相处好，村村寨寨团结强。”

“……妈妈呀，你别与爹爹两分离。哪有鱼儿离开水？哪有金鸡离树林？雉鸟哪能离山岭？明月哪能离天庭？妈妈离去丢下我，后娘来了难做人，我端破碗满寨走，讨饭度日泪纷纷……”歌曲中形象地再现女儿劝父母不要分离。

《侗汉难分离》：“……侗难离汉，刀难离鞘，就像打稳的桩子，梳难离头，总在发髻上。侗难离汉，就像池塘离不开草鱼……”以朴实的语言比喻侗族和汉族的紧密和谐关系，教育各族寨民要团结互助。

为使村民崇德守法，村寨平安和谐，乡村常制定《村规民约》，让全村人都知晓哪些事情是不能做的，以对个体行为发挥约束作用。黎平县增冲村[1]2018年新修订的刻于石碑的《村规民约》主要内容如下：

一、有下列行为者，按“三个120”（120斤[2]猪肉、120斤大米、120斤米酒）承担违约责任，情节严重，承担相应法律责任：

（1）盗窃、毁坏、骗取他人财物500元以上的，退赃后，再处罚；

（2）毁坏公益林、破坏水源、破坏消防水设施的；

（3）引发寨火的，烧房子3栋以上处罚后，三年以内禁止在村寨内建房居住；

（4）发生寨火成年人未参与扑救而抢救自己物资的；

（5）强奸、拐骗他人造成不良社会影响的；

（6）打砸公共设施、公共物品的；

---

[1] 增冲村先后荣获“中国最美村落”“中国历史文化名村”“中国民间艺术之乡”“黔东南州首批100个民族民间文化村寨”等殊荣。

[2] 1斤=500克。

(7)参加邪教活动;

(8)投放毒剂致禽畜死亡的;

(9)电鱼、毒鱼的均加倍处罚;

(10)无故敲鼓楼大鼓的;

(11)私自在村寨封地范围内动土安坟等有违村寨风俗的;

(12)引发森林火灾10亩[1]以上的,并赔偿损失。

二、有下列行为者,按“三个66”(66斤猪肉、66斤大米、66斤米酒)承担违约责任,情节严重,承担相应法律责任:

(13)盗窃、毁坏、骗取他人财物500元以下的,退赃并赔偿;

(14)炸鱼的;

(15)引发森林火灾10亩以下的,并赔偿损失;

(16)未经村“两委”允许无故开启村寨消防栓用水的。

三、有下列行为者,按“三个33”(33斤猪肉、33斤大米、33斤米酒)承担违约责任,情节严重,承担相应法律责任:

(17)仗势欺人、拉帮结派打架斗殴的,除处罚外并赔礼道歉及支付医药费及误工费;

(18)造谣、搬弄是非引发他人矛盾造成极坏影响的;

(19)父母未抚养未成年子女、子女未赡养老人造成极坏影响的;

(20)不愿送适龄儿童入学,以及让义务教育期内学生辍学的;

(21)在公益林区、水源林区烧炭、开荒的;

(22)拒不执行防火线规划拆迁或在防火线内乱搭乱建的,除处罚外并限期拆除;

(23)擅自改变争议地现状的;

(24)霸占水源或偷放他人田水;

(25)无故不参加村里一事一议基础建设并反对阻挠施工的。

四、有下列行为者,按“三个12”(12斤猪肉、12斤大米、12斤米酒)承担违约责任,情节严重,承担相应法律责任:

(26)通奸的(双方都罚);

---

[1] 1亩≈667平方米。

(27)乱砍滥伐他人林木的；

(28)酗酒到他人家闹事，造成不良影响的，处罚后再放炮赔礼；

(29)乱放、乱捡禽畜损坏他人庄稼、果木的，赔偿后，再处罚；

(30)往河边、水沟、村庄周围乱倒垃圾的；

(31)阻塞通道或堆积杂物被要求移出而未移出的；

(33)房前屋后不符合卫生条件被限期整改而不整改的；

(34)未履行巡逻喊寨职责的；

(35)存在火灾隐患限期整改而不整改的。

通过《村规民约》可以看出，根据村民行为违约情节不同，予以“三个120”“三个66”“三个33”“三个12”等不同的惩戒。增冲村通过教育提升村民素养，多措并举推进脱贫攻坚各项工作，2020年全面实现全村贫困“清零”目标。增冲村民利用“国宝鼓楼”“中国传统村落”等国字号名片，大力发展乡村旅游业，全力打造“乡愁记忆”国家3A级旅游景区，全力推进乡村振兴战略的实施。传统村落文化通过多途径引发个体的成长变化，实现其个性化，并通过将文化体系中的思想言行规范影响生活在其中的个体，促进其身心发展，实现其社会化。

### (二)黔东南传统村落文化对村落的塑造功能

黔东南传统村落文化对村落起着目标引导、品牌塑造的作用。黔东南传统村落以苗、侗等少数民族为主，各族人民无论是生活起居还是精神娱乐，至今还保持着本民族的文化精髓。保护和弘扬传统村落文化就是发展生产力，这对保护自然与文化生态，调整乡村产业结构，促进乡村振兴，构建和谐美丽乡村具有独特优势。

1. 目标引导

传统村落大多与周围环境巧妙融合，暗含“天人合一”之道。传统村落优良的生态环境为休闲与观光农业、特色产业发展提供了良好基础。保护好村落的生态环境，根据自身特点和条件，发展各自的乡村产业，文旅结合，打造康养基地，不仅可以促进乡村振兴，还是城市绿肺的延伸，是人民大众健康生活的需要。

2021年7月，贵州省乡村振兴局公布第一批50个自然村寨(片区)的省级特色田园乡村·乡村振兴集成示范试点村[1]，其中，黔东南州从江县占里村占里寨、榕江县乐乡村、锦屏县雷屯村、麻江县卡乌村上下寨、剑河县加禾村、台江县党略村偏寨组片区以及黎平县黄岗村黄岗侗寨等11个自然村寨（片区）入选。第一批试点村将结合村落特色文化，打造特色产业与生态，建设活力、宜居与美丽乡村，实现为全省乡村振兴开新局，为西部地区乡村振兴作出引领示范的目标。

2. 品牌塑造

传统村落大都选址在山环水抱、林木掩映的地方，但是受不同的村落历史、地理位置、村民主体等因素的影响，形成各具特色的传统村落文化，塑造了不同的特色文化品牌。例如：

文斗村：拥有独特的契约文书、大河腔等非物质文化遗产，是全球迄今民间保存最完整的"锦屏文书"之地。

八郎村：拥有丰富的古生物化石资源，可结合当地的苗族文化，打造古生物研究和观摩的研学之地。

新桥村：以超短苗裙聚居村寨为特色，可依托水上粮仓等农业物质文化遗产资源，打造超短苗裙风情特色村。

反排村：苗族木鼓舞之乡，可将木鼓舞、芦笙舞、多声部情歌表演与结合当地苗族民俗活动体验相结合开发文旅产品。

巫包村：苗族仰阿莎神话的发祥地，可结合现代科技打造仰阿莎动漫产业园，开发漫画、游戏、歌曲、动画等产品。

地扪村：拥有地扪人文生态博物馆，可对千三侗族文化区域进行整体打造，创编与演出精品侗戏，使之成为侗戏文化和祭祀文化的展示中心。

高华村：拥有"世界三大沐浴文化之一"的"瑶族药浴"特色资源和具有瑶族特色的长鼓舞，可打造康体疗养休闲养生福地，开发建设瑶药康体医疗产业园。

隆里所村：拥有花脸龙、唱汉戏等特色民俗活动，可依托隆里古城度假区，结合本地明清历史打造古代军事、田园生态、民俗体验等旅游产品。

增冲村为侗族木构建筑营造技艺之乡；单阳村为萨玛节之乡；高统村为吃相思之乡；岜沙村为持枪部落之乡；高良村为水族马尾绣之乡；巨洞村为牛腿琴之

[1]《关于印发贵州省特色田园乡村·乡村振兴集成示范试点建设第一批试点村名单的通知》（黔乡振领办函〔2021〕7号）。

乡；高吊村为暮鼓节之乡；小黄村为侗族大歌、双倍嘎之乡；占里村为侗族生育习俗文化之乡；归林村为老人节之乡。刚边村为壮歌、壮年之乡；三联村为壮族山歌之乡；党扭村为加榜梯田之乡；加翁村为鼓藏节之乡；杨颂村为祭尤节之乡；麻鸟村为锦鸡舞之乡；王家寨村为翻鼓节之乡；石桥村为石桥古法造纸之乡；送陇村为古瓢舞之乡；翁座村为土布制作技艺之乡；九旁村为雷打塘之乡；展留村为锡绣之乡；沟洞节为翁谱节之乡；也蒙村为百鸟衣之乡；格头村为秃杉之乡。

黔东南州入选中国传统村落名录的409个村落既有民族文化的共性，又具有各自的特性。黔东南州多姿多彩的村落文化，是发展文创产业的不竭资源。例如，"侗族大歌""芦笙舞""苗年""苗绣""银饰""玉屏箫笛制作技艺""石桥古法造法"等，已经在发展乡村文创产业中发挥出独特的优势，成为乡村经济新的增长点。

### （三）黔东南传统村落文化对社会的融合功能

就社会而言，黔东南传统村落文化对社会起着结构整合和价值融合的作用。

1. 结构整合

复杂的多元社会是由众多子部分组合而成，每子部分的独特功能的发挥都须和其他部分协调联动才能保障整个社会的正常运行。由于受共同文化的熏陶，个体都会在心理上或行为上存在不同程度的共性，使之在拥有个性的同时保持文化的主流特征。文化也成为个体深处的灵魂所在。在乡村长大的孩子，年少狂野的心使之无惧艰辛，数十年异乡漂泊，有坎坷、有失落、有喜悦、有寂寞……但是依依乡情却是持久不变的情愫，无论身在何处，魂牵梦绕之处——老家。即使是在城里长大的孩子，由于人的自然属性，也会对乡村的田园生活——那山、那水、那人充满期待与向往。

2. 价值融合

由于个体的独特性与差异性，社会民众在价值观上都会有差异，但经由统一文化的教育熏陶，必然在社会生活的基本方面存有一致的观念。例如，被一个社会主流文化肯定的思想与行为，必定是被社会绝大多数成员所追求。被社会主流文化否定的思想与行为，则是为大多数成员所鄙弃。[1]笔者曾走访八蒙水族老

[1] 李建光．社会学基础［M］．北京：人民卫生出版社，2003.

寨，走了一圈也没遇见几个人，真是静寂的乡村啊！屋前几位少妇整梭理线吸引了笔者的眼球。

“你们在忙什么呢？”

“纺线准备做衣服。”

“为什么不直接去镇上买呢？我看这织布麻烦得很呢！”

“我是外地来的媳妇，过节村里的女人都穿统一的衣服，自己织的、自己做的还是更经穿、更好看。”

黔东南一带乡村女性的巧手笔者是早已见证过的，那一针一线展示的不仅是个人的才艺与智慧，更是对村落生活价值观的认同与追求，也体现出个体的从众心理。

村规民约是村民的行为守则，是村民进行自我管理的主要依据和规范标准，它与村落习俗等都是中国传统村落文化的组成部分，在乡村治理中发挥着结构融合、价值融合、凝心聚力的作用。在当今新农村文化建设中，许多村落在制定新的村规民约过程中，注入了与时俱进的社会主义核心价值观❶，让传统农耕文化与现代文明相结合，适应了新时代发展的要求。

---

❶《杨颂村村规民约》(三字篇)：一、生产发展篇：新农村，民主体；兴三农，靠政策；生产力，是关键；常解放，莫迟疑；调结构，挖潜力；用科技，增效益；农村稳，百业兴；抓时机，莫迟疑；等靠要，不合时；要富裕，靠劳动；迎市场，集信息；若盲目，风险多；产业化，增收快；重创新，用智慧；工促农，是趋势；城带乡，添活力；要想富，多动脑；旧体制，要革除。二、生活宽裕篇：盘中餐，皆辛苦；善节约，少积多；勤劳动，是美德；好恶劳，贫终身；新农民，要牢记；新生活，靠自己；想富裕，要努力；靠救济，是大忌；好政策，帮民富；误时机，守贫瘠；传帮带，志于道；是能人，游于艺；兴农村，是己任；专业户，要铺路；致富经，常传送；舍小家，顾大家；奔小康，是大计；思路清，解难题；一人富，不算富；大家富，才叫富。三、村风文明篇：讲文明，树新风；旧习俗，要远之；知荣辱，明礼节；守诚信，是原则；好风尚，要坚持；村风正，万民乐；邻里间，贵和睦；村风顺，促和谐；讲科学，不含糊；近迷信，必中邪；红白事，忌大办；比阔气，富返贫；远宗教，学知识；若愚昧，属无知；讲道德，守法律；明是非，辨善恶；真善美，要遵守；稍不慎，损家风；富失节，毁声誉；贫守志，传千里。四、村容整洁篇：讲卫生，人有责；村容乱，人心换；搞规划，要实际；盲目攀，伤财力；建新村，求慎重；大拆建，群众怨；改旧貌，集智慧；村风正，消隔阂；村貌洁，精神振；脏乱差，扰健康；用水电，节能源；改圈厕，少污染；村设施，要保护；常维修，益处多；整环境，求生存；争创建，小城镇；搞配套，需合理；若重复，费劳力；村干部，要牢记；空口号，莫要提。五、管理民主篇：村中事，多谏言；谋点子，显民主；钱财物，要公开；还清白，亮心底；管理权，让于民；知情权，要保证；自治权，解矛盾；监督权，善运用；村民会，常召开；给群众，参与权；制村规，要科学；定民约，讲民主；村干部，守廉洁；村民拥，管理顺；多给予，少索取；莫与民，争利益；用权利，讲政策；大家伙，绘蓝图。

# 第二章　传统村落文化教育生境

生境原为生物学中的概念，是指影响物种个体或物种群落赖以生存的生态环境，包括必需的基本生存条件和影响其发展、进化和生存的各种生态因素。[1]生物与生境的关系是长期进化的结果，生物有适应生境的一面，又有改造生境的一面。文化为人类在实践活动过程中创造出来的产品总称。人类在创造出文化的同时，文化对人类的实践活动又有着重要的影响。积极的、先进的文化能促进人类自身的发展和进步；反之，愚昧、落后的文化则会阻碍人类的实践活动和人类的发展。[2]

近年来，许多教育学者将“生境”引入到教育领域，提出了教育生态环境（以下简称“教育生境”）这个概念，影响教育活动的生态因素均可纳入教育生境中。张诗亚教授认为“教育生境”应包括自然环境、社会环境和精神环境三部分[3]，范国睿教授则认为“教育生境”应包括自然环境、社会环境和规范环境[4]。总之，自然环境和社会环境是影响教育活动的重要生态因素。笔者认为，结合传统村落的功能和特点，其文化教育生境主要包括人居自然环境和村落社会环境两部分，其在村民成长和村落发展中起着重要的作用。

## 第一节　人居自然环境

### 一、黔东南人口发展

在古代，贵州是一个多民族的边远山区，经济开发晚。史书记载，贵州在战

[1] 李光耀．生态位理论及其应用前景综述［J］．安徽农学通报，2008（7）．

[2] 谢红雨，伊理，肖荷．云南民族文化传承之区域教育路径研究［M］．北京：科学出版社，2018：3．

[3] 张诗亚．西南民族教育文化溯源［M］．上海：上海教育出版社，1994：5．

[4] 范国睿．教育生态学［M］．北京：人民教育出版社，2000：1．

国时期已经开始形成部落管理模式，人们开始聚集而居形成村落，开垦农田、耕作土地。[1]西汉时期，随着汉族不断向少数民族地区渗透，原本的地方势力不断消亡，大量朝廷的官兵以及家属不断迁入贵州，他们与当地各土著杂居在一起，“居夏而夏、居楚而楚、居越而越”，人口开始缓慢发展。从元代开始，中央政府有计划地对贵州屯兵戍边，许多农民、手工业者和商人也跟随着戍边官兵进入，将中原的农耕技术、手工业技术和商业观念带入了贵州，促进了当地农业和商业的发展，但是受生活状况、医疗水平等因素的限制，黔东南一带人口增长仍然缓慢。明朝初年，朱元璋为解决西南地区的军事隐患，便在西南各驿沿线设立卫所，将大量军队就地屯守。明洪武年间，夏国公镇远侯顾成入黔。[2]其子孙后代分居于今黔东南州凯棠、开怀、舟溪等地。同期，山东省青州府寿光县石氏、陕西省西安府兰田县田氏等带兵入黔，其后裔亦融合于当地土族。[3]明洪武十八年（1385年），明军到侗族地区镇压吴勉领导的侗族农民起义，朝廷为了巩固其统治，将屯军留下，军食自赡。许多随军人员解甲归田，定居于黔东南一带。他们和各少数民族和睦相处，把原籍的先进生产工具和技术传授给当地各族人民。坝寨沟始建于明代，沟渠长2千米，位在坝寨乡坝寨村，由当时从江西迁来居住的汉人杨氏等带头修建，将旱地改成水田[4]，使水稻等农作物产量得到提高。明、清时期，因从军、从政、经商、逃难来到黔东南的汉人，其后裔或与当地苗、侗等少数民族杂居，或与之通婚，进而融合于苗、侗等少数民族者不计其数。

根据2010年人口普查资料计算得知，贵州农业户口人数占总人口的87.4%，其中，男性占比86.51%，女性占比88.35%[5]，贵州是一个典型的人口输出省[6]，黔

---

❶《史记·西南夷列传》记载夜郎“有君长”“耕田，有邑聚”。

❷ 贵州省凯里市地方志编纂委员会，凯里市志（上）[M]．北京：方志出版社，1998：172.

❸ 贵州省凯里市地方志编纂委员会，凯里市志（上）[M]．北京：方志出版社，1998：172.

❹ 杨盛中，黎平县民族事务委员会．黎平县民族志[M]．贵阳：贵州人民出版社，1989：12.

❺ 国家统计局人口和就业统计司，国家民族事务委员会经济发展司编，中国2010年人口普查分民族人口资料（上）[M]．北京：民族出版社，2013：88.

❻ 第六次人口普查数据显示：2010年贵州户籍人口中外出（省外）人口规模达718万人，以农村青壮年为主，占全省常住人口的20.7%，占人口普查登记户籍人口的17.3%。与2000年第五次人口普查相比，贵州外出（省外）人口增加478万人，平均每年增加47.8万人。[资料来源：贵州省第六次人口普查领导小组办公室，贵州人口发展研究（第三辑）：贵州省2010年第六次人口普查资料开发课题集[M]．贵阳：贵州科技出版社，2014：6.]

东南州也存在同样的人口情况，特别是自20世纪90年代之后至今，大量人口外出工作与学习，这种大规模的人口外流，对当地经济与传统村落文化均产生了巨大的影响，特别是乡村人口大量减少（见表2-1）。

**表2-1　2014—2019年黔东南州户籍人口数据**

| 年份 | 乡村人口 | | 城镇人口 | | 合计/万人 |
|---|---|---|---|---|---|
| | 人口/万人 | 占比/% | 人口/万人 | 占比/% | |
| 2014 | 408.74 | 87.67 | 57.47 | 12.33 | 466.21 |
| 2015 | 350.32 | 73.98 | 123.22 | 26.02 | 473.54 |
| 2016 | 348.94 | 73.09 | 128.49 | 26.91 | 477.43 |
| 2017 | 338.58 | 71.13 | 137.41 | 28.87 | 475.99 |
| 2018 | 333.22 | 70.00 | 137.41 | 30.00 | 475.99 |
| 2019 | 320.23 | 66.06 | 164.50 | 33.94 | 484.73 |

2019年年底，黔东南州常住人口355.20万人，户籍人口484.73万人，少数民族人口占总户籍人口的81.5%，其中苗族占43.3%，侗族占30.4%，其中乡村人口320.23万人，占户籍总人口比重为66.06%。[1]通过表2-1中2014—2019年黔东南州户籍人口数据变化可知，随着现代社会的发展和国家城镇化的建设，黔东南州的乡村人口数量和占比逐年减少。这也是黔东南州户籍人口发展的趋势，城镇人口将越来越多，而乡村人口将越来越少。

## 二、黔东南自然环境

自然环境为人的生命、人类的生存和发展提供适宜的空间和各种资源，是人类社会赖以生存和发展的物质基础，也是传统村落文化形成与发展的前提。黔东南地势西高东低，境内大部分地区海拔500~1000米，历有“九山半水半分田”之说，自然生态保存较好，森林、能源、生物、矿产等自然资源得天独厚。

查阅村落中保存至今的族谱，听老人们摆古[2]，大多说村寨周边多是原始森

[1] 黔东南苗族侗族自治州人民政府官网［EB/OL］.（2019-07-30）［2019-10-21］. http://www.qdn.gov.cn/zq/rkmz/201907/t20190730_5355292.html.

[2] “摆古”是谈古论今讲故事的意思。

林,猛兽很多,人们出行不方便,所以娶媳妇、嫁女儿大多是在周边村寨,有的甚至村内通婚。有道是靠山吃山,一代代的山里人充分利用丰富的森林资源解决生活所需。在畜牧业不发达的年代,山里人常通过打猎获取肉食,其中打野猪是较普遍的。抓野猪的方法有挖陷阱、安套索、安铁铗。农闲时节,听说在什么地方看见野猪,大家马上围猎,有时甚至是整个村子的劳力都去。一天,两个小女生在打野菜,突然听到山上枪响,猎狗疯跑,一头中枪的野猪滚到她们面前,一动不动。几个猎手在山上大声喊:"妹子!赶快捆住野猪的脚!"两个小女生赶忙割一截葛麻绳将野猪胡乱地捆住。她们刚捆完,有7个人也赶到,看见野猪已被捆住,非常失望地走了。猎手们下山来,夸两小女生动作麻利。按照山规,山上打猎,见者有份。但不是什么时候见者都有份,须是猎物被捆住脚之前才有份。大家分野猪肉,两个小女生也有份,她俩就高高兴兴地背着野猪肉回家了。

抓野猪,打野猪,早已是陈年旧事,没有了猎枪,就无法上山打猎,20世纪六七十年代的那些老猎手已经老了,当代的年轻人已对打猎不感兴趣。另外,现在国家立法保护野生动物,野猪也不能猎杀。

在村落里及周边常可见数量众多的珍贵古树,蔚为壮观的百年参天古树,聚在一起,成岭成片。步入树林,阳光透过树枝的罅隙洒下,使人不觉炎热,还可感受到光影形成的唯美。苗乡侗寨白天不热,晚上凉爽,这与成片的山林不无关系。黔地的青山绿水与村民爱树护林的民俗是紧密相关的。一根草标可以保护整个山林,只要一个人在某一样东西上用草标记,其他人就不能再去占有。家中新添婴儿,家长会以高大健壮的树木为祭拜对象,在每年的两个月半节(正月十四和七月十四),带孩子们到该树脚去祭拜,鼓励子孙们像大树一样茁壮成长。❶

文斗苗寨,苗语意为"树岭",寨中拥有3万余份珍贵林业契约文书,还有众多的护林古碑,碑文中对乱伐乱捡者都会予以惩罚。即使是枯倒的古树,乡民们一般也不会乱动,这与乡间崇拜古树的民间信仰有关联。一般只有需要柴火的孤寡老人才会去拾捡枯倒树木的枝枝丫丫,粗大的枯木就用小斧头慢慢地劈,物尽其用,各得其善。

黔东南地属亚热带湿润季风气候,夏季炎热时间较短,雨水充沛。笔者自2014年来黔工作的最初几年,雨水较之近年更为多些,还经常晚上下雨,天亮后

❶ 吴世锦.古树悠悠沟洞村[N].黔东南日报,2019-11-26.

雨就停了，出门就觉得空气湿润而清新。随着全球气候变暖和凯里周边开山搞建设，笔者觉得黔东南州全年平均气温也上升了些。气候较江西老家来说，日照时间短些，阴雨天更多，这在民间的生活习俗中也得到了相应的体现。老家由于晴天多些，过年是晒腊肉，把肉腌渍好就放在阳光下晒，晒得干干的。而黔东南这边是熏肉，肉腌渍好就放到火上熏干。土生土长的本地人说，以前阴雨天更多些，我想难怪黔东南是“百节之乡”，以前的节日聚会开展娱乐活动对调节山里人的生活与舒畅村民的心情是非常有必要的。

## 第二节　村落社会环境

### 一、黔东南政治环境

黔东南地处西南边陲，由于地理位置及历史原因，其开发建设要晚于中原地区和东南沿海地域，社会发展在很长的时间内相对滞后，就地区行政和管理而言，黔东南地区在我国历史上主要经历了蛮荒时期、羁縻制度时期、土司制度时期、改土归流时期、民族区域自治时期5个发展阶段。❶

(一)蛮荒时期

春秋以前，黔东南属“南蛮”或“荆蛮”之地。春秋战国时期，在今贵州一带陆续出现了古牂牁、夜郎国和且兰国，黔东南地区亦有一部分地区处于其辖属范围；战国中期，楚设黔中郡，中原统治势力开始向西南地区进行扩张。秦时置黔中郡，汉时改秦黔中郡为武陵郡，由于地偏山高，当时封建王朝势力在当地影响相当微弱，黔东南地区随着苗族、侗族、水族、瑶族等先民的陆续迁入，形成了以部落聚族而居的聚落。

(二)羁縻制度时期

唐代，在今贵州地区推行经制州与羁縻州并行的制度。羁縻州是指比较封闭的、生产力水平相对落后的地区，古代黔东南地域就是其中之一。羁縻州制始

❶ 曹昌智，姜学东，吴春．黔东南州传统村落保护发展战略规划研究[M]．北京：中国建筑工业出版社，2018：29-32.

于隋朝末期,唐代已广泛使用,宋代得以进一步发展。羁縻州制是统治者根据少数民族地区特殊性而采用的制度,其既保留了民族地区传统行政管理制度,又将民族地区纳入皇朝统一行政管理之中,在当时显示出制度的适用性。在苗族地区,部分苗族首领成了异族封建领主统治苗族的代理人,但"鼓社"社员民主议事制和"鼓社"制仍起主导作用。

### (三)土司制度时期

元代,中央王朝在黔东南地区实行土司制度。土司制度是唐宋以来羁縻政策在民放地区的政治管理变革。从元至明洪武年间,黔东南苗族地区有土司二十多个。[1]土司在管理少数民族事务时,要利用"榔头",而"榔头"也要依靠土司的力量来巩固自己的地位,从而加速了苗族社会内部阶级的分化。劳动人民身受封建王朝、异族土司和本民族统治阶级的三重压迫。雷公山、月亮山一带的生苗地区,因土司鞭长莫及,村寨内部事务管理多依苗族传统惯例用村寨合榔形式进行。

### (四)改土归流时期

明永乐十一年(1413年),朝廷在黔东南地区废宣慰司改置府,实施"改土归流"。[2]土司被逐步废除,改派明廷的行政官员(称"流官")治理民族地区,"流官"的任免与任期由朝廷决定,不得世袭。清代,继明代采取一些"改土归流"行政管理以后,又于雍正四年至九年,在黔地实行了大规模的"改土归流",将整个黔东南地区直接纳入皇朝统治的领域。"流官"在改革弊政,稳定地方局势,广建义学、社学、卫学等学校,促进儒学教育发展等方面均做出了一定的贡献。

苗族领袖张秀眉起义后,清朝加强了对黔东南苗族地区的军事管理。甲午战争和对八国联军战争失败后,清王朝为筹赔款,各地税赋苛重,民不聊生。民国时期,军阀争战连年,地方豪绅趁机崛起,境内社会动荡,人民生活艰难。国民党推行强制的民族同化政策,加深了民族间的矛盾。

---

❶ 黔东南苗族侗族自治州地方志编纂委员会. 黔东南苗族侗族自治州志·民族志[M]. 贵阳:贵州人民出版社,2000:19.

❷ 曹昌智,姜学东,吴春. 黔东南州传统村落保护发展战略规划研究[M]. 北京:中国建筑工业出版社,2018:30.

### （五）民族区域自治时期

1950—1954年，黔东南地区陆续建立民族自治区或自治县，通过民族自治地方等形式，从制度上保证各民族的平等权利。1956年7月，黔东南苗族侗族自治州成立。改革开放后，社会主义新型民族关系（平等、团结、互助、和谐）得到发展。勤劳朴实的各族人民，发扬优良的革命传统，以新的姿态，发挥山区优势，深化改革，把黔东南建设成为繁荣、进步、开放的自治州。

## 二、黔东南经济环境

古代，黔东南地区长期处于“计口而耕，度身而织”的自然经济状态。除清水江、都柳江、㵲阳河两岸村民们每年砍伐木材，开展木商活动，其余商品经济很少。乡间多以“以物易物”“斗米斤盐”等进行交易。由于生产力落后，自然环境较恶劣，朝廷或政府常有苛捐杂税，大多数乡民长期过着饥寒交迫的生活。明清时期，黔东南地区的地主所有制获得发展，土地得到进一步开发利用，兴修了许多农田水利工程，推广了中原的农业生产技术和农具，开展了人工造林。随着大批外地工匠迁至黔东南，少数民族手工业得到进一步提高。

中华人民共和国成立初期，国家在经济方面采取了一系列的重大措施，一大批国有企业和集体企业在黔东南地区落地生根，农业、手工业和私人工商业也得到前所未有的发展。改革开放以来，黔东南州交通落后的状况得到逐步改善。2013年10月，凯里黄平机场通航。2014年年底，贵广高铁开通，黔东南州开启了高铁时代。全州在中央财政资金的支持下，实现了县县通高速、组组通公路，1981年的公路总里程为4428千米，而到了2017年跃升至29 511千米。村村实现了水、电、广播电视、无线网络的“四通”，乡村基础设施日益完善。全州经济实力由弱到强，实现了从传统农业向工业化、城镇化、信息化的初步转变。2017年，黔东南州第一、二、三产业占地区生产总值的比重为20.1∶23.1∶56.8。[1]

[1] 黔东南年鉴编纂委员会. 黔东南年鉴（2019）[M]. 芒市：德宏民族出版社，2019：1.

# 第三章　传统村落选址文化

从逻辑关系上而言，先有村民和村落，后有村落文化。要研究黔东南传统村落文化，先要了解传统村落的形成。建筑，作为人类文明的重要载体，是了解民族文化体系的路径。传统村落选址文化是村寨建筑文化的重要内容。古村建寨先祖们在恶劣的自然环境和社会条件中谋求生存的稳定和安适，需要考虑安全防卫、耕种劳作、生态宜人的地方安居，以获得人、村与自然和谐共生的态势。这体现了古村建寨先祖们适应气候与地理条件、适应生计发展需要和解读各种生命体的智慧。

## 第一节　古村选址方式

据黔东南民间的口传史和遗留下的族谱，先民有不少是逃难和躲避战争定居于此，因此其选址对安全性要求较高，同时还要满足生存所需的取水、采光、通风、耕作等各方面的要求。先民主要根据自然启示和现实需要选址，其选址文化体现着祖先对自然万物的尊敬和与之和谐共处的理念。

### 一、根据自然启示选址

#### （一）根据“动物行为启示”选址

在流传至今的传统村落建寨的历史传说中，很多聚落选址的原因是祖先见此地有狗做窝，鸡、鸭、鹅等孵蛋而认定此地为宝地，这是先祖从自然界中得到的生存经验，他们认为动物在此繁育可以说明此地有较为优良的自然资源与环境，是建寨生活的好地方。[1]

---

[1] 赵晓梅. 中国活态乡土聚落的空间文化表达——以黔东南地区侗寨为例[M]. 南京：东南大学出版社，2014.

案例:据季刀下寨潘氏老人说,很久以前,有一年冬天特别寒冷,祖先发现一群鸡到荒寨(当时居住地)河对面(现季刀下寨)安窝,祖先受鸡的启发,觉得这个地方更好,便搬迁至此,世代居住至今。[1]据榕江怎猛苗寨村民介绍,先祖在打猎时发现怎猛有枫树林,林边有水塘,水牛来此水塘里洗澡便不愿回去。先祖认为此地为吉地,就迁至怎猛居住。[2]

## (二)根据“植物生长启示”选址

植物作为地球上最古老的生命形式之一,它们的生长遵循着自然的规律,传达着生命的讯息。传统村落的先民以朴素的自然观从植物生长中得到启示,为自己寻找到更理想的生活空间。

案例:红阳寨地处台江南宫森林公园境内,居住有张、吴、杨、郃、罗姓,张氏为建寨始祖。村里张氏老人讲述了先祖建寨的故事,在很久很久以前,红阳村所在的地方是一片茂密的原始森林,荒无人烟。最早迁来居住的是台江上桃寨的两个张姓兄弟,哥哥叫“纠蒙约”(苗语汉译),弟弟叫“向蒙约”(苗语汉译)。弟兄两个都很贫穷,以打猎为生。兄弟两个经常带着猎狗来到红阳村这片森林打猎。有一天,猎狗追踪猎物来到了“补嘎沟”(苗语地名),猎狗身上滚了一身的浮萍[3]回来。兄弟俩认为有浮萍就能种出稻谷,一番商量之后,决定举家搬迁于此,并把寨子命名为“养翁颇”(苗语,意思为“生产浮萍的寨子”)。张氏兄弟便在“养翁颇”安身定居,开疆辟土,繁衍后代,迄今已有千年的历史。

## (三)“称水”“称土”选址

“称水”选址取不同地方相同体积的泉水,称其重量,辨其吉凶,吉水之地将选为定居之地。而“称土”选址与“称水”选址相似。

案例:季刀高坡苗寨的杨氏先祖在寻找居住地时,发现有两处清泉,通过称量水重的方式发现其中一汪叫“欧潘”的泉水比另一处重三钱,杨氏先祖认为这处的水质更好,于是就在“欧潘”泉水旁建寨,繁衍生息。

---

[1] 王展光,蔡萍,潘昌仁. 季刀苗寨——一个苗族村落的村寨聚落和建筑风格[M]. 成都:西南交通大学出版社,2020:17.

[2] 王展光,蔡萍. 黔东南民族建筑木结构[M]. 成都:西南交通大学出版社,2019:26.

[3] 浮萍是水面浮生植物,繁殖快,多分布在水田、池沼、湖泊等地。

### (四)根据占卜吉凶选址

由于生产力低下,经济文化落后,古村祖先们改造自然的能力很弱,对于生活中碰到的自然现象无法解释,因此经常会将其作为吉凶的征兆看待。先民经常根据各种植物或动物占卜来进行村寨的选址,比较典型的植物占卜形式有栽植枫树、杉树、竹子等,而比较典型的动物占卜有鸡卜、鸭卜、蛋卜等,这些占卜的方式在很多民间故事和家谱里面都有记载。

## 二、根据现实需要选址

### (一)根据生计需要选址

在雷公山、月亮山一带,由于海拔高,耕地少。在农耕社会,为确保大家吃饱,先民将相对平坦的土地作为耕地,尽量用于耕种农作物,而将村寨选址在紧邻耕地的陡峭山岭之上,雷山、台江一带的苗寨都是这种形式的典型代表。出于生计需要,需要经商的先民则多选择在交通便利的河流岸边或官道附近建寨。

### (二)根据战略需要选址

在明清时期,出于军事战略需要布置据地,而一些土族人融入了皇家在黔东南地区建立的政府管理体系之中。另外,一些军人解甲归田,先民便根据军民两用的据点布局建寨。

案例:黄平县岩门司村西、北、东有山体环抱,南临清水江,并与清水江南岸山体相望。岩门司设司始于明代成化六年(1470年),隶属凯里安抚司。岩门司村的选址主要根据军事战略的需要,根据本村人介绍,岩门司是当时重要的码头及府邸所在,马海村原为当时水军的练兵场,石家寨是主要屯堡所在地,红兴堡原为将军府驻地,围绕村庄周边还设有瞭望塔、烽火台、营地和练兵场等重要军事据点。

### (三)根据人际关系选址

人际关系是人与人之间社会关系的体现,古村选址方式根据人际关系来进行,主要遵循“主从关系”“上下级关系”“先主后客关系”。“主从关系”,主人选定寨址后，随从人员就在附近的地方选址立寨。[1]“上下级关系”，先上级选址，下级实行就近原则定居。“先主后客关系”，选址立寨之地，先到者为主，后来者为客。根据人际关系不但对选址受影响，后期及后代生活也受人际关系的影响。

### （四）根据风水需要选址

受到汉族道教风水文化的影响，许多先民也开始用风水观念来审视自己村寨的生存环境，认为寨子依靠的山脉叫作“龙脉”，便在山上广种树木，蓄养古树，形成“风水林”以保寨民平安。

案例：乌公村选址于寨蒿河畔青山脚下，现乌公村分为老寨和新寨两个村寨。老寨背依乌龙山发展，村落南有营盘脑山，北有后龙山，东有登高山。村落建筑坐坡朝河，八瑞河（八妹河）自南向北环绕老寨沿村落流过，地势得天独厚。祖先选址按风水来看，背靠的乌龙山正是侗家人讲究的龙头之势，取势纳气，“坐龙嘴”。村民认为河流代表财源，为留住财源，村民便在河流上建造风雨桥，以锁财富。所以当地人又将风雨桥称为“锁寨桥”。

黔东南古村先人们在村落选址追求“天人合一”“道法自然”，在生存与发展的需求下，从自然界探索、观察、解读、借鉴生物的生命智慧。无论是根据自然启示还是现实需要的选址方式，古村先人们都注重“背山向阳”“水源方便”“尊崇古树”的原则，以追求与自然的和谐共生。

背山向阳：为了躲避战乱和朝廷的压迫，先民们选择高山密林之地来保障人身安全，高能远望，后有依托，便于观察、防守与撤退，有生产生活的空间。居所择靠山一面的阳坡，民居多负阴抱阳。以加宜寨为例，其选址于大山山脊半腰，取视野开阔，笙歌远闻，甚至两山可相对呼应，此为苗寨世居高山的传统。民居层层叠起，以至每户前无遮挡，均可远眺山色云海而心旷神怡。

取水便利：在传统农耕社会，人类的生活与生产都离不开水，取水便利、水源充分是古人择地而居的首要考虑因素，故古村选址优先考虑近水源，或面河，或伴泉，或邻井，或借涧，方式多样。在地势允许的情况下，一般选址在山间盆地和河谷平坝，寨前是溪流与农田，寨后为山林。这种平坝型村寨由于自然资源较充足，有利于聚落的进一步扩展。平坝寨一般为历史久远、规模较大的聚落，平地

[1] 麻勇斌．苗族村寨选址的生态智慧与历史情结[J]．贵州社会科学，2011(10)：85-88.

建寨也更易于形成向心围合的聚落空间。[1]由于传统村落以前以木结构建筑为主，充足的水源也能应攘火之需。

尊崇古树：据村民们认为树木对水源的获取、庄稼的收成、人们的健康平安财等息息相关，古树被认为是吉祥美好的象征，民间重视植树造林和对古树名木的保护。[2]一个村寨是否兴旺，村中古树数量是标准之一。方祥乡格头村有“秃衫之乡”之美誉，拥有良好的自然生态环境，地表资源丰富，森林覆盖率达88%。[3]该村位于雷公山自然保护区核心地域。秃杉是我国稀有的珍贵树种，格头村有一大片的秃衫群，村口有一株傲然挺立，飒爽英姿的“秃衫之王”，守护着这一方水土与村民长达两千余年。

苗族自古崇拜树木，树与人的关系是紧密依存，“人活养树，树活养人”。苗族同胞常将娘舅家称为“树蔸”“树根”。在《苗族古歌》里关于蝴蝶妈妈的传说故事，体现了苗胞对于枫树的崇拜。“开屯”寨名是因建寨于大枫香树下得名。小开屯苗寨以山体为依托，负阴抱阳，后有林木葱郁山坡相连，茂密的树林，涵养村寨的水源，山体含水量丰富，在村寨背后的山顶有一个高山湖泊，在村民心中，这里便是一块风水宝地。“岜沙”，在苗语中指“草木繁多的地方”。在岜沙村寨里，林木茂盛，古树参天。岜沙是树崇拜与树葬文化的典型苗寨，树不仅仅是一棵树，它与村民的生命也紧密地联系在一起，是“生命树”。著名学者余秋雨曾为岜沙题写：“人即树也，生命长青”。

## 第二节　黔东南古村聚落模式

人类自古崇尚自然[4]，黔东南先民也是如此，其追求自然和谐，主张探求自然、尊重自然、热爱自然。在村寨的构建上，当地人很注重人与自然环境以及人

[1] 赵晓梅．中国活态乡土聚落的空间文化表达——以黔东南地区侗寨为例[M]．南京：东南大学出版社，2014.

[2] 乾隆年间《黔南纪略》中所记：“清水江两岸数百里，茫茫林海，翼云承日，无空土，无漏阴，栋梁巨柱之材应有尽有。”

[3] 单晓刚，王雨容．贵州传统村落全景录：雷山卷—格头村[M]．贵阳：贵州人民出版社，2017.

[4] 《周易·乾卦》：“夫大人者，与天地合其德，与日月合其明，与四时合其序，与鬼神合其吉凶。先天而天弗违，后天而奉天时”。

际交往的和谐与秩序，根据生态环境与地理环境的差别，黔东南传统村落在布局中主要表现出四种基本模式。

## 一、山间高地型

此类村寨聚落模式在黔东南较普遍，随山就势层叠展开，依据自然条件不改变原有地貌修房建屋或组团成片或串联成条，没有固定边界，布局灵活自由。此类村寨以苗寨为主，有“高山苗”之称。台江县南宫乡交下村、黄平县谷陇镇新寨村、雷山县达地乡里勇村、雷山县望丰乡乌的村、台江县排羊乡岩寨村、雷山县郎德镇南猛村都是典型的山间高地型村寨。

案例：雷山县郎德镇南猛村

南猛村地处雷公山区，境内地势高耸，平坝特少。苗族先民栉风沐雨，在此开疆拓土，创家立业。南猛村辖羊丹、报滴、榜两卡等自然村寨，吊脚楼民居多依山而建，次第升高（见图3-1、图3-2）。南猛村是“芦笙之乡”，是国家级“非遗”——苗族芦笙舞的传承基地，朴实的村民多能歌善舞，热情好客，只要到村民家，主人会招呼你留下一起吃饭，多以自家酿的米酒和用稻花鱼做的特色酸汤鱼来招待客人。

**图3-1　雷山南猛村**

资料来源：黔东南苗族侗族自治州政府网站http://www.qdn.gov.cn/dmqdn/gjjfwzwhyc/.

图 3-2　雷山南猛村截面图

资料来源:蒋维波.贵州黔东南地区苗族村寨空间形态研究[D].北京:中央美术学院,2013:22.

## 二、半山隘口型

这一模式的选址特性是以山间的泉眼作为立寨的根本,其不仅限制村寨的选址还限制了村寨的人口规模。村寨围绕泉眼来布置和延伸,民居顺山势散落在半山腰上,蔚为壮观。雷山县方祥乡陡寨村、剑河县观么乡平下村以及黎平堂安村是典型的半山隘口型村寨。

案例:黎平堂安村

堂安侗寨(见图 3-3 和图 3-4)始建于清朝嘉庆年间,是由厦格上寨的大家族外迁形成,寨中水资源较为丰富。该侗寨的聚落形成属于早期受制于生存条件制约而外迁的类型。寨中现有侗民 160 余户,800 多人,有中国和挪威合作建立的生态博物馆。

图 3-3　黎平堂安村

资料来源:关格格.黔东南侗族传统村落空间形态调查研究——以南江村为例[D].西安:西安建筑科技大学,2015:29.

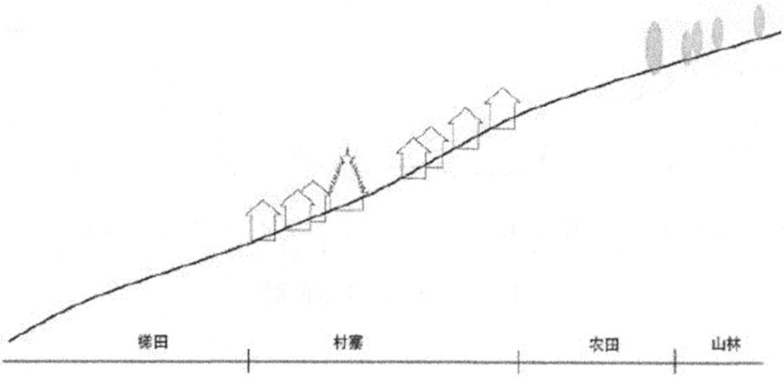


图3-4　黎平堂安村截面图

资料来源：关格格．黔东南侗族传统村落空间形态调查研究——以南江村为例[D]．西安：西安建筑科技大学，2015：29.

## 三、山麓河畔型

这种背靠山、面朝水的村寨聚落模式在黔东南传统村落中也较常见，古时属于能耕善猎、能防善守的之地。村落多位于河流一侧或两侧，坐坡朝河。由于住山上会带来交通、取水等不便，民居顺坡向山上延伸建造的层次不多，村落形态逐渐发展为沿线型布局，河流或溪流是其发展的脉络。凯里市的季刀苗寨（见图3-5和图3-6）和南花苗寨、雷山县郎德上寨等都是巴拉河流域典型的山麓河畔型村寨。

案例：季刀苗寨——上寨

图3-5　季刀上寨局部图

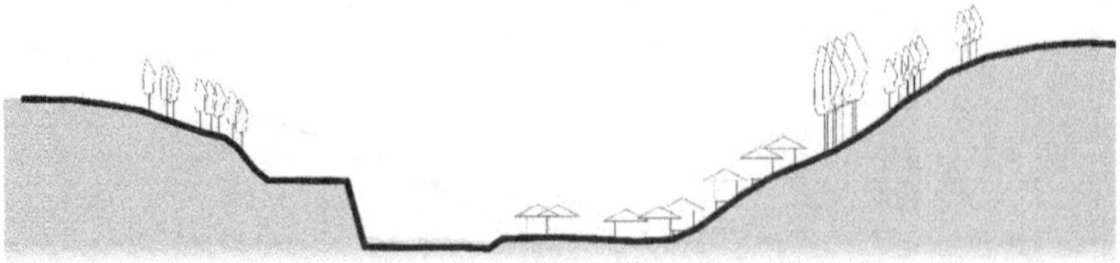


**图3-6 季刀上寨剖面图**

季刀苗寨包括季刀上寨、季刀下寨和高坡苗寨三个自然村寨。季刀上寨依山傍水，巴拉河从寨前流过，季刀大桥横跨巴拉河，河边就是炉榕公路，村民进出交通便捷。村寨周边古树参天，风景宜人。数百年来，苗族同胞在此日出而耕，日落而息，开辟出大片的梯田，寨中至今保存有百年粮仓和百年古道，寨中老人也常吹奏芦笙吟唱苗族古歌。

## 四、平坝河谷型

黔东南山高坡陡，平坝并不多见，较为平坦之处多为河谷冲击地带或山间的小盆地，此种聚落模式多为侗族村寨，例如黎平县朱冠村、黎平县地扪村、从江往洞镇增盈村[1]，在其他少数民族村寨中也可见到，例如刚边壮族乡宰船村(壮族)。

案例1:黎平县尚重镇朱冠村

朱冠村(见图3-7)山多地少，全村辖6个村民小组，有197户854人[2]，周围有宰蒙村、育洞村、已登村、杨类村等村庄。朱冠村祖辈大约在明末清初年间由江西吉安府迁移过来，盖保河穿过寨前，依山势地形面水而建，高低错落的小青瓦民居、古树、古井、消防水塘、花桥、寨门、梯田，溪流、农田、山林等，凸显一幅恬静的田园风光。朱冠村寨民风淳朴，民族风情浓郁。传统民族节日丰富多彩，有牯藏节、弹唱侗族琵琶歌、青年男女行歌坐月，赏花节、破新节、祭萨、斗牛等习俗。90%以上青壮年都外出到广东、浙江等地务工谋生。

---

❶ 王展光，蔡萍．黔东南民族建筑木结构[M]．成都：西南交通大学出版社，2019：31.

❷ 苦干实干发展产业找出路：黎平县尚重镇朱冠村第一书记杨光庭苦干实干 发展产业找出路：黎平县尚重镇朱冠村第一书记杨光庭：http://www.ddcpc.cn/detail/d_shehui/11515115529760.html2020-12-20.

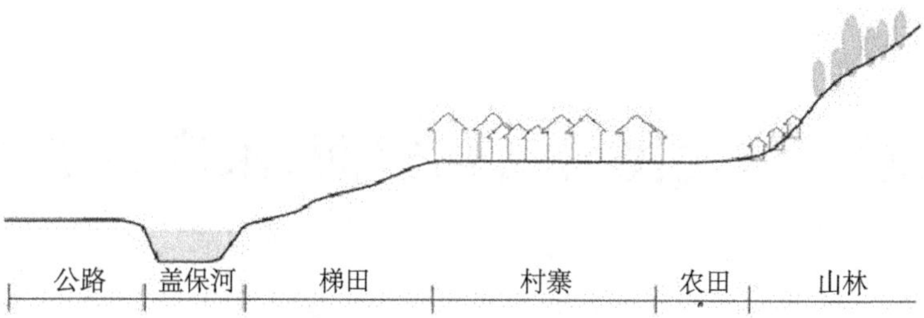


**图3-7　黎平朱冠村截面图**

资料来源：关格格. 黔东南侗族传统村落空间形态调查研究——以南江村为例[D]. 西安：西安建筑科技大学，2015：26.

案例2：刚边壮族乡宰船村

宰船村（见图3-8）地处刚边壮族乡的北部，距离刚边壮族乡10千米，距离从江县城128千米，东与高麻村相邻，西与加么村相邻，南连平中村，北抵银平村，全村占地面积4.22平方千米，耕地面积252亩，森林面积6700.8亩。全村共辖2个村民小组，135户，村民全是壮族。

**图3-8　宰船村实景图**

# 第四章　单元民居文化空间:家庭自然教育

家庭既是村落社会组织机构中的基本单位,也是人从“自然人”变为“社会人”的第一课堂。人类生命自胎中孕育之刻起,就受到父母、其他家长及家庭成员的直接影响,受到父母及家长的言传身教。家长在日常生活、生产劳动及其他活动中随时随地的对子女或晚辈进行劳动技能、村寨习俗等方面的教育,使受教育者可以亲身体验和感受,直观性强,又由于教育主体之间自然情感的融洽,使得子女更易理解和接受,易于达成共识。

黔东南乡村学校教育起步晚,家庭教育是传统村落中村民接受教育的重要形式。时至今日,尽管学校教育已深入村寨,义务教育的实施保障了每一位公民均可接受学校教育,但是传统村落中的家庭教育仍然是传承村落文化的一种最直接而有效的方式。

## 第一节　民居主体结构与文化传承

黔东南村落中的家庭主要是以父系为中心的小家庭制,男女共同劳动。家庭名称多以父亲或长子的名字命名。家庭中以父亲为家长,母亲也可担任家长,视其能力而定,父亲年事已高或去世后由长子继承,如长子不能胜任则由次子承担。家长对外有代表家庭议事,对内有管理一切事务的权力。对儿子的教导主要由父亲担任,对女儿的教导主要由母亲担任,儿子或女儿如有行为不端,父母都要受到周围舆论的责备。家庭中山林、田地、房屋、耕牛等财产主要由儿子继承,女儿的财产是出嫁时父母为之备办的嫁妆,例如服装、银饰、少量的“姑娘田”或“姑娘林”。

民居是各族同胞休养生息之所,受地理环境和气候环境影响,黔东南山地民居以干栏式吊脚楼为主,多依山就势而建,楼上住人,楼下架空,少量平坝之处建平地房。在20世纪80年代之前,黔东南传统村落中的民居主要以木结构吊脚楼为主，改革开放后，许多民居由纯木结构改为砖木结构，大多第一层为砖石结构，以护屋基，防潮、防火，二层或三层木结构居多（见图4-1至图4-2）。

图4-1　苗族民居（1）

图4-1　苗族民居（2）

图4-1　苗族民居（3）

图4-1　苗族民居（4）

图4-2　侗族民居（1）

图4-2　侗族民居（2）

图4-2　侗族民居(3)

图4-2　侗族民居(4)

由于地理位置的差异、户主个人喜好的不同、户主经济状况的差异等因素，黔东南各地的吊脚楼形制不一，但是，总体而言，民居结构分层特点如下：底层(第一层)是半开放式或封闭式砖石结构，是以生产和生活为中心，或搁置些生产用具或将卫生间和厨房改建至此。此前底层多圈养家禽或家畜，但现在随着生活条件的改善和村民卫生意识的增强，大多数会在自家屋外择近处或紧临自家一侧起圈栏养家禽或家畜；中间层(第二层或第三层)以生活起居为主，空间布局上以堂屋为中心，还包括卧室、火塘、灶房、晒台等。该层有木梯与各层相接，并设有走廊通道。由于黔东南一带多雨潮湿，乡间民居顶层(阁楼层)多做不完全封闭处理，以利于自然风干粮食谷物，不至于霉烂。民居各层以某一功能为主，但相互间可调剂渗透，空间上具有灵活伸缩性。

## 一、堂屋：多元礼仪的教育传承空间

“堂”有“正房”、高大的房子之意，也指有着共同祖先的亲属关系。中国传统民居室内主要分为“堂”和“寝”。[1]“堂”，也称“正厅”“堂屋”，“寝”为就寝之处，即“寝室”。建房不建堂屋，不称其为家。受“居中为尊”的文化理念影响，黔东南民居无论是古旧的木质吊脚楼还是新式的砖混楼，房间多以堂屋为中心而布置。堂屋是民居中重要的公共活动空间，是家庭祭祀、举办婚丧喜事、迎接宾客的场所，面积较大，是家庭开展礼俗教育的重要场域。村民在堂屋中的活动体现了崇

[1] 柳肃.湘西民居[M].北京：中国建筑工业出版社，2008：83.

宗敬祖文化和丰富的民俗文化。

## (一)家庭崇宗敬祖文化的教育传承

### 1. 家庭崇宗敬祖文化的物化表现

(1)花树旁的岩马

“岩马”,是苗家祖宗魂灵栖息的神坛。“岩马”一般设置在紧挨花树的中柱离地不高处,用木板搭建一个小小的平台,其上用藤编篾片斜靠在墙边,意为给老人搭房子,[1](见图4-3)。“岩马”旁粘贴鱼尾、鸡毛、冥钱,意为祖宗有吃有用。花树,又叫寿树,苗语叫“都吓”。民间传说花树原生在天上干里与干对大神的宫殿正堂中的中柱脚。它是一蔸青枝绿叶的毛竹子,根深叶茂,人们的“魂魄”整日围绕在它的四周,逍遥自在。有一天,干里与干对大神要发配一些“魂魄”到人间投胎做人,谁都不愿意去,谁都不愿离开花树。干对大神就说:“你们下凡投胎,我把花树分一半给你们带去,保佑你们长命富贵。”[2]栽花树便在民间流传至今。

图4-3 花树(1)

图4-3 花树(2)

---

❶ 李晓明,曾羽.田野中的原生态文化——第二届中国原生态民族文化高峰论坛文集[M].兰州:甘肃人民出版社,2012:5.

❷ 高波.苗族鬼神(内部资料),黔东南州文学艺术研究室印,1989年,第5页。

栽花树曾在雷山、丹寨等传统苗疆"生界"地区盛行，现随着人们思想观念的转变和老木屋的逐渐消逝而越来越少。苗家传统习俗中的"花树"须是两根连根一样长的没有折损的竹子，一般布置在堂屋右侧的中柱柱脚处，"花树"下一般用土、石、混凝土等制品固定。苗民认为花树神也是保佑儿童（儿子）健康成长的吉神。孩子幼时如果常生病，家长会备好祭品请来本村或附近的法师，在仪式过程中，要向家族中的亲戚讨来一点点米装在一个用白布缝制成的口袋里，把它挂在"花树"上，家族里的人还给那个被护佑的孩子送点礼金以表祝福。这样的"花树"一般"栽"在堂屋中柱或次柱下，以后的每个重要节日都要给它上香祭祀，以保佑孩子安康，远离大灾大病。

（2）神龛

黔东南一带神龛的设置是少数民族受汉文化影响的一种物化表现。[1]神龛在黔东南村寨中称呼不一，有"香火""香盒""神龛""神榜""家龛""家先"等，在黔东南各地县志中多称之为"神龛"，且民间多地也称为"神龛"，故本书中统一称为"神龛"。黔东南乡间家家户户无论经济状况如何，多在堂屋安置神龛来供奉祖先和神灵，以传达村民对祖先神灵的尊重并祈福求吉。神龛广泛存在于我国西南与南方地区，是民间依托于传统信仰的物质载体，对当地的社会和谐、个体的理想人格形成等方面发挥着积极的作用，是一种特殊的民族民间文化遗产。[2]

①整体外观

神龛大小尺寸民间并无严格要求，现多根据堂屋大小来确定神龛尺寸，材质上主要纸木混合型和实木型［见图4-4（1）至（4）］，也有采用玻璃和铝合金混合材质［见图4-4（5）］。过去，神龛的神榜位材质多用红纸，再用毛笔书写于纸上，由于纸张和字迹易于褪色和旧化，一两年就要换新的。现在村民经济收入增加了，也提升了对美和生活便捷的追求，村民多去专门制作和售卖神龛的店铺购买。当地香火店铺师傅可根据各家的具体需求量身定做，一套用十来年都没问题，免了每年更新的麻烦。商铺制作的神龛装潢精美，有的还安装电子灯，通电

---

[1]《苗疆闻见录》"家不祀神，只取所宰牛角，悬诸厅壁。其有'天地君亲师'神位者，则皆汉民变苗之属"。

[2] 彭敏丽. 朱场村神龛文化调查研究［D］. 贵阳：贵州民族大学，2018.

后两边电烛就亮起来，不仅方便、美观，也减少了明火的隐患。村民相中哪一款则请回家，并请当地的祭师择吉日安位。

图4-4　神龛（1）

图4-4　神龛（2）

图4-4　神龛（3）

图4-4　神龛（4）

图4-4　神龛（5）

②组成部分

乡间神龛既体现了追念故祖的情怀，也表现了民间的精神信仰。整体神龛以香柜（香板）为界，上部主要是天地君（国）亲师位和神榜，下部主要为土地牌（土地龛）。

天地君（国）亲师位。“天地君（国）亲师”是传统儒家思想中被尊崇的对象，是中国传统农耕社会中重要的精神信仰和象征符号。[1]“天地君（国）亲师位”多位于神龛上部正中央。在乡村田野调查时，书写神龛的师傅关于“天地君亲师”做了这样的解释：“天”就是上天、老天爷；“地”就是土地；“君”指的是管理国家朝政的君主；“国”指的是国家；“亲”多写成繁体“親”，是对祖先以及有血缘关系的先人的统称；“师”多写成繁体“師”，是对传授知识、技能，影响人的思想的教育者的通称。乡间将天地君（国）亲师作为祭拜对象，体现了村民心怀感恩，感谢天降阳光雨露，地长庄稼万物，爱国爱乡，缅怀先辈和尊师重教的价值取向。

神榜。神榜主要包括三部分，第一是祖宗牌位，第二是神仙牌位，第三是榜联。

第一，祖宗牌位。祖先崇拜是农耕社会具有的较为普遍性的文化现象，被崇拜的主体与客体之间存在“祖先”和“子孙”的关系。[2]黔东南乡间在神龛供奉祖先牌位，以纪念祖先，牢记祖训，不忘养育之恩。通过家庭祭祀祖先，以祈福护佑后人，这种风俗仍然在民间延续。神龛上的祖宗牌位并不把历代祖先逐一请出，多一语而概之，例如××堂上历代高祖、曾祖、远祖考妣昭穆之位。也有具体将近几代先人牌位逐次请于神榜之上，乡间多写于小红纸条上，贴于在天地君亲师的两侧，自上而下，依次排列，例如“太祖妣考赵太杨氏公某某老孺大人位”。“太祖”是对宗族成员的称呼，此外还有“烈祖”“天祖”“高祖”“曾祖”和“故祖”等；妣考，“妣”指女性，“考”指男性；在乡间的祖宗牌位上，女性祖宗多只写姓氏，而男性不但写姓也写名（见图4-5）。

---

[1] 张伶．中国高校教师工作——家庭冲突研究［M］．北京：中国社会科学出版社，2007.

[2] 徐凤．甘肃非物质文化遗产概论［M］．兰州：甘肃人民出版社，2014：154.

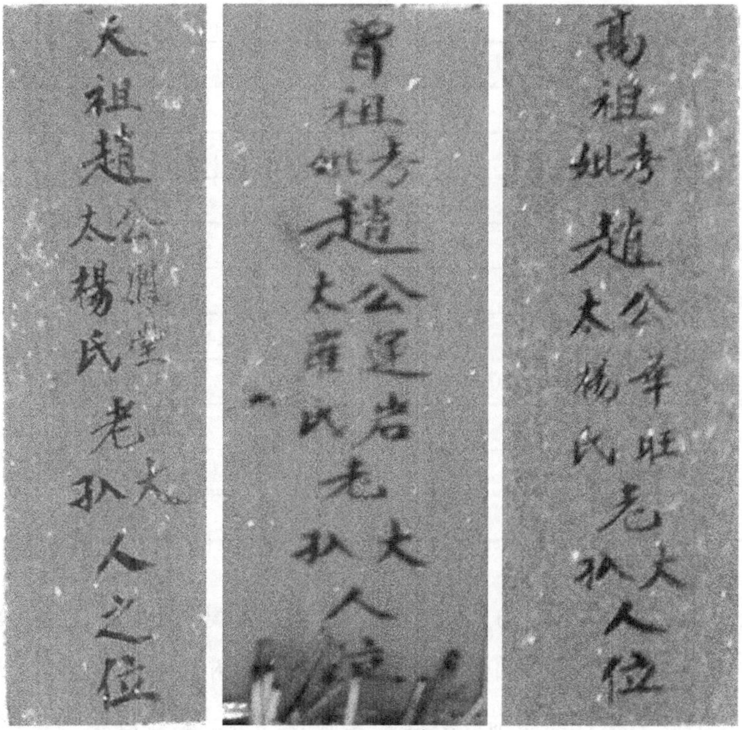

**图4-5　祖宗牌位**

神龛中祖宗神位上常有堂号，在黔东南一带堂号是家族的象征，例如“××堂上历代高曾祖妣考昭穆之位”的××堂代表的就是一个家族的堂号，它是一种反映某姓氏族群历史文化的符号标志，可以让后人知道自己的祖籍源于哪里，体现了对祖先怀念之情的一种精神寄托。以羊桥乡两河村中为例，除舒姓没有堂号之外[1]，其他十一个姓氏均有堂号（见表4-1）。

**表4-1　羊桥乡两河村姓氏堂号**

| 姓氏 | 堂号 |
| --- | --- |
| 黄 | 江夏堂 |

[1] 据当地的阴阳师说，堂号体现了这个家族祖籍所在地及这个家族的历史，例如吴姓的延陵堂，说明吴氏家族发源于延陵地区。而没有堂号也并不代表这个家族没有籍贯、历史，而是古时候这个家族先祖逃难到了两河村，为了在此扎根并融入地方，便隐藏了自己的堂号，从此不为后人所知。

续表

| 姓氏 | 堂号 |
| --- | --- |
| 穆 | 河南堂 |
| 孙 | 乐安堂 |
| 贺 | 广源堂 |
| 杨 | 弘農堂 |
| 姚 | 重华堂 |
| 石 | 武威堂 |
| 曾 | 鲁国堂 |
| 卜 | 河西堂 |
| 刘 | 河东堂 |
| 吴 | 延陵堂 |

第二，神仙牌位（见图4-6）。先民们信仰“万物有灵”，生活中每个事物都有自己的神灵主管，例如山有山神，灶有灶神，岩有岩神，树有树神，桥有桥神……[1]现今村民们的生活中还有自然崇拜遗迹。受儒、道、佛三教思想影响，每家每户的香火除了供奉“天地君（国）亲师”，还供奉神农五谷大神、观音菩萨、财神菩萨、灶王府君、药王仙师、鲁班仙师、孔子先师、杜康先师、牛马二王等神位。神位的供奉从神榜的左右以大小而别，右边为大，左边为小。神位内容以户而别，写神榜时先生会问主人家祖上的职业，然后根据主人家的职业书写供奉的神位内容。以普通人家的神位供奉为例，从神榜中间分开，右依次为“盖天古佛关圣帝君伏魔位、孔子先师颜曾施孟诸神位、当年太岁救苦救难观音位”；左依次为“灶王府君神农皇帝五谷位、千里求财四员官将合和位、□氏门宗历代高曾考妣位”。安置香火时会因为祖上的职业而安置不同的神位，例如某一户人家香火上供奉着药王先师的神位，则说明他家至少有过一两代人从事过医生这个职业；做木匠、石匠的人家就会供奉鲁班先师；煮酒为生的人家就会供奉杜康先师。职业神位的供奉不仅仅是向后代传递家族家支的兴起模式，更多的是表达晚辈们对祖师对先人的一种至高崇敬与感怀。

[1] 李晓明．南方山地民族“草标”的文化人类学阐释［J］．黑龙江民族丛刊，2008（4）：92-96.

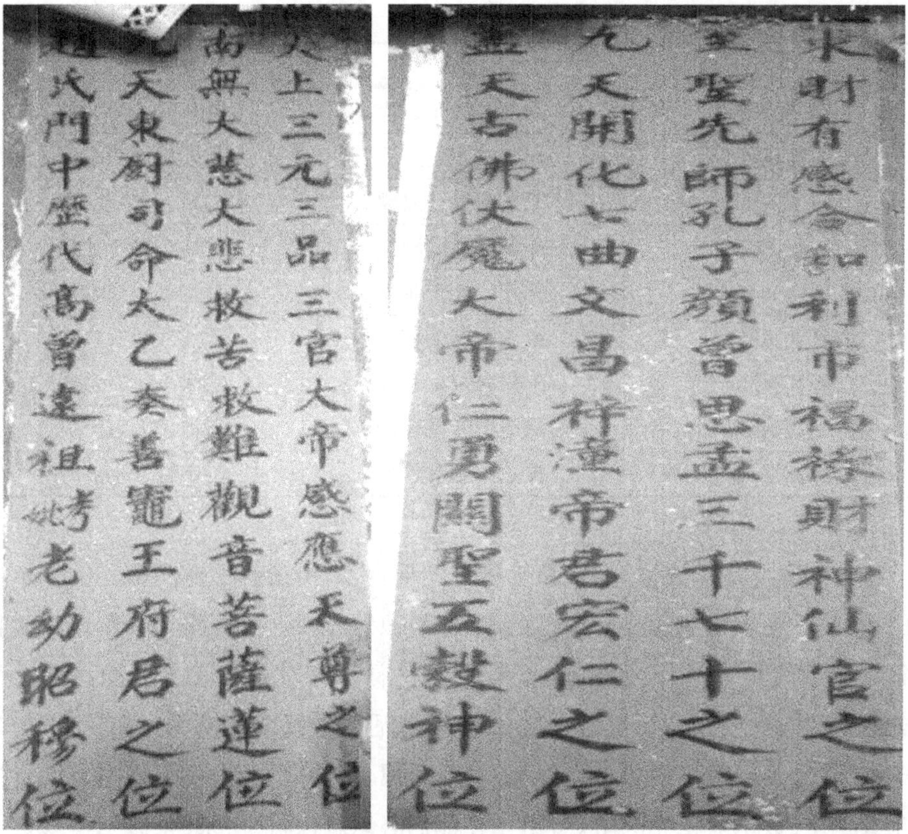


**图4-6　神仙牌位**

第三，榜联。村落中各家各户神龛中的榜联即“神榜对联”，位于神位上方和左、右两侧，包含横联和上、下联（见表4-2）。

**表4-2　神龛常见榜联**

| 横联 | 上联 | 下联 |
|---|---|---|
| 祖德流芳 | 祖德宗功千秋颂 | 子孝孙贤万代传 |
| 祖德流芳 | 祀先祖如在其上 | 愿后人焕然维新 |
| 祖德流芳 | 天地不嫌芹藻薄 | 祖宗惟愿子孙贤 |
| 祖德流芳 | 名世文章传子弟 | 长春岁月驻神仙 |
| 祖德流芳 | 神圣一堂常赐福 | 祖宗百载永流芳 |

续表

| 横联 | 上联 | 下联 |
|---|---|---|
| 祖德流芳 | 天地之间无二理 | 君亲面外有一师 |
| 祖德流芳 | 神圣德才盈天下 | 祖宗慧泽荫家帮 |
| 祖德流芳 | 五圣明玉登宝殿 | 七殿人马赴坛场 |
| 百代流芳 | 子孝孙贤世泽长 | 祖功宗德流芳远 |
| 百代流芳 | 香烟上天天赐福 | 灯花落地地生财 |
| 百代流芳 | 家龛缥燃千年火 | 神圣常明万岁灯 |
| 绳其祖武 | 玉盏素饭供孝妣 | 山河净源奉宗亲 |
| 绳其祖武 | 愿祖宗隆昌后裔 | 祈神圣大家发声 |
| 绳其祖武 | 神圣一堂常赐福 | 祖宗百代永流芳 |

香台。香台是承放香炉、祭品等物件的平台，简单地就由乡间常见的杉木板制成，有的会在木板边缘雕刻简易的半圆、波浪等花纹。香柜是人们用来存放日常祭祀用品的收纳柜，柜外常贴或刻有“福”“禄”“寿”“禧”，工艺复杂些的会雕刻或绘饰些吉祥图案。为纪念先人，村民会在香台上摆放其遗像(也有将遗像悬挂于神榜旁边)。香炉的质料主要有陶瓷、金属、玻璃之别，村民将米、朱砂、贡矿盛于香炉中，以示对祖先的敬意，祖先在他们心里就像贡矿、米、朱砂一样珍贵。

土地牌(土地龛)。土地对人类与万物都是重要的，没有土地就不会有生命。在传统农耕社会，土地是人们生存最基础的物质条件，土地给人民带来希望。“土地载万物，又生养万物，长五谷以育百姓。”乡民认为土地公/神都有各自的地域和管辖范围，例如在自家院坝路口的叫“门头土地”；在道路边的叫“路边土地”；在山坳上的叫“坳头土地”；在桥头边的叫“桥头土地”；管整个村寨的叫“寨头土地”……在黔东南乡间民居神龛香柜(香台)的下端是土地牌/土地龛(见图4-7至图4-8)，有祈求风调雨顺，五谷丰登的寓意。土地牌的对联意思大同小异，主要是说明土地的价值与重要性，例如土中生白玉、地内出黄金；土能生万物，地可发千祥；人安物阜千秋送，招财进宝万年兴等。家中的土地公既保佑五谷丰登，也寄予保家护院的期望。

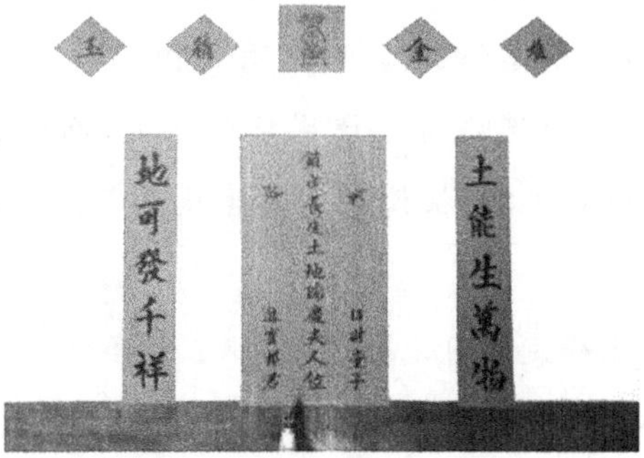


图4-7　土地牌(1)

图4-7　土地牌(2)

图4-8　土地龛(1)

图4-8　土地龛(2)

## (二)家庭礼俗生活教育传承

### 1. 结婚礼俗

婚姻对于成人而言是人生大事,苗侗人家结婚各地风俗均有差异,堂屋是完成婚礼的重要活动空间。侗族办婚事要经过一系列的流程,双方的婚亲关系才算正式成立,得到认可。主要流程如下:

认亲:男方和女方通过媒婆介绍认识后,若男方看上了女方,则男方父母会带着媒婆拿上糖、酒等礼品去女方家认亲,询问女方及女方父母的意见,若女方也看上了男方,就有进一步发展的机会。如果男女是自由恋爱,则可省略这一步。

来媒：男女双方相爱后，男方家就会请媒婆带上肉、酒和布等礼物到女方家提亲，征询女方父母的意见。若女方家父母不愿意，就会退回所有礼物。

讨八字：女方父母若同意婚事，男方家就会选好日子请媒婆带上肉、布鞋、糖、酒等礼物及写上男方生辰八字的庚帖到女方家，征询女方的生辰八字，以示定亲。

报日：根据男女双方的生辰八字，请先生确定吉日以作婚期。

出嫁酒：在婚期前一天，女方家会宴请亲朋好友，被请的亲朋好友会带上被子、箱子、家具、礼金等礼物到女方家赴宴。女方家的堂屋布置一新，神龛上要点上红烛，大方桌上也要摆放各种祭品，堂屋摆放着给女方置备的嫁妆（见图4-9），主要是被子、箱子、布鞋、家具、服饰等。

接亲：新郎来女方家接亲，女方家会在神龛前烧香烧纸，新郎要在神龛前作三揖才能进女方房间。新娘哭嫁辞行，以表达对家人的依依不舍与感恩之情。新郎把新娘背起来先在堂屋神龛前作三揖，男方家带来的接亲人在家门口撑着红伞迎接新人。

回喜神：接新人至夫家，堂屋门口会摆一张大方桌，桌上摆有公鸡、刀头肉、五杯酒，点上三炷香、蜡烛，然后由男方家请的执事先生把公鸡杀了，从新娘伞上甩过去，寓意是把不好的东西，孤魂野鬼都撵回去，不让其跟着新娘进新家，保佑新娘平安健康。

跨火斗：斗是木板制作盛东西的，斗下有火，斗上还要放两个筛子，新娘进堂屋在神龛前须跨火斗，一只脚踩一个筛子，由圆亲婆（主人家请的能说会道且家庭殷实的妇女）指引新娘进新房。

圆亲：在新房内，桌子上摆有酒、饭菜。圆亲婆先恭贺新人（一般四言八句，恭贺新郎新娘喜结连理。）接着圆亲婆会在桌上摆两杯酒，新人喝交杯酒，然后把糖、水果、烟发给闹新房的人吃，吃了喜糖沾沾喜气，而后开始燃放鞭炮，亲戚朋友就开始喜宴。

回门：新娘和送嫁的皇客[1]在新郎家吃住三天，就回娘家，男方要给女方的家人准备一桌菜送回去，还要送礼金或礼品给送嫁的皇客。

[1] 皇客是陪送新娘到男方家的尊贵客人。

苗族结婚礼要进行送亲、接亲、交接彩礼、抢嫁妆、新娘进门喝牛角酒、新娘祭祖、客亲贺礼等程序。婚礼前男方给女方买金银首饰，送女方父母红包，金额多少视具体情况而定，既显示男方对女方父母养育姑娘的感激之情，也意味着男方给女方家人的承诺，例如姑娘跟我有衣穿，有饭吃，可以过上好日子。

送亲：送亲是由新娘的娘家操办，送亲队伍阵容强大，新娘爷爷奶奶辈的、父母辈的、兄弟姐妹等都要有，乡间认为这意味着压阵，有为姑娘说话的人，给新娘造势，寓意新娘这方有人有靠山，提醒新郎婚后不准欺负新娘。

接亲：新郎和伴郎团来接亲，新娘家这边会设置重重关卡以考验接亲团。在第一关，是新娘的兄弟，这关主要是喝喜酒，长长的酒桌严严实实地把路挡住，必须把酒喝完，在台江和丹寨一带，接亲喝酒那可不是一般的厉害。第二关是比新娘年长的长辈，叮嘱新郎一些事情，总之是体现长辈对小两口的关爱与美好期望。第三关是儿童关，村里的小孩子们会来要红包，金额不多，但量多，图个喜乐。第四关是伴娘团，红包也是必不可少的，伴娘团还会“折腾”新郎和伴郎团。第五关则是新娘的父母，这关都是嘱咐新娘和新郎好好过日子，最重要的是改口叫新娘父母为爸爸和妈妈，成为一家人。

“新娘祭祖”是在神龛前进行，具体流程如下：女方嫁到男方家的第一天早上进行新娘祭祖仪式。这一天，男方家所有人起得很早，准备好鸡肉、猪肉、鱼、糯米饭、米酒等祭品，其中鱼要两条，酒要两杯，寓意着“好事成双”。等到村子里来看新娘的妇女和孩子(第一天来看新娘的一般都是妇女和孩子)都来得差不多了，祭祖仪式就开始了。新娘来到神龛前，首先烧纸钱和插香，然后面对着神龛说：“今天是个好日子，我××(新娘名字)从××(新娘家的地址)嫁到你们家成为××(新郎名字)的新娘，以后我就是这个家的一分子了，我会守好本分做个贤惠的妻子和儿媳。祖先们在上，希望你们承认我们的婚姻，保佑我们长长久久、幸福美满、儿女双全。现在，你们都来分享我们的喜悦吧，好酒好肉都在这里了，你们都来吃吧。”最后新娘把准备好的祭品适当地撒在燃尽的纸钱灰上，新娘祭祖就结束了，众人便可以吃新娘饭(糯米饭)沾喜气了。

图4-9　姑娘出嫁图

乡间的婚礼程序较为繁多，让新郎新娘体会到彼此是好不容易走到一起，无论何时彼此不能辜负了对方，要对得起自己的努力。通过婚礼夫妻双方的姻亲关系就此确立，姑娘落户到夫家，得到了家庭、宗族、村寨的认可，成为夫家的人。

2. 生子礼俗

自古以来，生儿育女一直备受家庭重视，不仅添丁增口、传宗接代，而且是血脉与家业的传承。婴儿出生后，家长们会或简或复地为孩子举办仪式以庆生，其中堂屋是不可缺少的礼仪空间。

婴儿出生后，家中的爷爷辈长者就在神龛上香，烧纸，还有“量搭”❶，向祖宗汇报“某某家某年某月新添了一个孙子或孙女，此刻向祖先神灵们汇报，希望你们保佑孙子或孙女易养成人，健康快乐”，请求祖先神灵保佑。到了第三天，要给孩子取名字，举办取名仪式。当天会邀请家族内的妇女和年长的男性来参加。一般要杀一只公鸡敬供祖宗，并用酒肉招待众人。在苗家，取的名字都是父子联名或父女联名，命名由家族中的长者提议，最后由婴儿的直系家长定夺。

❶ 苗族家庭中一种简单祭祀祖先的方式。

在阳芳村苗寨，婴儿出生后第三天，天刚蒙蒙亮，请房族中辈分较高的妇女为婴儿穿好衣服，将婴儿抱出卧室与亲戚见面。随后，拿着蛋、糯米、肉、酒去"量搭"，摆好祭品敬供祖先，以保佑孩子健康平安，易养成人。以前家人在婴儿出生后，大人多给男婴摸犁耙、柴刀、笔墨、书包等；女婴摸绣花针、花线、菜篮等，这体现了对男女不同的成长期望和日后不同的教育内容，例如镰刀寓意孩子长大后会砍柴、割草，擅长农事；绣花针寓意孩子长大以后擅长女红。现在随着社会与乡村环境的改变与文明的进步，村民日益重视教育，家长会把笔、书本放到婴儿手里，希望孩子好好读书，成人成才，多读书，长大后有份好工作。

在侗族居民心中，生儿育女是一件大事，不仅是人丁的增加，更是传宗接代的标志。因此，在孩子出生时，必须供奉神龛，父母会在家中的神龛前烧香、烧纸、点上红烛、在方桌上摆五碗甜酒，先是向祖先、神灵禀报，"某家某年某月新添了一个孙子或孙女，希望你们能够保佑孩子健康长大，平平安安"，并且请求得到祖先神灵的保佑，同时也会把好消息传递给娘家人。在红花村，婴儿出生后三天，孩子爸爸会带上甜酒、烧酒和鸡❶到孩子外公外婆家报喜讯。外公外婆通过礼物即知道是生男还是生女，同时准备回礼，如果男方带去的公鸡，岳父母会回送母鸡；如果男方带去的是母鸡，岳父母会回送公鸡，这样祝福孩子们儿女齐全，另外还会赠送米、烧酒、甜酒、背带、小孩穿的衣服等。当孩子半个月或满月时，会为孩子庆生，家中亲戚都会携带礼物来祝贺。

3. 丧葬礼俗

黔东南一带的村民把人的死亡分为"死好"和"死丑"两类。所谓"死好"就是死得好，也称"正常死亡"，例如老年人寿终正寝；而"死丑"则是死得不好的意思，也称"非正常死亡"，车祸死、产死、溺水死、自杀死等属于"死丑"，民间认为"死丑"的灵魂只能去地狱。村民们对待这两类死亡是不一样的，"死丑"的灵魂中被认为会变成厉鬼，将会扰乱子孙生活，因此得不到祖先的认可，不被安置在神龛里进行祭祀，而是请巫师将其驱赶出去并嘱咐其不要回来扰乱子孙生活。"死好"的灵魂是善良的，能赐福于子孙，因此能够得到子孙的礼待，安放到神龛

❶ 生男孩带公鸡，生女孩带母鸡。

中祭祀。

老人去世后,家人会为逝者换上寿衣、寿袜、寿鞋,灵堂设在堂屋,进行守灵、祭祀、开路等仪式,丧葬主要是以土葬形式为主。

停尸守灵:净身穿衣后,在堂屋旁搭木板作为灵床,木板单数,一般为三张,铺上白布尸单,将死者仰面安放在上面,头往里(即头朝神龛),脚往外(即脚朝门口),并盖上孝子的夹被。在床头神龛下放一小盆稻谷,点香擦在稻谷里,直到出殡后收起喂鸡鸭。由于寨子里的老人们大都喜欢唱歌,孝子会出钱请本村或附近村寨歌师来唱孝歌。歌师们轮番歌唱,有些还会佩戴锣、鼓等乐器,边唱边打击。

祭奠礼仪:家人在灵堂为逝者举行家祭,家庭成员穿戴孝衣和孝帕由先生带引围着棺材转圈,进行跪拜仪礼,接着听读家祭文。家祭文一般是叙述亡者生前的经历、功劳及儿女对亡者的感恩之情。然后是客祭,在家祭后,客方要事先准备好祭礼和孝仪在灵前,祭礼包括酒、糖果、食品等。孝仪包括写好讣文的孝帕、香烛、纸钱、鞭炮。在阴阳先生的引导下行礼,最后听读祭文、烧纸、燃香、鸣炮而结束。

出殡:本地人也叫"上坡"。出殡前,还会打开棺盖让亲人看最后一眼,然后就由抬棺的人抬出放在院子里,8个人拿两根老杠绑在棺材上,棺材上还需放个公鸡,亡人的孝子就拿引路幡和遗像。在途中不停歇,上坡下坎不转弯,在棺材经过的路段,有专人抛撒"引路钱"引导亡人入墓。

送魂:安葬当晚,请祭师为死者送魂。在堂屋神龛前摆放一长桌,桌上摆鸡鸭各一只、三杯祭酒、一篓稻谷上盖着两张白布,桌下放一盆清水,盆口盖白布。祭师将水盆上的白布焚烧,将凳子上的麻线和白纸撤下烧掉,在神龛上点香,凳子倒着放,表示送了一个灵魂上神龛,送了一个灵魂回坟墓,送了一个灵魂与祖先团聚。❶

雷公山一带的苗族把"死好"之人的灵魂引上神龛需要进行"引魂"。在葬礼结束次日凌晨三点左右,一群男人到墓地去,一人对着坟墓边念引魂词边祭祀,

❶ 雷公山一带苗民认为人死后,有三个灵魂,苗民的葬礼要将三个灵魂送至不同的去处。

其他人把带来的竹条都插上小纸人,弄好之后,大家齐喊:“回家去了,公(奶)!”。这群引魂的人沿着回家的路相隔一定的距离就插一根竹条直到主家门口,竹条是用来给灵魂指路的。有一个人走得快一点到主家门口等着,等其他人来了的时候他就大声问:“公(奶)! 回来了没?”其他人齐呼:“回来了!”然后大家才一起进门。家里面的人已经备好一把靠椅、一双鞋子和一支拐杖,靠椅放在神龛的一边靠在墙上,鞋子放在靠椅前,拐杖放在靠椅的一边靠在墙上,进门了就把灵魂引入备好的座位。接下来,逝者的子女在神龛前向先辈祖灵汇报家中有人去世,即将接替守护家族的任务,宣布先辈祖灵已完成守护任务,同时交代刚上神龛的祖灵守护家族的具体任务,然后敬酒供肉,“引魂”就结束了。

对于“死丑”,这类尸体不能进屋,也不进行停尸守灵,在屋外给死者净身,用木匣子装殓,抬到深山区安葬。儿童夭折的,用木匣子装尸体,在寨子边找一处偏僻的空地安葬,不举行葬礼。

家中老人死后要在大门门柱上贴白/黄对联,在三年内,一般不举行婚庆庆典,不书写红对联,要一直等到三年后才能贴上红色对联。民间对丧葬礼俗的重视,寄托了对生者美好生活的向往。

4. 节日礼俗

在节日中,堂屋是家庭重要的聚会空间(见图4-10)。由于平时村民都忙着干活,所以日常都不进行祭祀,都是逢年过节才会进行祭祀活动。由于各地民俗具有差异性,所以乡间在节日中的具体祭祀礼仪也各不相同。侗寨逢年过节的祭祀活动都是在家中的神龛前进行的,主要通过祭拜礼仪,纪念祖先,与祖先一起分享。家中的女主人负责准备祭祀用的祭品食物,男主人或家里年长的男性带着全家来主持祭祀,且主持祭祀者多是男性(见图4-11)。祭祀用品有香、烛、纸、酒杯、筷子和各种菜肴,大部分祭品摆放在神龛前的大方桌上,土地牌下也会摆放菜肴和酒水。主祭者烧六炷香,三炷插在神龛上的香台里,还有三炷则插在土地牌下,并在土地牌下烧纸,家人就跟着主祭者在神龛前一一作揖。小孩心里(默)念着让祖先护佑自己的吉语,大人们希望通过祭祖保佑家人身体安康、万事如意等。主祭者再把杯里的酒倒一半,喝一半,以表示先让祖先享用,后辈们再食用,供奉完的菜肴会分给家庭里的每个人食用,民间认为此举会得到祖宗的保佑。节日的乡间礼俗体现乡民对祖宗的孝敬,堂屋作为村落民居中民俗礼仪的教育传承空间,可以体现浓郁的孝文化,“慎终追远则民德归厚矣”。

图4-10　在堂屋宴请宾客

图4-11　在堂屋祭祖

## 二、火塘间:向火而生的教育传承空间

### (一)火塘间简介

“火塘间”顾名思义是安放火塘的房间。由于黔东南一带潮湿阴冷天气较多,家家户户都有火塘,过去多为方形或圆形土坑,上立三脚架,可用来烹饪或加热食物,家人围坐火塘取暖、谈天、议事,在曾经没有电灯的年代火塘间燃起的火光不但带来了光明,还带来了家庭的温馨,大家围火团坐,暖烘烘的故事就从这里开始。随着居住条件的改变,火塘间格局有所改变,但仍保持着向火而生的教育空间,黔东南传统村落中的美食文化、酒文化、家庭教育均在此延续。

### (二)黔东南村落美食文化

村民食品种类分主食和副食,主食有稻米和杂粮。主食中糯米饭在苗、侗村民生活中占有重要地位,逢年过节祭祖、走亲访友、男女青年自由恋爱的媒介都喜用糯米饭。副食主要有肉食和蔬菜两类,肉食以猪肉为主,另有鱼、家禽蛋等,蔬菜大都自种,以季节性蔬菜为主。苗、侗等少数民族平时一般多吃汤菜,蘸水多用折耳根、辣子面、花椒、姜、葱、蒜、盐、酱、醋、木姜子油等调制而成,众人围锅而吃。这一带村民嗜酸喜辣,家家自制酸汤(白酸汤、红酸汤),酸菜(素酸菜、荤酸菜)是主打菜,民间有“三天不吃酸,走路打趔趄”之说。笔者原来在江西老家,也会吃辣,很少吃酸,这和家里饮食偏清淡有关,来到黔东南,也不知不觉喜欢吃酸,特别喜欢吃酸汤粉,常到店里点上一份酸而不腻的酸汤砂锅粉,吃完不但过了嘴瘾,而且浑身热乎乎的,感觉很舒服。

本地关于鱼的美食佳肴有不少,凯里酸汤鱼深受当地民众喜爱,主食材之一就是“稻花鱼”。稻花鱼是生长在稻田里的鱼。由于黔东南山多,先祖们想吃鱼,就想到在水稻田里养鱼的办法,村民们说本地这种鱼几乎都是鲤鱼,鲤鱼繁殖能力强,且不吃秧苗,由于生长在有机稻田里,吃的是稻花,所以肉质鲜嫩。一般收割稻谷时,为庆祝丰收,村民们都会到田里去抓鱼吃,平常家里来了客人也会用稻花鱼款待。本地这种稻花鱼虽然长得个头不大,但味道鲜美而不腥,农贸市场上售卖每斤都要30元左右。

“烤鱼”是村民在田间地头劳作后野餐的主菜。从自家田里捉出稻花鱼,去除鱼鳃、内脏后,再抹上姜、葱、蒜、辣椒、花椒、麻油等调料,扎上竹、木棍或用自带的烤架,放进火中烤熟即可食用,烤鱼肉嫩、鲜美、香味扑鼻。有的村民会再将烤好的鱼剔骨捣烂,再拌上捣烂的青椒或辣椒面等调料,吃得津津有味。

黔东南人非常喜欢野炊。他们劳作完后或者过节遇到天气较好就会三五成群投入大自然的怀抱,在外野炊,将本土的饮食文化从火塘带到了田间地头,带到溪流河畔。一边吃着烤鱼和自带的(糯米)饭团,喝着预先备好的酒水(自酿的米酒、啤酒、饮料等),一边说说笑笑地聊着家中、村中琐事,那言谈举止中也会情不自禁地流露出惬意与自在。这时如果能来些歌舞是再好不过了,会将欢喜的气氛推向高潮,中老年人喜欢唱本地的苗歌、侗歌,而年轻人更喜欢唱大众的流行歌曲,无论他们演唱水平如何,此时就是最动听的人间乐曲,它融洽了彼此之间的情感,让人感受到山里特有的幸福。

### (三)黔东南村落酒文化

酒文化是和酒相关的物质文化和精神文化的总称。[1]受地理环境和自然气

[1] 鲁达.发扬中国酒文化的优秀传统[J].中国酒,2022(1):3.

候影响,黔东南苗族、侗族等当地村民多自己蒸馏米酒,其中以“重阳酒”“糯米酒”“包谷酒”著称。当地民众请客会友,祭神敬祖都要相聚畅饮,主人以酒盛为荣,客人以酒醉为幸。

苗侗人生活离不开酒,同样也离不开酒礼歌。酒礼歌是主客在酒席上互相问候、赞美、祝福、酬谢等以表达情感的礼仪歌,多为触景生情即兴而唱。[1]雷山酒礼歌[2]种类繁多,依据所唱内容不同,可分为敬客酒歌、酬谢酒歌、送客酒歌等。拦门酒是苗家和侗家人酒礼中较为常见的迎客形式,唱拦门酒歌的人多是相貌端正且歌唱得好的年轻女性。迎接客人的拦门酒有三道、六道、九道、十二道之分,每道拦门酒都寄托主人对客人的美好祝福:勤劳、善良、美丽、长寿、勇敢、聪明、富贵等。“一杯敬您心情爽,二杯敬您身健康,三杯四杯一口干,杯杯见底莫彷徨……”[3]客人一边听着美妙的酒歌一边喝着香甜的米酒,领略着黔东南少数民族文化的魅力。

苗族人民凡有红白喜事,必请一位德高望重的老人举行“报饮酒”仪式,即在开宴饮酒前,长者举杯对众人念一段理词,其内容是教育人们要勤劳,要团结,要相互忍让,不要做坏事。长者念报饮酒词时,满堂人员寂然敬听。待长者说完理词,众人异口同声地回答:“照办!”酒杯端起来,酒歌唱起来。人与人之间的隔阂,族与族之间的纠纷,通过酒桌文化教育去消除,用把盏交杯的方式来言欢和好。

除了苗乡侗寨中村民们自家酿的美酒,月亮山腹地的壮族的煨酒也值得一提。壮乡煨酒[4]素有“壮乡茅台”的美誉,是壮族土法酿制的传统美酒。因酿制过程中,将酒坛置于火炉边煨烤而得名。根据用途和意义不同,壮乡煨酒可分为“保家酒”“谢奶酒”“祖宗酒”“年酒”“婚姻酒”等。

“保家酒”是家公或家婆过世时饮用,此酒是他(她)们进入不惑之年后亲自酿制的美酒,就像乡里人要提前备好寿材一样,但若家里来了贵客,热情好客的壮乡老人会慷慨允许开来喝。“谢奶酒”是媳妇生孩子壮乡人必备两坛煨酒,一坛

---

[1]贵州省民间文学工作组.苗族文学史[M].贵阳:贵州人民出版社,1981:150.

[2]雷山酒礼歌2009年被列入贵州省第三批非物质文化遗产名录。

[3]阮居平.醉了雷山(敬酒歌)[J].艺术评鉴,2018(16):184.

[4]壮乡煨酒酿造技艺2014年被列入贵州省第四批非物质文化遗产名录。

是为媳妇娘家人来贺喜时饮用,孩子满后,媳妇回娘家时要送另一坛煨酒,以感谢媳妇娘家人的养育之恩。“祖宗酒”主要是祭祀祖宗时饮用的酒。“年酒”是每年壮年初一时,全房族的人团聚,大家一户一户地品尝各房族兄弟准备的美酒。“婚姻酒”是接新媳妇时备办的酒宴所用的酒。

在黔东南乡间民居里,火塘间占据着重要的地位,其是亲朋老友聚会聊天的场所,也是民族文化、家族历史传承的教育场域。很多苗族古歌、家族故事、生活技能等都是在这个地方进行口耳相授,从而保证了家族传承和民族文化的延续性。

## 第二节　传统技艺与家庭教育传承

### 一、生计发展的活水之源:传统技艺

黔东南各族人民为了满足自己生活、生产需要,创造了大量的传统技艺,它们涵盖了人们日常的衣、食、住、行等各个方面,黔东南州传统技艺类入选国家级“非遗”的有9项,省级“非遗”23项,州级“非遗”据不完全统计有16项(见表4-3)。

**表4-3　黔东南州传统技艺类主要非物质文化遗产名录项目**

| 序号 | 传统技艺名称 | 级别 |
|---|---|---|
| 1 | 侗族木构建筑营造技艺 | 国家级 |
| 2 | 苗寨吊脚楼营造技艺 | 国家级 |
| 3 | 苗族蜡染技艺 | 国家级 |
| 4 | 石桥白皮纸制作技艺 | 国家级 |
| 5 | 银饰制作技艺(苗族银饰制作技艺) | 国家级 |
| 6 | 蜡染技艺(黄平蜡染技艺) | 国家级 |
| 7 | 苗族织锦技艺 | 国家级 |
| 8 | 苗族芦笙制作技艺 | 国家级 |
| 9 | 枫香印染技艺 | 国家级 |
| 10 | 侗族鼓楼营造技艺 | 省级 |
| 11 | 千户苗寨建筑工艺 | 省级 |

续表

| 序号 | 传统技艺名称 | 级别 |
|---|---|---|
| 12 | 侗族鼓楼花桥建造技艺 | 省级 |
| 13 | 柱宗祠浮雕彩绘技艺 | 省级 |
| 14 | 思州石砚制作工艺 | 省级 |
| 15 | 民间火纸制作技艺 | 省级 |
| 16 | 煨酒酿造技艺 | 省级 |
| 17 | 苗族蜡染 | 省级 |
| 18 | 石桥古法造纸 | 省级 |
| 19 | 鸟笼制作技艺 | 省级 |
| 20 | 苗族银饰锻制技艺 | 省级 |
| 21 | 苗族织锦 | 省级 |
| 22 | 枫香染制作技艺 | 省级 |
| 23 | 苗族古瓢琴制作技艺 | 省级 |
| 24 | 苗族酸汤鱼制作技艺 | 省级 |
| 25 | 土法造纸工艺 | 省级 |
| 26 | 水族石雕 | 省级 |
| 27 | 竹编工艺 | 省级 |
| 28 | 苗族马尾斗笠制作技艺 | 省级 |
| 29 | 道莱制作工艺 | 省级 |
| 30 | 蓝靛靛染工艺 | 省级 |
| 31 | 洞藏青酒酿造工艺 | 省级 |
| 32 | 木雕工艺 | 省级 |
| 33 | 思州铧口 | 州级 |
| 34 | 苗族酒曲制作技艺 | 州级 |
| 35 | 手工红薯粉条制作技艺 | 州级 |
| 36 | 苗族刺绣 | 州级 |
| 37 | 僅家银饰制作技艺 | 州级 |
| 38 | 剑河锡绣制作工艺 | 州级 |
| 39 | 河口裕河腌鱼制作工艺 | 州级 |
| 40 | 锦屏造林习俗 | 州级 |
| 41 | 平秋侗族盘轴滚边绣 | 州级 |

续表

| 序号 | 传统技艺名称 | 级别 |
| --- | --- | --- |
| 42 | 苗族服饰文化 | 州级 |
| 43 | 千户苗寨建筑艺术 | 州级 |
| 44 | 雷山土陶瓷器制作技艺 | 州级 |
| 45 | 苗族米酒酿制技艺 | 州级 |
| 46 | 苗族木梳制作技艺 | 州级 |
| 47 | 兴华水族百草酒药制作技艺 | 州级 |
| 48 | 灰碱粑 | 州级 |

以控拜村和麻料村为例，两村相邻，村民世代以打银为生，是苗族银饰锻造技艺之乡，是典型的苗族银匠村。控拜村银饰文化最早有记录为1735年，很早控拜村就有许多人以银饰制作为生，银饰制作技艺得到了传承。银饰制作一般经历六个流程：铸炼—锤打—錾刻—花丝—清洗—抛光。与控拜村相同，麻料村银饰文化代代相传，传习多年。近年来，麻料村以互联网销售为突破口，成为银饰制作网红村落，吸引大量的游客到来，村里采用"协会+公司+贫困户"抱团发展，与高校合作建成麻料村银饰刺传习馆，建立银饰加工销售、体验、观光一条龙服务，将银饰锻造作为村落名片，与旅游相结合，取得良好的乡村产业效果。

## 二、传统技艺的传承之源：家庭教育

### （一）家庭教育在技艺传承中的必要性

家庭是传统村落中进行生活与生产劳动的基本单位。历史上由于黔东南古村中技艺的传承立足于家庭教育，成员在家庭的日常生活中通过言传身教、耳濡目染习得技艺，践行了传统行为模式。因此，通过家庭教育进行传统技艺的传承是一种最基本的传承形式。在黔东南各族村民家庭之中，父母作为家庭的主要劳动力和教育者，各自分工并对子女教授必要的生产生活技艺。例如，父亲对儿子主要传授掌握稻作、营林、木工、水利等对体力要求比较高的技艺；母亲则主要对女儿传授种植、纺织、养殖、食品加工等传统技艺。从孩子们懂事开始，家里、田间地头、寨子内外等各种活动场所均可成为教育之地，孩子们通过耳濡目染、

亲身体验与锻炼，自然习得乡村社会中基本的传统生产生活技艺，实现了技艺的代际传承。❶

陈显月，锦屏县平秋村人，侗绣省级非遗传承人。村里的女性大多擅长侗绣❷，其中最具特色的为盘轴滚边绣。体弱多病的父亲去世得早，她没上过什么学，从小就帮家里挖田、砍柴、喂猪……家里家外的事都做，抽空就跟妈妈学刺绣、学技法，绣鞋面、背带、围裙、绣花鞋等。❸

杨万仁是绕家人❹，国家级非遗枫香印染技艺传承人，自小跟父亲学枫香印染，16岁出师，是家里第四代传承人。听老人们说，老祖宗最初迁到这个地方，找不到吃的，只能用花、草、鸟、虫、鱼充饥。这些东西救了老祖宗的命，为了感恩和纪念，就以图纹的形式，把这些东西印在穿的衣服上。绕家人对头帕有特殊感情，夏天，下河洗澡，衣服可以脱，头帕不能摘。因为头帕上印的都是老祖宗崇拜的灵物，把头帕摘了，是对祖宗的不敬。❺

### （二）“非遗”传承人口述传统技艺的现代危机

历史上由于黔东南村落的相对封闭生存空间为传统技艺的传承提供了条件，但是现在随着更多年青村民走出村寨、走向城市，外来文化的不断涌入，生活空间的改变，思想意识的转变……这一切使得民间小规模、耗人力、产出低的传统技艺面临后继乏人，薪火难传的危机。

1. 石桥白皮纸制作技艺

丹寨县石桥村的皮纸制作技艺入选国家级非物质文化遗产，据记载为唐代造纸工艺，至今已有千年历史，石桥村造出的纸成为国家博物馆、图书馆专用纸，石桥也因此被称为“国纸之乡”。

石桥村有蔡、王、杨、李、刘、文、罗、梁、龙、潘等姓氏。其中，蔡氏为该村最早

❶ 吴军．活水之源——侗族传统技术传承研究[M]．桂林：广西师范大学出版社，2013．

❷ 侗绣是侗族女性针针线线在侗布上刺绣出来的手工艺作品，图案以花鸟等动物和几何图形为主，有着数十道工序。

❸ 侗家最美的“月亮”——记侗族刺绣传承人陈显月[N]．中国文化报，2011-09-20．

❹ 绕家自称“育”，史称“幺家”“夭家”等，元朝始见载，长期以来，处于未识别民族状态。在贵州，绕家分上、下。上绕家主要在都匀市绕河地区，下绕家主要在黔东南州麻江县河坝村，后并被归入瑶族一脉。

❺ 画染枫香臻美绽放[N]．黔东南日报，2018-09-08．

先民，王姓、杨姓及其他家族都是后来陆续迁入，最迟的是吴、文、熊等姓氏。据村中长者蔡氏老人口述：蔡氏先祖迁至石桥后，将古法造纸技艺也一起带来，按其家谱字辈推算，约有700年的历史。随着技艺的传承，历史上在石桥寨脚河边有多处设槽造纸点。

王氏长者口述：来石桥定居的最早王氏祖公名叫“努基”。按苗族父子连名制分别为：努基—修努—丢修—咱丢—尼咱—香尼—尤香—芒尤—香芒—九香—丢九—洛丢—翁洛—尼翁—洛尼—牛洛—尼牛—波尼—金波—王成浩—王仁方—王厚瑶……约有600年历史。现王姓内分为两支，一支为洛尤（兄，住大簸箕寨）；另一支为尤（弟，住石桥寨）。王氏家族目前有100多户，500多人。现在王氏有许多后人在从事古法造纸技艺。

据石桥白皮纸制作技艺国家级“非遗”传承人-王兴武介绍：我家是造纸世家，小时候受家庭环境影响，造纸技艺传到我这代已经是第19代。1980年，我高中毕业就跟父亲进行系统的学习，每天清晨就上山收集构树皮等原材料，回来后，按照老祖宗的工艺流程，完成晾晒、蒸煮等18道工序72道工艺，才能做出石桥本土经典的白皮纸。20世纪90年代，本地手工白皮纸受市场上机器造纸的冲击，市场萎缩，生计都难以维持，一家家造纸作坊都关门了。我和同村人也都外出打工维持生计。❶

2. 苗绣

苗族刺绣源远流长，在脱贫攻坚战中，黔东南州几十万绣娘也做出了突出的贡献。据调查，这项曾经为苗家女子必备的情感表达媒介与服饰技能现在当代社会生活的背景下，民间传承情况也不乐观。

潘小燕（化名，在校“00后”大学生）：“小时候，母亲农闲时就绣花，我觉得漂亮，就请求母亲教我。母亲听到后坚决反对，‘你读书的女孩子有这绣花的时间不如多看点书，这个花时间挣钱又不多，我也只是闲来做做，小孩子家家的不要碰这些。我以前年轻的时候你外公外婆家条件在寨子里算还好的，能供得起我读书，他们叫我去上学，可我觉得没意思就跑回家绣花，那时候女孩子有条件能读书的没几个。我有一个小时候的好友，她家里条件还没我家好，可是坚持把书读下去，读完初中，后来读个卫校，毕业后包分配，工作稳定，现在生活也很好。

❶ 赵相康．多彩非遗文脉隽永[N]．贵州日报，2018-09-14.

我小时候不懂事、不争气，不喜欢读书，现在后悔了也没用了，难道你要学我？'这种鼓励我好好读书的话母亲已多次和我说过，我知道她是为了我好。我想想也是，喜欢归喜欢，但真要我长时间坐在那绣，我也觉得费时间得很。我读高中时，班上也没几个女孩子会绣，不会苗绣也是班上女孩子的普遍现象。以前老人家那辈，找媳妇流行'找个绣花好看的姑娘当媳妇'，因为绣花好的姑娘大多心细，人勤快，脾气好。现在择偶标准改变了，找对象只要人好，两人相爱，会不会绣花已经无所谓了。商品经济社会送朋友与情人的礼物已很多样化，已不再局限于送花带等传统刺绣成品。现在无论是网购还是去实体店购买都很方便，款式又多，又不贵，哪里还像以前那样一针一线地去做，太麻烦了！"

3. 苗族芦笙制作技艺

芦笙制作技艺国家级"非遗"传承人莫厌学：莫厌学出生于苗族芦笙制作世家，雷山县排卡村人，"排卡"在苗语里即为"生产芦笙的小山村"，百年前莫氏先辈把制作芦笙的技艺带到排卡。莫厌学从小跟随父亲学习芦笙制作，传到他这辈已是第4代。莫厌学制作芦笙已50多年，他在学习先辈的制作技艺的基础上，不断探索、创新，他制作的芦笙音色圆润宽广。改革开放之前因为要参加农业生产劳动，只有农闲或节庆抽时间做芦笙，自用娱乐或卖给附近的村民以换些零钱贴补家用。

4. 银饰制作技艺

苗族银饰技艺传承人李正云：我是黔东南州雷山县控拜村人，我家是银匠世家，从小我就跟父亲走乡串寨制作银饰，谁家有活就在就在谁家住下，打制银饰是养糊口的手艺活，但是收入非常有限。20世纪90年代，没得办法，我曾和村里人一起到沿海城市去打工找活路。❶

受现代科技与社会化大生产的影响，尽管现在不少民统传统技艺还在艰难地坚守，但是如何使传统技艺在保持独特性的同时进行创新以适应社会文化的发展，增强民族传统技艺的生命力，找到新的技术生长点，彰显其魅力，这是当代教育应该思考的现实问题，是少数民族应该重视的传承问题。

❶ 底东娜. 银饰是有生命的，绝不是简单的首饰制品[N]. 贵州民族报，2018-05-11.

# 第五章　村落公共文化空间：村寨族群教育

村寨是乡村开展教育的重要原生空间。从受教面而言，村寨教育是一种比家庭教育更为广泛的教育，也是传承民族文化的重要传统教育形式，是维系民族的纽带和民族赖以发展的基础。黔东南传统村落中民族建筑丰富多样，例如吊脚楼、风雨桥、鼓楼、芦笙场、寨门、戏台、古井亭、凉亭、斗牛场等，这些形态各异的建筑共同构筑起异彩纷呈的村落文化空间，为传统文化的发展提供了重要的教育传承空间。

## 第一节　水空间

### 一、生命与文明之源：水

水是生命之源。黔东南境内有三条主要河流，分别为清水江、㵲阳河、都柳江，其中清水江位置居中且流经县域最多、长度最长，在清水江北面是㵲阳河。清水江、㵲阳河都位于黔东南境内最高山脉雷公山的北面，属长江水系，其最终流入湖南的沅江，经洞庭湖汇入长江；而位置居清水江南面的都柳江，流经黔东南的黎平、从江、榕江，汇入广西的融江，最终汇入珠江。[1]因此，黔东南位于长江、珠江上游地区，是这两大水系的重要生态屏障。黔山大地，山隔水，水环山，山水相融，林木葱茏，幻化出一幅奇山秀水的生态画卷。

河流是古时经济发展的动脉，水运的兴盛造就了河道码头文化。"下司"是清水江四大古码头之一，见证了贵州航运、木商文化发展和衰弱，因地处明清时期的平定长官司的分司治所下游，故被称为"下司"。据记载，经清朝多次整治清水江航道，下司逐渐发展成为清水江上游的物质集散地。清末至民初，下司商业兴

---

[1] 本书编写组．2016年黔东南州理论教育读本[M]．贵阳：贵州人民出版社，2016.

盛。贵州省内各地及江西、福建、云南、四川、湖南、湖北等外省商帮长驻镇上,设有会馆。据民国七年(1918年)统计,下司有商户197户,从业人员583人。[1]停泊清水江上的商船成百上千,客栈商贾云集。

## 二、水空间民族文化的教育传承

远古时期,蚩尤败北中原,逐南而行,顺河而上,依山而居,傍水而生,繁衍生息,融合出神秘多彩的苗族文明。苗族"龙舟节"活动分布于清水江流域以台江县施洞镇为中心的上至黄平石龙、施秉平寨,下至剑河革东段,长度100多千米。每年农历五月末期,苗民在清水江举行为期三天的龙舟大赛,规模盛大,气氛热烈。比赛之前会举行庄重的祭祀,当地民众会自发身着盛装前来集会观看比赛。比赛以鸣铳炮为号令,桡手们在鼓主的指挥下齐心奋力划桨,一时敲鼓声、呐喊声、加油声,响声震天,江面浪花纷飞,比赛的、看赛的,紧张、兴奋、欢乐等各种情绪混杂在一起。[2]在赛龙舟的同时,江岸还有赛球、赛马、斗牛、斗鸟等活动。最引人注目的是踩鼓跳笙。这是苗族姑娘赛舞姿、赛品貌、赛心灵手巧的机会。许多有情人就在这种节日场合下相识与牵手。由于人数众多,也带来了商机,是村民们集市贸易的好机会,玩具摊、杂货摊、酒饭摊比比皆是,人山人海,热闹非凡(见图5-1)。

图5-1　苗族龙舟节场景

镇远因地处湘黔驿道与沅江水系的交汇处,素有"水陆都会"之美称。㵲阳

❶ 耿生茂.原生态黔东南[M].贵阳:贵州人民出版社,2008.

❷ 熊克武.台江非物质文化遗产[M].沈阳:沈阳出版社,2012.

河穿镇远县城而过，青龙洞位于㵲阳河河畔，依山而建，其古建筑群巧夺天工，吸引了广大中外学者与游客。镇远赛龙舟是当地有名气的民间传统体育文化活动。相传在汉朝，镇远民间就已开始自发组织赛龙舟活动，这在《贵州通志》《镇远府志》中俱有记载。[1]20世纪80年代以来，为了推动地方民族文化的发展，地方政府频繁举行大规模的赛龙舟比赛，镇远男子、女子龙舟队先后作为贵州省代表，走出黔东南，走出贵州，在国家级和国际级龙舟比赛中获得较好名次，将黔东南的龙舟文化宣传到全国甚至全世界。[2]赛龙舟成为重要的传承民族文化的载体，对于增强民族凝聚力具有重要的作用，同时充实了镇远及其周边地区人们的文化生活，推动了黔东经济和社会的发展。

三百河，位于从江县西部刚边壮族乡，独特的壮族文化和众多村寨历史古迹，与山区森林和梯田风光相得益彰，可谓一湾一美景，一滩一风光，而壮族的"跳水节"可谓一道独特的人文景观。

相传，壮族先民从桂西北南迁到了刚边村的宰弄寨，会在农历六月十四进行"跳水节"活动。原生态的壮乡跳水台设在三百河岸边的"社王庙"前，长木方条一端插进岩缝，稳妥地用大石头压住，另一端延伸至河塘上空。跳水节那天，各家各户先在家中祭拜祖宗，吃完早饭后，全寨男女老少身着盛装，敲锣打鼓，排成长龙来到"社王庙"前"祭社"，乡亲们各自从家里包来糯米饭和腌肉腌鱼，相互赠送品尝。之后，三百河的青年男女们，遵循着传统节日习俗，以三百河为界，身着盛装精心打扮的姑娘们成群坐在河滩上，望着河对岸跳水台上的汉子们。汉子们个个光着上身展示着自己健壮的身体，还商量着如何与对岸的姑娘们对唱情歌以赢得芳心。

男："妹妹生得白生生/晓得哪个是她们的情人？"

女："妹妹生得白生生/哥哥是我们的情人。"

男："那片山林是哪家的树子/那个姑娘是哪个的情人？"

女："那片山林是我家的树子/那个姑娘是我的情人。"

男："是我菜哟我要来煮/是我的人哟我要来娶/请你等着我吧亲爱的人。"

---

❶ 明代"镇远府端阳竞渡，府临河水，舟楫便利。……拽船争先得渡者，是岁做事俱利焉。"(《贵州通志》)。清乾隆《镇远府志》也记载："划龙船，以木雕龙头、龙尾，系于船之前后，放乎中流……"。

❷ 端午镇远赛龙舟：穿越千年的古典情结[N]. 黔东南日报，2013-06-05.

女："等一年也等/等两年也等/等哥上省去/买得锅子和鼎罐/我俩再做一家人。"

在情歌对唱中，若有情投意合的，汉子就从跳台上纵身跃入三百河以示诚心（见图5-2），与相爱的姑娘两人乘舟共渡三百河，到相亲亭内交换定情物，接受众人的祝福。

**图5-2　三百河的跳水台**

水不仅是生命之源、文明之源，也是生态之基、生产之要。在黔东南传统农耕社会，各族人民的生活与生产都离不开水，水源充足、取水便利是古人择地而居的首要考虑因素，故传统村落先民定居时多近水源，先民居住之所或面河，或伴泉，或邻井，或借涧，方式多样。

水碾是农耕文化依水而生的见证，其中国家级重点文物保护单位重安江水碾群是其典型代表，其位于黄平县的重安江江上。在乌东苗寨里矗立着一座年代久远的水碾房（见图5-3），还在默默地为村民们服务，当地村民在里面碾稻谷，发挥其应有的功效。

图5-3 乌东苗寨水碾房整体、下部、内部图

由于黔东南一带民居多为木房,易受火灾威胁。古时,每当发生火灾时只能靠天下雨来扑灭大火或者人工到河边取水来灭火。经过先辈不断地探索,逐步在村内建立露天消防水池,每当下雨时,露天消防池将雨水储蓄起来,当发生火灾时,可以用于救火。虽然现在各村都安设了灭火器、消防栓等现代化的消防工具,但露天消防池是祖先的劳动智慧成果,得以一直被保存下来,是消防水源主要来源之一,平日勤劳的村民利用露天消防池种莲、养鱼或养鸭、鹅,不但可美化村寨环境,还可为村民带来实惠。

## 三、乡井与故土情结

先民安家落户,首先要解决饮水问题,由于黔东南山高林密,在河流旁安家地域受限,鉴于迁徙历史与安全防护的考虑,更多先民把家安在山上,山高林密,自然资源丰富,人不会饿死,人身安全也较有保障。而建寨地点的具体位置与村寨规模的大多由水井所在位置、水井数量多少与井水流量大小决定。

时至今日,很多村寨都还保留着古井,他们爱井如家,保护水井是每一位村民的责任与义务,历史上村民通过各种途径立乡规保护水井。[1]为保护水源,便

[1] 清道光二十四年(1844),乡民立《抱管龙井乡规》碑:“第一塘汲水,第二塘洗菜,第三塘洗布、洗衣,第四塘洗秽物等件。每年淘井四次,每次阖家,周而复始,如违公罚。”清咸丰二年(1852),乡民立《莱苗护井》碑:“不准洗衣裙井内,若有不依者,罚钱一两二钱”。

于村民取水，村民们对古井进行建筑保护，或建亭，或垒石，或覆青石板等，形式多样(见图5-4至图5-7)。

图5-4　流芳村古井

图5-5　康宁井[1]

图5-6　摆也村古井

图5-7　陡寨村古井

施秉县双井镇凉伞村是苗族古村，苗语为“liangx hsangt”，意为“祖寨”。据史料记载，双井镇明清前一直居住苗族，明清时期大量汉族从江西、湖北等地迁入，现成为黔东南州民族杂居的典型村寨。凉伞村所在的双井镇，其名源于当地

[1] 该古井于康熙年间开始使用，井水甘甜可口，因古井面积小，村民在古井下方又新建了一口井，井口处放有水瓢，以方便村民和路过之人饮用。

两口著名水井:白沙井、黑沙井[1],为表达对两口井的敬爱,当地苗家人称之为“公母蝴蝶井”。为护泉井,凉伞村民依规立碑刻文,[2]引导村民的取水护井行为。

摆也村位于从江县停洞镇东南部,体现了“依山傍水”的选址理念,村寨主要位于山体西北面的山坡上,沿山间谷地向北是都柳江,村庄的南面则是党作、党丢、上介三个村的山头,北面是大片的梯田,视野开阔。摆也村老寨、新村相连,老寨的吊脚木屋多依山而建,建造形态呈“Z”字形,新寨是砖混结构的楼房,房屋呈行列式布局,主要为近年来农村农危房改造的集中新建区。村寨水源为猫场上的山泉水,而寨中历史悠久的属“摆也古井”。

摆也古井碑志记载:相传,在很古以前,摆也先民由“方先”“嘎良”迁徙至此,刀耕火种、圈水修渠、垒土造田、繁衍生息。“三国”年间秀摆“苗王”孟获起兵造反,诸葛丞相孔明率军征服孟获,屯兵孔明堂,安抚苗明,传播农耕,造农具、吹芦笙、吃牯藏、斗年安邦传为佳话。一日,诸葛亮酒醉摆也,喝一泉水、人间甘露,令孟获兵民从“乌也”河采青石,从黎平都请来匠人老三造井三年终成,雕有“双龙”“双牛”“双鱼”等图案,位于古木之下。千百年来古井荫护一方,被人们视为“神水”“养水”(保爷)香火不断。1930年5月5日,中国工农红军第七军攻克贵州重镇榕江返回革命根据地,渡八吉、经苗谷,到摆也曾在此休息喝水。改革开放后,停洞镇党委,人民政府为保护古井,继承革命传统,树碑立传,祭祀先贤,昭示后人。

据说村中新娶的媳妇,都要到井里挑一旦井水回家,以表示新媳妇的勤劳和孝顺,这个独特的传统至今还一直延续。俗话说得好,吃水不忘挖井人,吃水不忘供水井,每逢过年,人们会准备祭品,感谢滋养人们的水井,祈求来年井水依旧如常。

我国自古就有“背井离乡”“乡井”之说,“井”代表了家园故国。家乡的“水”、故乡的“水井”其文化意义已深深烙印在心中。随着新农村的建设,自来水管接

---

❶ 一口水井井内多为白沙名曰白沙井,一口水井水里多为黑沙,名曰黑沙井。《镇远府志》(新志)载曰:“白沙泉,在新城西。沙如霜雪,渊无潜石,水自下而上,纍纍(累累)如贯珠。”“黑沙泉,在新城三台门外,浑浑泡泡,沙无停流,其色如黑。”

❷ 碑文如下:“祖先建井历史悠久,龙泉夏冰冬热,晴雨清澈同量,四季长流,灌田万亩,名胜远扬。井共五间,民律论定,上隔饮水,下隔洗人用菜,中间两隔洗衣,最下隔洗猪菜。粪便脏物严禁入内洗涤,不得牵牛入井洗澡,规章分明,永传流芳,不得故犯,如有违者,按村规民约有关条例惩罚。”

入各家各户，村民们不再像以前那样费力到水井处挑水喝，但水井依旧与村民的生活紧密相连。远在异国他乡的游子，想念故乡，想念家人，就会想念家乡的水井，水旁的那些人、那些事……

# 第二节　聚会空间

## 一、苗乡侗寨的聚会空间

1. 鼓楼

侗语中对鼓楼有多种称呼：百（benge），楼（louge），明清史籍有“独脚楼”“罗汉楼”的记载。[1]鼓楼是侗族公共建筑和文化艺术的结晶，它集塔、阁、亭等建筑形式于一体，具有传递信息、聚众议事、祭祀先祖、人际交流、文化传承等功能。鼓楼因有鼓而得名，但是现代新建的鼓楼无论是在侗寨还是在市镇都难以见到悬于鼓楼顶部的长木鼓。如若深入侗寨，还是可以看到那些古老的鼓楼至今还保留着珍爱的长木鼓（见图5-8、图5-9）。

图5-8　流芳村鼓楼侧面图

图5-9　流芳村鼓楼顶部图

[1] 明代学者邝露在《赤雅》对鼓楼的描述：“以大木一株，埋地作独脚楼，高百尺，烧无色瓦覆之，望之若锦鳞矣。攀男子歌唱饮啖，夜归，缘宿其上，以此自豪。”清乾隆《玉屏县志》记载：“南明楼即鼓楼，明永乐年间建……其始基以坚础，竖以巨柱，其上榱题栌之类，凡三层。”清嘉庆李宗昉记录：“黑苗（侗）……诸寨共于高坦处建一楼，名聚堂，用一木竿，以悬于顶，名长鼓，凡有不平之事，则登楼击之……”。

黔东南州黎平县述洞村至今还保存着历史悠久的独柱鼓楼[1]（见图5-10、图5-11）。整个鼓楼形状为伞状，其是目前在中心立柱的最高鼓楼，其主框架为中心柱和外围边柱组成，中柱延伸至鼓楼的顶部，是整个鼓楼的支撑。传说当地的侗家先祖有到大杉树下聚会谈事的习惯，一天近百人会聚树下，突然大雨骤下，村民们便在树下避雨，暴雨过后，大家惊奇地发现没有被雨水淋湿，于是鼓楼的雏形由此形成。

**图5-10　述洞鼓楼整体图**

**图5-11　述洞鼓楼局部**

黎平县岩洞村的四洲鼓楼始建于1644年，至21世纪初，为传承民族文化，附近侗乡在政府的支持下，寨民出钱出力，省吃俭用，陆续重建重修鼓楼，四洲寨民效仿述洞独柱鼓楼重建四洲鼓楼，鼓楼旁的功德碑对该鼓楼有详细的介绍：全楼占地面积184平方米，高23.1米，共十三层，该楼为十三层密檐八角攒尖顶，平面呈八边形。八方倒水层层盖上小青瓦，独特的楼心柱直冲两层紫燕垒配上七个圆形葫芦攒顶，顶上箭头直冲云霄。四周有八根室柱和八根檐柱，共十六根柱子八块穿枋挑起落地，室柱底部用木枋连接成内圈坐凳，檐柱底部亦由大木枋和围栏连接形成外圈廊靠。柱脚垫着石鼓承担主重，朴实无华，清幽淡雅，似镶垫着一颗璀璨的明珠。

---

[1] 述洞独柱鼓楼始建于明崇祯九年（1636年），是国家级重点文物保护单位。相传初建时，闪亮的星星位于楼架上空，故得名“现星楼”。后于民国十一年（1922年）重建，其形如巨杉屹立于寨中，故乡民又称之为“杉树楼”。述洞独柱鼓楼再现明、清侗族鼓楼形制与技艺，有“鼓楼之宗”之美誉。

鼓楼是国家级、省级、州级、县级文物保护单位的重要组成部分,黔东南州各级主要鼓楼文物保护单位主要分布于传统村落中(见表5-1)。

**表5-1　黔东南州各级主要鼓楼文物保护单位**

| 序号 | 名称 | 级别 | 年代 | 地址 |
|---|---|---|---|---|
| 1 | 述洞独柱鼓楼 | 国家级 | 明 | 黎平县岩洞乡述洞村 |
| 2 | 增冲鼓楼 | 国家级 | 清 | 从江县往洞乡增冲村 |
| 3 | 高阡鼓楼 | 国家级 | 清 | 从江县下江镇高阡村 |
| 4 | 宰俄鼓楼 | 国家级 | 清 | 从江县下江镇宰俄村 |
| 5 | 纪堂鼓楼 | 省级 | 清 | 肇兴乡纪堂村 |
| 6 | 则里鼓楼 | 省级 | 清 | 往洞乡则里村 |
| 7 | 增盈鼓楼 | 省级 | 清 | 往洞乡增盈村 |
| 8 | 九摆鼓楼 | 省级 | 清 | 排羊乡九摆村 |
| 9 | 肇兴鼓楼 | 省级 | 清 | 肇兴乡肇兴村 |
| 10 | 表里鼓楼 | 州级 | 清 | 谷坪乡高吊村 |
| 11 | 佰二鼓楼 | 州级 | 清 | 洛香镇佰二村 |
| 12 | 宰荡鼓楼 | 州级 | 清 | 栽麻乡宰荡村 |
| 13 | 车寨鼓楼 | 州级 | 清 | 古州镇车江二村 |
| 14 | 草坪鼓楼 | 州级 | 清 | 洪州镇草坪村 |
| 15 | 地扪母寨鼓楼 | 州级 | 清 | 茅贡乡地扪村母寨 |
| 16 | 朝利鼓楼 | 县级 | 清 | 往洞乡朝利村 |
| 17 | 荣福鼓楼 | 县级 | 清 | 往洞乡荣福村 |
| 18 | 登岜鼓楼 | 县级 | 民国 | 洛香镇登岜村 |
| 19 | 银潭鼓楼 | 县级 | 清 | 谷坪乡银上村 |
| 20 | 往洞大寨鼓楼 | 县级 | 清 | 往洞乡往洞村 |
| 21 | 牙现上寨鼓楼 | 县级 | 清 | 往洞乡牙现村 |
| 22 | 宰门鼓楼 | 县级 | 民国 | 贯洞镇宰门村 |
| 23 | 大桥鼓楼 | 县级 | 民国 | 洛香镇大桥村 |
| 24 | 金勾鼓楼 | 县级 | 清 | 往洞乡增盈村金勾寨 |
| 25 | 佰伍上寨鼓楼 | 县级 | 清 | 洛香镇皮林村 |

续表

| 序号 | 名称 | 级别 | 年代 | 地址 |
| --- | --- | --- | --- | --- |
| 26 | 大洞鼓楼 | 县级 | 清 | 雍里乡大洞村 |
| 27 | 坝寨鼓楼 | 县级 | 清 | 高增乡高增村坝寨 |
| 28 | 青寨小寨鼓楼 | 县级 | 清 | 坝寨乡小寨 |
| 29 | 高进鼓楼 | 县级 | 清 | 茅贡乡高进村 |
| 30 | 领寨鼓楼 | 县级 | 不祥 | 谷坪乡山岗村 |
| 31 | 苗兰鼓楼 | 县级 | 清 | 栽麻乡苗兰村 |
| 32 | 腊水鼓楼 | 县级 | 不祥 | 贯洞镇腊水村 |
| 33 | 寨井鼓楼 | 县级 | 1951 | 庆云乡寨井村 |
| 34 | 小翁陡寨鼓楼 | 县级 | 不祥 | 西山镇小翁村陡寨 |
| 35 | 秧里鼓楼 | 县级 | 不祥 | 往洞乡秧里村 |
| 36 | 腊全鼓楼 | 县级 | 不祥 | 贯洞镇腊全村 |
| 37 | 平乐鼓楼 | 县级 | 不祥 | 洛香镇平乐村 |
| 38 | 佰你鼓楼 | 县级 | 不祥 | 庆云乡佰你村 |
| 39 | 银潭下寨鼓楼 | 县级 | 清 | 谷坪乡银潭村下寨 |
| 40 | 谷洞鼓楼 | 县级 | 不祥 | 谷坪乡谷洞村 |
| 41 | 高传鼓楼 | 县级 | 不祥 | 往洞乡高传村 |
| 42 | 建华鼓楼 | 县级 | 不祥 | 高增乡建华村 |
| 43 | 新黔鼓楼 | 县级 | 不祥 | 高增乡小黄村 |
| 44 | 转珠下寨鼓楼 | 县级 | 不祥 | 庆云乡转珠村下寨 |
| 45 | 平甫鼓楼 | 县级 | 现代 | 黎平县德顺平甫村 |

黔东南鼓楼是侗寨最宏伟华丽的地标性民族建筑(见图5-12、图5-13),也是耗费经济和精力最多的建筑。鼓楼多由村民投工献料,集资筹建(近年来新建鼓楼地方相关政府部门与社会爱心人士均有捐资),由本族的掌墨师及能工巧匠自行设计与建造,竣工后则在鼓楼旁立功德碑,记录村民为鼓楼捐工、捐料、捐钱的金额及鼓楼建造时间。

图5-12　三宝鼓楼[1]

图5-13　苗兰村鼓楼

2. 芦笙场

芦笙场是跳芦笙舞的场域，乡民也称为芦笙坪或芦笙堂。明清史籍对黔东南一带民间跳芦笙多有记载。[2]这说明芦笙舞在明清时期即已盛行。早年受经济与生产条件限制，有的寨子就选收割完庄稼的宽敞平整处的田地作为芦笙场。现在随着生活条件的改善，芦笙场也得到了美化，地面多做硬化处理，整体多受地形影响为不规则状，中心为一个圆形场地，以鹅卵石铺饰为太阳形状（见图5-14），表达村民对太阳和光明的崇拜之情。有的芦笙场中心会立柱，柱上雕饰有鸟、鱼、龙等苗族图腾，如长乌村学校前的芦笙场中心就立有石柱。有的芦笙场周围建有一圈长廊，内设有长椅，为活动之后的男女老少提供了一个遮阳避雨的休息场所（见图5-15）。每当逢年过节，苗寨的男女老少，自发身着节日盛装，唱起苗歌，吹起芦笙，跳起芦笙舞，演绎着她们的生活。芦笙场上展现着丰富的服饰与歌舞文化，是村寨聚落中象征民族文化精神的重要公共空间。

---

[1] 三宝鼓楼位于黔东南州榕江县车江三宝侗寨。

[2] 明代《南诏野史》："男吹芦笙，女振铃合唱并肩舞蹈，终日不倦"。清代《苗俗记》："每岁孟春，……男女皆更服饰妆。男编竹为芦笙，吹之而前，女振铎继于后以为节，并肩舞蹈，回翔婉转，终日不倦"。

图 5-14　开觉村芦笙场

图 5-15　红阳村民在芦笙场载歌载舞❶

从古至今，芦笙会世代相传，聚集在舟溪的苗家儿女以芦笙为乐曲，以舞蹈来助兴，“只要芦笙响，舞步不由人。”舟溪镇屯溪上寨的甘囊香芦笙堂始建于明代，目前是州内乡间最大的芦笙堂。每年农历期间，舟溪会举行盛大的“甘囊香”大型原生态芦笙会。正月十五在芦笙堂上杀牛、杀猪、斩羊，由舟溪第一大姓吴氏家族最德高望重的老人和祭师带着众多子孙一起祭祖，老人和祭师在队伍前面，男性晚辈则在一旁给祭师打下手，把备好的祭品放到祭碑前供奉给祖先，孩子们则跪在后面跟着祭师念祭语，一起祈祷请祖先保佑舟溪人民来年平平安安、顺风顺水，请祖先与大家同庆佳节。祭祖后便是芦笙开堂，众人在寨老的指导下会在芦笙场上烧起篝火，由吴氏家族有名望的会吹芦笙的男性长者穿着长袍，带着穿苗服的青年男人们围着篝火芦笙齐奏吹响新年的新篇章。苗家的女儿挽着苗揪揪，头戴牛角银头箍，脖佩银项圈，衣着华丽刺绣裙，脚踩倒钩七彩鞋。苗家女孩很小的时候，父母便开始为他们购置银饰和绣苗服，为儿女备好节日盛装是每家父母的约定成俗的潜规。节日那天姐姐带着妹妹，哥哥挽着姐姐，跟着芦笙的节奏踏出新年的步伐，芦笙场上人声鼎沸、笙曲响彻山谷，曲调悠扬动听，让人如痴如醉，直到深夜方才散去。第二日清晨，大家以寨为单位围成圈跳芦笙舞，跳芦笙的女孩多是未出阁的闺女，但是小到才能咿呀学语刚学会走路的幼儿也会加入跳芦笙舞的队列，这印证了苗家儿女只要会走路就会跳芦笙的俗语，芦笙

❶ 在红阳村芦笙场旁的宣传栏内摄得。图片内红阳村芦笙场旁的民居还是杉树皮覆顶，2019 年实地调研时，芦笙场旁的民居均已改修并完成外部装修。

场上除了跳芦笙、吹芦笙，还有苗歌对唱、斗鸟、斗鸡、斗狗、斗牛、篮球比赛场面热闹非凡，一直持续到正月二十最盛大的舟溪甘囊香芦笙节才落下帷幕。

黔东南是“歌舞之乡”，村民在芦笙场除了跳民间普及性的芦笙舞，锦鸡舞、铜鼓舞[1]、木鼓舞也是丹寨县、台江县、雷山县苗民们常跳的舞蹈。丹寨县麻鸟苗寨是锦鸡舞的发源地，传说先祖因得到锦鸡帮助获得了小米种，得以度过饥荒。世居深山的“嘎闹”麻鸟苗族人每当逢年过节，芦笙场上芦笙响起，女子们就头戴银花、身佩银饰，穿戴锦鸡纹饰刺绣盛装，踩着芦笙舞曲翩翩起舞。

3. 戏台

戏台，又称戏楼，是侗族乡民表演侗戏的场所（见图5-16至图5-18）。侗戏材于生活，创新于生活，在长篇说唱叙事歌的基础上，不断学习其他剧种，经历代侗民集体创作、加工与传播，演变成表演有说有唱、曲调丰富，具有浓郁乡土气息的剧种。现今多数侗族村均建有戏台，戏台造型各异，但都前敞后封，后台木壁留有边门，供演员出入之用，台前板饰有龙凤呈祥、花鸟虫鱼等木雕彩绘，前台柱写有对联，瓦脊中央多塑有二龙抢宝、仙鹤灵立等彩塑。[2]

高近戏台[3]，位于高近村，是省级文物保护单位。主戏台为四边形，以演唱侗戏之用，后台木壁留有两个边门，供演员进出之用，屋顶采用小青瓦屋面，屋脊用青瓦堆砌，中部有个宝葫芦，寓意平安吉祥，屋檐部分有水彩绘画的吉祥图案，戏台边上装饰主要有中国结木雕以及水彩镶边。主戏台左右两边的侧房及正下方的平坝，是观众看戏的场所。村民们说高近村自清朝以来就组建侗戏班子，戏师傅经常到地扪、流芳、路团等附近村寨演出，所到之处受到村民的欢迎。

---

[1] 掌坳村铜鼓舞源远流长，据传先祖们时费多日从大山中扛回大枫木，将其抠通制成大木鼓，成为附近村民们聚会必不可少的乐器。后来清兵来到掌坳，听到木鼓响起就有乡人聚集，便烧掉木鼓。为了让鼓能久敲不破，苗寨的先民们凑钱购置黄铜冶铸铜鼓。此后掌坳苗寨过苗年、吃新节、姊妹节、吃相思等重大节日或活动都要跳铜鼓舞。掌坳铜鼓舞深沉稳健，刚柔相济，鼓点复杂多变，舞步动作奔放雄浑而热烈，多方向跳跃旋转交错组合。这些古朴粗犷的舞步，源于生活，又高于生活，例如“鸡打架舞”表现的是雄鸡格斗的姿态，反映的却是苗民勇敢顽强的精神；“捉螃蟹舞”体现苗民劳动之余，为消暑而下河捉螃蟹的愉悦之情；“送鼓舞”展现节日即将结束，乡民将铜鼓送回藏洞的依恋之情。

[2] 黎平县地方志编纂委员会. 黎平县志（下）[M]. 贵阳：贵州人民出版社，2009：7.

[3] 高近戏台始建于清乾隆年间，1956年经过修整，至今仍保持原样。高近戏台包括主戏台、厢房和看戏台三部分。

图5-16　高进戏台

图5-17　增冲村新戏台

图5-18　平架村2021年正在新建的戏台

在侗乡，由于村落分散、山高路远、交通不便，州县里的专业剧团下乡频率低，即使“文化下乡”或“送戏下乡”也仅在村寨里短暂停留便匆匆离开。村民的乡村文化生活较贫乏，这给把戏台搭在家门口的草根侗戏班子提供了生存的土壤和发展的空间。侗乡的草根戏班，虽然演技不够专业化，舞台美术和服装道具也显简陋，但在乡村，他们是受民众喜爱的，只要锣鼓声响，大幕一开，演员们就鲜活起来，唱、念、做、打毫不含糊，那神情那架势，让乡民备受感染，重要的不仅仅是形式，更是侗戏的教化，通过观看侗戏，侗民也从中获得艺术美的教育和为人做事的道理。

现今不少戏台也是村里放电影的场所。说起“电影”现代人一点也不陌生，可搁在20世纪六七十年代，对于偏远的侗寨来言，可真是一大稀奇事。侗寨的老人讲起村里第一次看电影的情景：

第一次听说“电影来了”，我还以为电影是什么人，要来欺侮我们。和伙伴们跑到大坪子，见许多人围在一张又高大的四方桌子边看热闹，房屋板壁上挂着一块大白布，陌生人（放映员）把一个我们从未看过的东西用力一拉，那东西就“突突突”响起来，听那陌生年轻人喊“发电机发动了！”我们才知道那个东西叫发电机。大坪子上人挤得满满当当，水泄不通，一片欢腾，大家都来看稀奇。

“电灯亮了，电灯亮了！”突然有位老爷爷把一根烟袋斗，装上叶烟伸到电灯上去点烟，叭叭抽起来，可半天也没点着烟，惹着全场哄然大笑。放映员笑着说：“老人家，这是电灯，不是火，不能烧烟。”乡里老人总喜欢用长烟袋抽烟，因为长烟袋烟味浓，抽起带劲。平日总是把烟装好后，伸到火炉里去点，谁知这次点不上。老爷爷纳闷地问：“那不是亮着吗？有火吗？怎么有火点不着烟？”大家又一阵哄然大笑。

放映员说：“乡亲们，这是我们电影队第一次来这里，由于交通不便，这些机子、片子都是人挑人抬，才到这里，今晚放《天仙配》，大家把屋里的火封好，注意防火，一起安心看电影。”

电灯熄了，大白布上出现了人影，见董永背着伞去做苦工，两位老奶奶却怕起来，喃喃地说：“这恐怕是鬼吧，这些鬼因为死得冤，到阴间去又不服气，才又冒出来，天下的人哪里能到白布上走呢？”另一位老奶奶说：“就算不是鬼，那一定是怪，不然哪有这么大的本事呢？”

边看电影，村里有个光棍老爷爷触景生情，说：“假若我也有七仙女同情，那我就不会打光棍了。记得旧社会我在天柱当长工那阵子，有个女帮工看我勤快能吃苦，相貌也不错，就暗暗喜欢我。老板知道后，把我赶出门，连工钱都没给，还说见到我就要打死我。想来伤心啊！”

电影放完了，村里人要求重放一遍，放映员说：“时候不早了，等下次我们来时再给乡亲们放。”大家才依依不舍地离开大坪子。

每逢婚丧嫁娶的日子或者是丰收的农闲时节，村民们少不了请戏班唱上几天，好好热闹热闹。而寨子里的男男女女、老老少少，也会身着盛装会集在戏楼前的耶坪上吹笙、多耶。近年来，侗戏班除了演唱《大破天门阵》《佩姬送子》《穆柯寨招亲》等传统曲目，也配合政府的宣传教育工作和乡村移风易俗，以反映当今新农村的新生活与新时尚。

4. 萨堂

乡间“萨坛”多为圆坛式（见图5-19），大多位于侗寨进出口的空地或寨内中心广场，大利村石垒圆形萨坛就位于寨中鼓楼旁。“社稷坛”侗称“迁虽”，是供奉和祭祀萨玛的地方。罗溪村社稷坛原建于清乾隆年间，20世纪60年代被毁。为求人畜兴旺，五谷丰登，经甲头、小岭两寨商议，主要由村民捐款、捐工，于2011年重建社稷坛（见图5-20）。

图5-19　大利村石垒圆形萨坛

图5-20　罗溪村社稷坛

萨堂为供奉和祭祀“萨”的场所（见图5-21），一般地处村寨中心位置。平时萨堂屋宇紧闭，任何人不得入内，村民仅在重大节日或村中发生重大事情时才进入祠中祭祀萨神。[1]“萨”崇拜是侗族特有的文化信仰，它对规范侗族人民社会意识、伦理道德及价值取向都产生了深刻影响。[2]“萨玛节”历史文化源远流长，其内涵深厚，具有侗族母系氏族社会时期的遗留之风。萨屋内的祭坛多采用鹅卵石砌成半圆形石坛，上插一把半开的黑伞，黑伞代表萨玛的英灵。祭萨仪式由全寨德高望重、辈分高、年纪大的老人主持，敬完“祖母茶”后，余下的茶和“昂”[3]分发给村民，当地风俗认为喝此茶能增身健体，将“昂”插在头发上，能得到“萨”神的庇佑。祭祀活动结束后，全寨老少来到鼓楼前的广场鼓楼坪上，耶首在人群正中心领头，大家围成圈载歌载舞，用歌声来赞颂萨神的功德无量，祈求萨神给村寨带来幸福。

---

❶ 刘锋，龙耀宏. 侗族：贵州黎平县九龙村调查[M]. 昆明：云南大学出版社，2004.

❷ 姜莉芳. 侗族各地萨岁崇拜研究[J]. 广西民族师范学报，2017，32(2)：24-28.

❸ 香禾糯的秸秆，侗文为“angl”，音译为“昂”。

图 5-21　榕江县车江三宝侗寨萨玛祠

5. 祠堂

祠堂是家族的象征。明清至中华人民共和国成立初期,“聚族有祠”是黔东南侗族与汉族村寨较为普遍的现象。以黄平县为例,1951 年以前,据统计县内共有宗祠 86 座,例如新州城区的周、韩、王、冯等姓,旧州城区的张、孙等姓,重安城区的许、黄等姓,马场乡的时、陈、程、解等姓,罗朗乡的石姓,浪洞乡的蔡姓等家族皆建有宗祠。[1]宗祠内供奉祖先牌位,又是族中议事之所,辈分大、威望高的年长男族长,主要管理祭祖、族产、修谱以及解决家族纠纷。历史上受社会政治与文化影响,祠堂曾大多改为他用或拆毁。改革开放后,尤其是 20 世纪 90 年代之后,祠堂作为家族公益事业之场所得以修复与重建。[2]

凯府村陈氏宗祠:陈氏宗祠位于凯阳村大屯组,始建于清初,祠堂坐东朝西,砖木结构,外筑围墙,内有前殿、天井、左右厢房、正殿等建筑。凯府村共 6 个自然寨,分为 8 个村民小组,村域面积较大,凯府在以前叫“凯虎”,因其村前村后临山,房屋连片的建在一起就像一只扑在地上的老虎一样,故名“凯虎”。1936 年 1 月 10 日,贺龙所部红二六军团进驻凯本乡凯阳村,分驻大屯及寨庆等村寨。红

❶ 黄平县地方志编纂委员会. 黄平县志[M]. 贵州:贵州人民出版社,1993.

❷ 贵州省黎平县志编纂委员会. 黎平县志[M]. 成都:巴蜀书社,1989.

军二六军团进驻凯阳村留下革命的足迹。[1]陈氏祠堂被列为岑巩县级文物保护单位。

## 二、祠堂与家族的发展

黔东南境内世家大族,除了崇祀宗祠,时隔若干年修撰家谱,记述族源世系,定道德规范,载本族重要人物事迹。对于补史志之漏,有一定的历史参考价值。至于修撰族谱缘由,民间族谱记载摘录如下。

其一:父老谆嘱倡主张,续修族谱振纲常;渊源一本宗盟笃,脉络相承世系长。始末层层膺图录,文武叠叠演章潢;螽斯麟趾俾昌炽,祺奕云灿庆流芳。

其二:我祖世系几千秋,族谱今朝继厥修;稿创先贤存手泽,书传后裔赖忠谋。支支脉脉悉清澈,本本源源任考求;三鳣宗风源流远,家声丕振颂殊猷。

其三:源流一本细雨推详,族谱修成姓字彰;远近亲疏同聚会,宗族长幼乐称觞。螽斯蜇征繁衍,瓜瓞绵绵庆炽昌;惟冀克承先绪业,人文蔚起荷龙光。[2]

我族本农家,书写族谱,好似"俗夫登雅堂"。在民主制度思潮深化城乡的今天,非大富人家、官宦堂府的专利。本族虽非仕途显赫人物的业绩,变有及第中举之仕。现在攻读大学,进修中专,适龄学子,普进校园,他(她)们在学海中健康成长,奠定为人民服务的正大素质。当家青壮,涌现种植能手,商业专家,手工豆坊等经验,确在城乡经济活动中起到应用的作用……坚信"布衣亦可傲王侯",基此,根据天赋赋予"参天之树,必有其根,环山之水,必有其源"的理念原则,晚辈的我们竭诚寻找授予发肤的先祖,继承祖辈勤俭朴实,勇敢创业,尊老爱幼等美德。在发扬光大的同时,将族人记载于族谱中,既示人之多寡,亦标在其社会经济中占有一席之地。这是理谱之旨,以达德、孝兼获之![3]

天柱县杨氏族谱内容丰富,包括:杨氏源流序、录乾隆原谱序、录嘉庆原谱序、录道光原谱序、录光绪原谱序、新修谱序、老谱明清两朝绅士,勉成七律、新修谱序、续修谱赠、续修谱序、续修族谱总务人员、先祖遗字派、新增字派、存有老谱源流者、老谱经收首、录祠堂联、老谱总理创稿编修及经收人员、新谱增大学生名

[1] 在大屯陈氏祠堂墙上书两条巨幅标语:右墙上书"红军是工人农民自己的武装!",左墙上书"取消国民党一切苛捐杂税!红二政宣"。

[2] 资料来源于天柱县杨氏族谱。

[3] 资料来源于麻江县大坡仡佬族族谱。

单、录落成排律、录绝名八首、录七律六首、录祠堂记、录续修谱记、录黔阳序、录慈母赞二母赞、新编谱例十五条、新拟家规十条、绘图序(附坟山图)、坟山志(附后言)、领谱名单、编后记。

苗族在历史上曾经没有自己的文字,家谱之前多为口述或汉字标音记录家族历史。随着社会的进步、教育的发展与民族的融合,苗族家谱也在不断地完善。通过田野调查,在季刀苗寨村民提供了《潘氏家谱》、黄氏《计都黄姓世系资料》与杨氏与口述家族史。

季刀苗寨现存《潘氏家谱》内容较简单,主要包括三部分:一是简要介绍潘氏先祖的迁徙史:"潘氏是周文王毕公季孙食彩,于潘因为姓,始源河南,后迁江西南昌朱寺巷,随后迁湖南黔阳钟方一带,后迁到贵州天柱懂达,再又迁到翁项下司,最后定居凯里平乐高坡。"❶二是潘姓字辈,潘氏先祖后学习采用汉族姓名命名法,立下字辈,辈分了然,长幼有序,代代相传。三是记录了潘氏的祖孙排列,中华人民共和国成立前主要用苗族的父子连名制,中华人民共和国成立后家谱中不但记录了子孙的苗名也有汉名,并把媳妇的姓名也写进祖谱中,并注明各自的出生日期,女儿嫁至何地都有记载,这体现了苗民男女平等的思想。

按照黄氏家谱《计都黄姓世系资料》记载,计都就是指现在季刀苗寨一带,包括季刀上寨、高坡等,黄氏始祖黄荣礼于明万历二十四年(1596年)入黔,上辈传说其祖籍江西朱寺巷。黄荣礼本是汉族,他精通补锅劁猪技艺,青年时只身跋山涉水进入贵州黔东南苗疆腹地——凯里平乐,后子孙分居凯里、雷山附近各村,其中一支来到季刀上寨,后代逐渐改为苗族。

季刀苗寨黄氏后人口传:始祖黄荣礼于明万历二十四年(1596年)入黔。他到平乐时,巧遇到杨氏家族祭敬"雷公神"(须十七人祭敬,一头牛为祭品,在寨边进行且将祭品吃完才能进家),当时杨氏兄弟人少不足数,即邀黄荣礼凑数,之后一杨氏老人看中荣礼忠厚老实又勤劳,再说杨氏也觉得兄弟少而感到孤独,加上荣礼处于一个举目无亲的境地,荣礼被杨氏老人挽留与两个亲生儿子做伴,共同生活。后黄氏第四代黄显堂迁入高坡,在高坡与杨氏仍是结拜兄弟,杨氏先入为主即寨主,也是本寨的活路头(每年春耕动土先由寨主开个头),后来潘姓又陆续迁入,于是杨、黄、潘三大姓都称兄道弟,到20世纪60年代后又相互通婚,世代和

❶ 高坡是季刀苗寨中的一个寨子。

睦相处至今。

黄氏家族后人——久公子孙：走出家门为国为民效劳。

久公是始祖黄荣礼的八世孙，该分支已发展到40户193人[1]，除了祖居地高坡村之外，已散居到凯里、雷山、剑河等地，人丁兴旺，现有人口仅次于斗公之系，是计都黄氏第二大支族。久公子孙贤者众多，中华人民共和国成立后，久公的众多子孙走出家门，为国为民效劳，其中参军保家卫国的就有9人。久公的玄孙拉牛于20世纪40年代中期迁居西江镇白建村，儿子均早已成家立业。

黄氏家族后人——排斗公后代：房族后起之秀。

排斗公支族至今已繁衍了10代子孙，分为27户170人[2]，其中大部分居住在山清水秀的计都中寨，还有后人散居雷山县、凯里市、贵阳市等地。排斗公后代中涌现出不少寿者与能者。玄孙拉烧（苗名）之妻是本房族的寿星，寿终正寝，享年120岁。者里（苗名）是村寨里有名的理老，熟悉古理古规，能言善辩，颇有威望，常调解寨内生活纠纷。茂川是一名优秀的共产党员，曾任生产大队的党支部书记，他工作实事求是，关心群众的生活，领导社员群众开农田、搞水利、植树造林等，在20世纪60年代的困难时期帮助了很多社员群众渡过难关。茂良、茂银、茂森参加中国人民志愿军抗美援朝，茂良英勇善战荣立二等功。

杨氏与口述家族史：根据村寨村民口传，季刀高坡苗寨杨家是从江西来到贵州，先在榕江居住，后迁徙都雷山的永乐镇，然后又搬迁到现在高坡苗寨对面山岭居住，为了不忘记原来的居住地，将这处山岭也取名为永乐，后又迁徙到荒寨和排乐。杨氏的其中一个祖先杨留育搬到现在的高坡苗寨，后来黄氏和潘氏陆陆续续搬入。由于高坡苗寨杨家是最早迁徙至此的家族，按照当地的风俗，高坡所有的集体活动，都是由杨氏牵头，例如跳芦笙等，都是杨氏女儿和媳妇进行领舞。

## 三、家族崇宗祭祖活动

### （一）挂清[3]

挂清通常在农历四月，大多集中在清明节日前后的三天。如需安碑、加土垒

[1] 截至1996年12月得出的数据。

[2] 截至1996年12月得出的数据。

[3] 挂清意为上坟扫墓，多在清明节期间进行。

坟或整修坟墓,须请当地的道士或先生选吉日才能动土。在季刀苗寨调研时,村民们说家中若有当年过世的老人,挂清需约上整个房族,请当地的师傅连续三年为其做法事。三年之后,清明的祭祖活动就会简单些。小时候受杜牧所写那首古诗《清明》的影响,清明节在我的印象中哀伤的,而来到黔东南,曾受邀参加过同事兼好友的家庭挂清活动,我对清明的观感也发生了改变。苗族挂清时,备好香烛等祭品,家人或族人给祖先烧香焚纸叩拜。有的挂清点离家比较远,大家就会带上锅碗瓢盆和食物在挂清点现场搭灶开火,采野菜的、洗菜的、做饭的……好不热闹,就像是场聚会。如果有客人来,热情的女主人定会端上自家酿的米酒,唱起敬酒歌,让你不醉不归。现在大家经济收入增加了,挂清祭祖最后还会放各式烟花,尽管白天放烟花,观看效果会差点,但是丝毫不影响村民们的兴致和对先祖的敬仰。

（二）七月半

七月半:俗称"鬼节",七月半的节期是七月十五,但是黔东南一带每个地方具体过中元节的时间不同,从十二至十五都有过。七月半这一天,村民们都会给先人"封包"[1](见图22)。按照亲疏远近决定数量的多少,包袱三十到五十不等,多的也有上百个。我至今还记得:小时候,临近七月半,老家乡村各家各户就忙着给老祖宗们"打钱"、做包、封包。我们小孩子多帮忙干活,在特定纸上用硬币或纸币印钱,在包袱上写上祖宗们的姓名等。七月半傍晚时,外婆早已在堂屋的香案上香点烛,大方桌上备好丰盛的菜肴,外公外婆会把我们这些小孩叫到侧屋,过上一阵子,等大人们祭拜完祖先后,再全家共进团圆餐。晚上,把白天包好写好的包袱(又叫"冥袱")一堆堆摆好,用纸钱引燃冥袱,每一堆包封上都要放几炷香,然后鞠躬作揖,点燃包袱,俗称"烧包"。"烧包"时多用石灰围撒个圈,包袱就在圈内送给祖先。民间认为包袱(内装冥钱)烧得越多,则表示后人对先人越孝敬。大人们总是提醒孩子们晚上别乱跑,"小心撞上鬼"。可是"初生牛犊不畏虎",更何况是自家的老祖宗。一个村子里的,大多是一大家的,淘气的孩子照样玩。晚上,孩子们拿着香瓜、各式灯笼走村串寨(见图5-23、图5-24),为七月半增添了童趣,静寂的夜晚也多了份生机。

[1] "封包"即将烧化给阴间人享用的钱纸用特定的纸封包好。

图5-22　包袱(冥袱)

图5-23　香瓜

图5-24　南瓜灯笼

(三)鼓藏节

鼓藏节,也称"吃鼓藏""吃鼓脏""刺牛""招龙节",是黔东南苗族地区最隆重的祭祖节。[1]鼓是苗族祖先的象征,因此,在过节中木鼓自始至终贯穿活动的全程,包括"接鼓""醒鼓"(也叫"翻鼓")"凿鼓""换鼓""送鼓"等仪式。苗族人的鼓藏节是以"鼓社"为单位,通常十三年举行一次,也有几十年才过一次。榕江县高排村近些年来曾分别在1995年(乙亥)、2007年(丁亥)、2019年举办"鼓藏节"。

鼓藏节祭祀活动由村里的德高望重的古藏头组织。首先要宰猪或宰牛祭祖,然后巫师作法敬请祖宗享用准备好的鱼、肉、酒等祭品,并祈求祖宗保佑村寨年年风调雨顺、家园安康。过节时村寨都备好当地美食,并邀亲友聚会,出嫁到外村的姑娘都会回到娘家过节,俗称"姑妈回娘家",节日期间还举行各种传统娱乐与体育活动。跳芦笙,当然是鼓藏节必不可少的活动之一,男女老少都穿上节日的盛装,跟着芦笙的节奏翩翩起舞。苗族的"鼓社"组织,不仅筹划生产,组织祭祖(鼓)活动,其鼓主还利用各种机会对鼓社成员进行社会公德教育,以达到自我约束,不干坏事、奋发图强、克勤克俭之目的。同时树立劳动光荣、懒惰可耻等好的社会风尚。[2]

在黔东南吃鼓藏和过鼓藏节,各地同中有异、异中有同,这些差异也反映出鼓藏节内容的多样性与发展的流变性。白碧村,隶属于雷山县西江镇,位于凯雷高速西江高速出站口对面,交通便利,距雷山县15分钟,距凯里市区30分钟,村

[1] "苗族鼓藏节"2006年5月列入国家级第一批非物质文化遗产代表作名录。在苗族传统社会中,鼓、鼓社和鼓社祭是"三位一体"的有机组合。鼓是祖先的象征,鼓社是一种社会组织,而鼓社祭是连接鼓与鼓社的纽带。

[2] 贵州省剑河县地方志编纂委员会.剑河县志[M].贵阳:贵州人民出版社,1994:291.

寨苗村人口百分之百。村里风景优美，背靠雷公山自然保护区，面向西江千户苗寨西门，是贵州省少数民族特色村寨。起鼓节，是白碧村十三年鼓藏节的第一年，也叫醒鼓节，是苗族人民走亲访友，寻亲觅偶的节日。经鼓藏头和白碧村青年协会共同商议，举行起鼓节系列活动共度佳节，除了斗牛、跳芦笙等传统活动，还举办篮球锦标赛，分设男子组和女子混合组。男子组，冠军奖金5020元，亚军奖金3020元，季军奖金2020元；女子混合组，冠军奖金2020元，亚军奖金1020元。（锦旗各一面，12个奖牌，球员10个，领队1个，教练1个。）

## 四、聚会空间民族文化的教育传承

鼓楼是侗族文化传承的重要教育场域，侗寨有坐鼓楼的习俗，其是集击鼓报信、踩堂祭祖、集众议事、迎宾送客、休息娱乐等多功能于一身的公共社交空间。[1]农闲时节，村民们喜欢聚集在鼓楼里，听老人“摆古”，学唱侗族大歌。老人们或吟唱着侗族祖先的功绩，或传授农业生产技能，或讲述为人处世的道理。侗家人爱唱歌，善唱歌，在歌声中对侗族行为准则和道德规范进行教化。而且侗族以鼓楼为基本单位，形成侗族特有的款约模式，相当于侗族社区的“习惯法”。为了使人们了解与遵守“习惯法”，就须常对乡民们“讲款”。款首或寨老通过“讲款”——讲解款约，对侗民进行“习惯法”教育，这种讲款也是以侗族的经典民歌来进行，体裁形式多种多样，如《姜良姜妹》《牛的来源》《破姓结亲款》等，涵盖了侗族生活的方方面面，丰富侗民乡土教育内容。

“多耶”是侗族社会最主要的集体性参与教育形式。“耶堂”歌词的题材和内容丰富，凡是民间传说、生活知识、历史人物、生产技能、讽世劝喻以及新时代的政策宣传等都可以入歌。村民在学歌的过程中，不仅是学唱歌的技巧，进行侗族音乐教育，而且还可进行生动丰富的侗乡德育、智育与劳动技术教育。

“吃相思”是乡间村寨之间集体做客（联谊）的大型公共社交活动，体现了侗族热情好客的传统。吃相思一般在每年农闲和农历正月的春节前后进行，持续时间1~5天不等，客人们分散住在主寨的各家各户中，活动规模不定，男女老幼均可参加。活动内容有：迎客拦路、对歌、文体活动、踩歌堂、长桌宴、对歌敬酒、送客赠送礼物等。

---

[1] 吴军．论侗族鼓楼的文化教育功能[J]．贵州民族学院学报（哲学社会科学版），2005：（3）：88-90.

吃相思活动临近尾声，主寨村民会给客人送糯米饭，红蛋、毛巾、绣花彩带等礼物，代表整个村寨的赠送的礼物多是锦旗、彩匾、活禽等。客寨会将可挂的礼物吊挂在竹竿上，以示得到款待。村寨若送带尾巴的牲畜，例如活猪、活羊、活牛等，则表示吃相思还有尾巴，来年或隔年将要回访；若送不带尾巴之物，则说明吃相思不再继续。

吃相思是苗侗民族古朴的乡俗，善歌、爱美、豪爽的村民们在你来我往中化解矛盾与纠纷，在交往的过程中互相学习，增进友情，村寨之间也为彼此团结互助奠定基础，促进苗侗地区的稳定和谐。

## 第三节　交通空间

交通空间是传统村落重要的连接通道，它将村寨内公共空间、居住空间以及村寨周围的山水农田联系起来，形成整个村寨的生态生存空间，其中很多特殊节点，如风雨桥寨门等还是主要的公共教育场域，具有民族文化存在的重要象征意义，它促进着乡土教育由家庭封闭教育模式转向社群开放教育模式。

### 一、传统村落中的交通空间

#### （一）巷道

传统村落的巷道肌理及其风貌是村民在适应地理环境和生产生活过程中逐渐形成，是一个综合性的空间网络连接系统。受黔东南山地地理环境影响，村落中的交通巷道分为主要巷道和次要巷道。主要巷道是村寨中的主路，约5米甚至更宽，可以通车；次要巷道多在房前屋后自然形成，顺应地势，布局灵活，多约1~2米宽。除了村落中的田地小道是泥土，在村寨的核心生活地区联系起大家的生活巷道路面多进行硬化处理，主要有两种：一是水泥的硬化路面，这种道路在寨子里很常见，为便于防滑行走，路面会有一些简单的条纹或图案，偶尔还会见路面留下猫、狗等小动物的脚印，路边际处人走得少，常可见些小草、小花、苔藓长于两侧。二是由鹅卵石或青石等当地石材铺就的道路，这种常见于历史较悠久的苗乡侗寨。热爱生活的村民们以他们的智慧、勤劳和毅力铺筑与外界联系的媒介，通过一条条道路实现他们生活富裕的美好梦想。

巷道记录着人世的沧桑历史。清朝年间,从天柱经多个村寨至剑河柳基有一条商贸驿道,该路途经沟洞村境内的十几华里,路面全部用青石条按人字形镶嵌后填土夯平。[1]在那几近蛮荒的年代,先民们在没有现代工具的情境下要完成如此艰难的工程,要付出多少血汗?数百年过去了,在沟洞村及附近的村寨里至今仍保留几段青石板路(见图5-25),行走其间,不得不让人生出敬畏与怀古之情。

**图5-25 沟洞村嘉庆二年建成的青石板路与功德石碑**

(二)桥

黔东南州苗岭山脉横贯全境,为了拓荒开田,更为了走出大山、开阔眼界,建桥修桥就成了先人们的自觉行为。从就地取材的木桥,到牢固的石板桥、石拱桥等(见图5-26至图5-28),黔东南各式各样的桥散落乡野,但最有地域特色的当属风雨桥,因此种桥能挡风避雨故而得名,当地民众也称之为"花桥""福桥""凉桥"。风雨桥属于廊桥,黔东南一带早期的风雨桥主要建造于清朝,风雨桥是民族建筑中实用性与艺术美相结合的典范。

[1] 乡愁何处安放[N].黔东南日报,2015-10-22.

图5-26　木桥

图5-27　石板桥

图5-28　石拱桥

风雨桥多为木石混合结构，以石为墩，跨木为梁，上建廊亭，其结构自上而下可分为桥亭、桥廊、桥架、桥基。根据风雨桥的顶面处理方式不同，可分为平廊桥、楼廊桥、亭廊桥等。[1]平廊桥简易古朴，横跨寨中的小溪流，采用全木构架，支撑多为简支梁（见图5-29和图5-30），屋脊偶有简单装饰，例如用小青瓦堆叠成元宝、葫芦等吉祥图饰。楼廊桥通过提高开间金柱的高度，形成类似“起楼”的造型（见图5-31和图5-32），廊顶多为两坡悬山式，屋脊的装饰较之平廊桥更丰富，常见有龙、牛角等吉兽塑形。亭廊桥主要在桥两端或者中间桥墩上构建二重檐和三重檐的亭子（见图5-33和图5-34），桥亭形式多样，例如四方歇山式殿形、六角或八角攒尖的塔形等。黔东南传统村落中的风雨桥形态各异，差异主要体现在风雨桥桥廊与桥亭的处理，其建构手法是吊脚楼、鼓楼等民族建筑技艺的糅合。

图5-29　大利村的平廊桥

图5-30　久吉村的平廊桥

[1] 王展光，蔡萍. 黔东南民族建筑木结构[M]. 成都：西南交通大学出版社，2019：183-186.

图5-31　九江村的楼廊桥

图5-32　格头村的楼廊桥

图5-33　王家村的亭廊桥

图5-34　加鸟村的亭廊桥

改革开放之前，黔东南一带村落中的风雨桥以平廊桥为主，到21世纪，随着社会经济的发展，楼廊桥和亭廊桥不断出现在乡间，成为一道独特的村寨风景。在黔东南不仅侗族村寨有风雨桥，苗族、壮族等其他少数民族村寨中也建有风雨桥。雷山县方祥乡格头村和永乐镇加鸟村都是苗寨，但村中也有风雨桥（见图5-32和图5-34）。在从江县刚边壮族乡鸡脸村北鸡脸河边有一座壮族的穿斗式木结构风雨桥，建于2017年，面积约为124平方米。尽管民族村寨中也有风雨桥，但就数量而言，侗族村寨更多，以大利村为例，一村就有5座：寨头风雨桥、上步风雨桥、中步风雨桥、下步风雨桥和寨尾风雨桥；就建筑历史而言，也属侗族的最久远，作为国家级文物保护单位的风雨桥都在侗寨，例如从江县往洞镇增盈村的金钩风雨桥（见图5-35）、黎平县地坪乡下寨村的地坪风雨桥（见图5-36）。

图5-35 金钩风雨桥全景图

图5-36 地坪风雨桥全景图

位于溪流河水之上的风雨桥,为村民提供交通与休憩驻足的空间,在民族村寨渐变衍生成为多功能的村落公共空间,对鼓楼等公共空间起到重要的补充作用。有的村寨将风雨桥和鼓楼或寨门一起组合,使之而成村寨的中心交往空间或村寨地域空间界定的标志。平时男女老少在此谈古论今、嬉戏游玩,田间劳作的村民与往来的游客也可在此避雨歇息。夏季,风雨桥此处是纳凉的好去处,常能见村民在此或坐或躺休养身心。作为旅游景点的苗乡侗寨,勤劳的村姑会用竹篮装着本地的土特产和手工艺品在此销售。若逢宾客来临,老少妇孺盛装云集桥上,唱拦客歌、饮敬客酒。风雨桥既是一处建筑又是一个通道,它是村民休闲聚会的重要场所，演绎着生动的民间生活场景，它既满足大众休闲的需求又可满足村民的精神需求。

（三）寨门

寨门是村落中重要的生活空间，不管聚落大小都设有寨门。以前寨门上没有字，现在随着民众教育水平的提高，寨门都书写本寨的名称。寨门位于进出村寨的路口处，起到了界定村寨空间的作用，小的村寨有一两个寨门，大的村寨有三四个或更多的寨门，如黎平县肇兴镇堂安村（侗寨）有寨门8个。

寨门外观形式多种多样（见图5-37至图5-43），有的以树木造型，有的在寨门雕刻图腾，根据寨门建构形式主要可分为门阙式、干阑式和混合式。现今门阙式是黔东南村落中分布较为广泛和形式较为多样的寨门，材质多为木质。门阙式的寨门结构一般以三间四柱式居多，屋顶采用歇山式，楼顶有两坡顶、歇山顶、攒尖顶等，多有蜂窝拱装饰。在寨门下部常设有长椅供人休息，有的还有美人靠，有的在主门两侧加厢房，门壁上绘饰本村民族风土人情。干阑式寨门多采用穿斗式结构，在黔东南传统村落中也较普遍。混合式寨门多为寨门与风雨桥或鼓楼等其他类型的建筑组合。寨门通向寨子的道路，或用鹅卵石铺成花街，或用石板或水泥硬化路面，既利于行走，又美化村景。

寨门不但是一个有形的建筑实体，而且它蕴含着丰富的民族文化内涵。早期，寨门的主要功能之一是防御猛兽和外敌入侵以保护村寨的安全，寨门旁有围栏，寨门安装有门板，遇到紧急情况便关上大门。随着时光的流逝和社会的发展，封闭式的寨门门板已再寻不到，各村落的寨门由实用式向象征式、开放式、景观式转变，它们是地域的坐标，来到寨门便是来到了这个村寨。寨门像母亲张开的双臂，护卫着家园，欢迎自己的孩子和朋友们的到来。作为公共建筑的寨门，其设计彰显了本村的民族文化，例如摆也村和八郎村寨门上都饰有牛角（见图5-41和图5-42），这象征着苗族祖先蚩尤，标示着这里生活着蚩尤的后代，也展示了村寨的传统习俗——斗牛。雷山县新桥村寨门上书“短裙苗第一村”，来到此处，人们就知道这是短裙苗的故乡；杨颂村作为蚩尤文化传承的重要村落，其寨门楹联“祭尤怀宗苗山欣迎四海族裔宾朋，朝圣祀祖庙堂喜聚五湖嫡亲戚眷”。

图 5-37　流芳村康熙年间的寨门（侗族）

图 5-38　扬颂村寨门（苗族）

图 5-39　黎平县述洞村寨门（侗族）

图 5-40　肇兴侗寨门阙式寨门

图 5-41　宰船村寨门（壮族）

图 5-42　摆也村寨门（苗族）

图 5-43　肇兴侗寨混合式寨门

寨门在村民中具有特殊的教育意义，村民若是做了放火、吸毒、赌博等违法乱纪的事情都要被村里处罚，严重者不但有经济上的惩罚，本人甚至家庭会被驱出寨门，要远离寨子居住，直至有所悔改。若是三年以后回来认错，交完罚金，寨老们将会安排其住在寨边，全村人会帮他搬迁房屋。

## 二、乡民的原生态敬桥教育

黔东南苗乡侗寨的村民们认为桥与生命有着紧密的联系，先民古老的意念传承至今，乡间认为从阴间到阳间，人要经过自己的生命之桥，桥可让阴间的灵魂转世投胎，让阳间的灵魂安宁。现今，雷公山一带的苗族村民有的在堂屋栽花树处还会放个小木桥。施秉县一带父母会为小孩建一座桥，桥多为木制小桥，架设在人员来往较多之处，为孩子祈福。故民间称风雨桥又为“福桥”。

有沟就有桥，桥的第一功能是通行。架桥就是做善事，也是黔东南一带村民求子、求福的外在表现。剑河一带流传的《苗族古歌·礼俗歌》词中表述了如何架桥及架桥的目的。[1]苗族飞歌唱道：“一片去哪里，两片去哪里，三片去哪里。一片架天空，一片架桥中，一片架大地。春天腊月一，春天腊月二，鱼拿蛋来敬，撞

[1] “坳上三棵杉，是固央栽的，回去把它砍，用它来架桥，三根排排架，一头靠那山，一头靠这山，一头靠火龙，一头靠水龙，当天就架好，儿女过得来。”（万必轩．苗寨的祭桥习俗探讨[J]．民间文化论坛，1994（3）：70-72.）

得一门小猪。”“砍棵杉树，来架地桥，拿来给人走，生得四姊妹，一个叫作海金，一个叫作海生，一个叫作咏苷，一个叫作咏欧。四个名字都好听，孩子与天长寿。”

黔东南苗、侗民族受汉文化影响，也喜好儿孙满堂，将“无后”“无子”视为子女的不孝。苗族乡间那些婚后不育、儿女不全的村民常依风俗架桥，期望儿女的到来，如若想求男孩，民间认为桥不能架在家门口，一定要架在有水的地方上，过往的人多，充分发挥桥的功能，才能送来男孩。有的认为无儿无女，是前世“作恶”太多，有的也会选择造桥修路来减轻罪过；有的村民时来运转，认为是祖先积德和上天的护佑，为了还愿，他们也会建一座桥来方便身边人的出行。这些被乡民视为行善积德的建桥之举，一定程度上满足了人们生产生活的实际需要。

敬桥节，时间是农历二月初二，当地俗称为“祭桥节”或“二月二”。在外打工的村民会回来过节，当天的祭祀活动多以家庭为单位、少部分是以家族为单位，所祭对象就是本家或本族架设的桥。所祭之桥有长度几十米、十几米、几米的木桥、石桥、水泥桥，也有1米以内的小板凳桥，反映了民众“求子”“保子”“家族兴旺”的心理需求。[1]小开屯村李氏祖谱中记载：“康熙年间，老祖宗李利宿带领着自己家族的人从江西省朱寺巷迁徙到贵州台江县排羊乡排凹瓜的山梁定居生活……排凹瓜（翁果）这座桥是祖宗李利宿修建，这座桥是我们子孙后代生存的根基，发展的源泉，我们要爱这座桥，护这座桥，孝敬这座桥，永远铭记。”节日当天，孩子们常会佩带用彩色毛/丝线编织成的网袋，里面装着彩蛋，其中以红蛋较为普遍，玩着专属于他们的碰彩蛋游戏。由于“二月二”敬桥节的出发点与归宿，以及节日活动都与孩子们紧密相关，故而此节日在当地也被称为“儿童节”。

村民们认为祖先架桥，“桥生爷爷”，才有自己。桥作为纽带，实现自己与祖先的交流，苗家人相信自己的祖先会庇佑自家人，延续祖孙后代之间的生命长河。每年的敬桥节，红阳村各家族的男女老少除了祭祀自己家庭和家族的桥，还会聚集在芦笙场，摆开宴席，高歌畅饮，吹笙跳舞，好不热闹。在红阳村，大大小小的桥有很多，其中地处村脚红阳沟上的五步桥——原生态板凳桥（见图5-44）是全村都要去祭拜的。据红阳村里老人说，五步桥的由来是由于当时村子里各家族的人经常因为各种小事吵架，不团结。所以村里就在两座山之间建了五步

---

[1] 徐晓光，徐斌．修桥、祭桥与拆桥——黔东南“敬桥”习俗及相关法律问题［J］．贵州民族研究，2017，38（4）：16-32.

桥，意味着两座山握手言和，象征着各家族的人们互相关爱，团结互助。五步桥旁有一棵古樟树，树龄已逾千年，至今仍枝叶茂盛，相传为建村祖先亲手所栽，此树被村民视为神树加以祭祀。每逢农历二月二、新生儿出世、新媳妇入门村民们均祭神树，烧香焚纸、挂红布条，以求子孙兴旺、福寿安康。

图5-44　红阳村五步桥和千年古樟树

## 三、由封闭转向开放的乡土教育

传统村落是传统民族文化“母体”，是传统村落文化沉淀最为深厚的场域。曾经村落中各族人民由于所处相对封闭的地理环境，既为他们提供了不受外界侵害的屏障，同时也束缚了他们向外的发展。在这样的环境中，他们的生产技能、生活方式、经济结构和社会类型都很少发生变化，这使得这种乡土教育在学校教育与社会教育不发达的情况下具有的特征之一就是封闭性，而具体表现为：教育对象、教育内容与教育方式的封闭性。教育对象以本家、本族、本地村民为主，代代相承，文化对外的渗透与影响度微弱。先民们受生产力水平的制约，以乡村社会习俗、社交艺术活动、生产劳动技能等为主，这一套地域农耕教育内容很保守，缺少创新性。在传统村落“母体”中采用的教育方式是以言传身教、耳濡目染等传统自然教育方式进行传承。

自改革开放以来，受黔东南交通状况的改善，村落中青壮年劳动力的输出，本地学校教育发展等因素的影响，特别是21世纪以来，得益于信息技术和文旅产业的发展，万山千水也难阻挡文化的交流与教育的发展，黔东南这块“璞玉”得到社会各界的重视，传统村落中散发的原生态文化彰显出其独有的历史、科学、艺术、经济、社会价值，这也促使乡土教育由封闭向开放转变。

现在黔东南乡村的变化真大，公路通到家门口，那些原来走出山门必经的山路，如今已成为追寻时代记忆的驿道。电灯、电话、手机、网络、冰箱、彩电、摩托车、汽车、耙田机、播种机、打米机……无数象征现代文明和替代繁杂劳役的器件都进村进屋了，一栋栋新楼房如雨后春笋般钻出来，那些脸朝黄土背朝天苦熬了一辈子的老哥老姐们情不自禁地说：“这日子越过越好了！”越来越多的外地人、外国人来到传统村落游玩，享受山地田园美景，感受苗侗民俗文化。

现今乡土教育的对象已从村落延伸至社会，像侗族大歌这种世界级“非遗”已从小黄村、宰荡村等侗族村寨走向全国、走向世界，不但本村本地人学，世界上各地感兴趣的人都可以欣赏都可以学习，而学习的方式不仅可以实景实地学习，也可以在学校学习，也可以利用网络学习平台学习，信息技术的革新带来了教育方式的创新，使得众多优秀传统村落文化的教育传承“触指可及”。而许多省级、州级“非遗”也从村落影响、传承至社会。陆梅（化名），一位普普通通的苗家女孩，和本村的其他女孩一起去北京展示苗族文化，当她和她的姐妹穿着精美的民族服饰亮相于天安门广场时，许多感兴趣的民众都要和她们一起合影留念，“我觉得不仅仅是苗家姑娘的美，更多的是我们苗家服饰的美吸引了他们，而这种美来源于苗绣，来源于银饰。我们的‘苗绣’和‘银饰’都是‘非遗’呢！”来自控拜村的李正云，虽只有小学文化，却被业界尊称为“银饰教头”，他的作品远销国内外三十多个国家和地区，被多所高校聘为客座教授，为家乡的银饰技艺的传承、创新、推广与传播做出了贡献。

# 第六章　各级学校教育空间:薪火相传

黔东南州是一个多民族聚居的地区,居住着33个少数民族,拥有丰富的传统民族文化资源,将传统村落民族文化融入学校教育中,既可传承与创新优秀传统村落文化,又可提升民族团结教育的成效。

依据传统村落文化教育传承场域的不同,主要分为家庭教育、村寨教育、学校教育、社会教育等。相对于其他教育形式而言,学校教育在基础设施、师资力量、教育环境、政策扶持等方面都具有明显的优势。传统村落文化既有精华也有糟粕,学校教育通过选择优秀的传统村落文化,并将其融入学校教育教学活动当中,实现新时代背景下传统村落文化的发展与创新,增强传统村落文化的生命力,实现受教育者的知识与技能的增进和思想品德的提升。

## 第一节　学前教育对优秀传统村落文化的传承

### 一、黔东南学前教育的发展

清末之前,黔东南境内的幼儿教育主要以家庭教育的形式展开,而规范专业的幼儿教育始于清光绪二十九年(1903年),思州府、黄平州分别开始设立蒙养学堂、蒙养班。光绪三十二年(1906年),麻哈州(今麻江县)设蒙养院。清末,这些幼教机构均由小学堂统一领导和管理。民国年间,黔东南各县根据国家要求将"蒙养院"改称"幼稚园"或"幼稚班",招收3岁以上6岁以下的幼儿入园。由于幼儿教育经费得到一定的保障[1],促使境内各县的幼儿教育得到了不同程度的发展。此阶段无论是幼稚园还是幼稚班主要集中在县城,附设于国民学校和女

[1] 民国二十六年(1937年)贵州省教育厅规定:"开办幼稚园(班)之经费列入年度经费支出概算。"民国三十三年(1944年),又提出"所有未设立幼稚园的县务于各县教育经费内拨专款筹办"。

子学校中。[1]

中华人民共和国成立后，百业待兴，州内各“幼稚园”或“幼稚班”改名为“幼儿园”或“幼儿班”，1955年，黔东南地区有幼儿园8所，在园幼儿275人(少数民族幼儿占比49.09%)，教职工共8人。1976年，全州幼儿园减至4所，在园幼儿250人。[2]改革开放后，国家坚持“两条腿走路”发展幼儿教育，全州各县陆续建立托幼机构，采用公办、民办、个体办等多种办园方式，使幼儿教育的落后状况得到改变。1990年，全州各类幼儿园共99所，在园幼儿9645人，教职工共1080人。尽管国家提倡农村以群众集体办园为主，[3]但受黔东南农村经济与文化水平的制约，20世纪八九十年代，偏远的乡村很少开设幼儿园，靠近城镇办学条件较好的乡村小学设立学前班对幼儿进行学前教育。1990年，黔东南州幼儿园开设情况(见表6-1)。

**表6-1　黔东南州1990年幼儿园一览[4]**

| 序号 | 县/市 | 幼儿园数量/所 | 在园幼儿数量/人 | 教职工数量/人 |
|---|---|---|---|---|
| 1 | 凯里市 | 25 | 2194 | 347 |
| 2 | 三穗县 | 13 | 976 | 39 |
| 3 | 黎平县 | 9 | 1173 | 58 |
| 4 | 天柱县 | 7 | 695 | 46 |
| 5 | 岑巩县 | 7 | 558 | 36 |
| 6 | 麻江县 | 7 | 344 | 34 |
| 7 | 黄平县 | 6 | 793 | 73 |
| 8 | 镇远县 | 6 | 642 | 67 |
| 9 | 锦屏县 | 6 | 649 | 33 |
| 10 | 剑河县 | 5 | 689 | 49 |

[1] 黔东南苗族侗族自治州地方志编纂委员会.黔东南苗族侗族自治州志·教育志[M].贵阳:贵州人民出版社,1994:53.

[2] 黔东南苗族侗族自治州地方志编纂委员会.黔东南苗族侗族自治州志·教育志[M].贵阳:贵州人民出版社,1994:54.

[3] 中华人民共和国国家教育委员会令第4号幼儿园管理条例(1989年9月11日)。

[4] 黔东南苗族侗族自治州地方志编纂委员会.黔东南苗族侗族自治州志·教育志[M].贵阳:贵州人民出版社,1994:68.

续表

| 序号 | 县/市 | 幼儿园数量/所 | 在园幼儿数量/人 | 教职工数量/人 |
|---|---|---|---|---|
| 11 | 榕江县 | 5 | 390 | 40 |
| 12 | 施秉县 | 4 | 662 | 43 |
| 13 | 丹寨县 | 4 | 402 | 23 |
| 14 | 从江县 | 3 | 336 | 22 |
| 15 | 雷山县 | 3 | 271 | 20 |
| 16 | 台江县 | 2 | 184 | 21 |

进入21世纪，黔东南学前教育得到了巨大的发展。2000—2001学年度，全州有幼儿园169所，在园（班）幼儿46 937人。国家政策积极鼓励社会力量办学，农村充分利用闲置的校舍办园，2008—2009学年度，全州幼儿园增至231所，在园（班）幼儿71 659人，学前一年入园率为78.21%，学前三年入园率为44.33%。[1] 2018年，全州有各类幼儿园1547所（民办幼儿园592所），在园（班）幼儿达170 737人，学前三年入园率达90.01%。现今，幼儿园在黔东南乡村遍地开花。全州幼师队伍上了新台阶，师资队伍总量增加，截至2018年共有幼师9155人；幼师专业素质总体显提高趋势，幼师学历持续上升，学历合格率为97.79%，其中具有专科及以上学历占72.42%。[2]2018年，黔东南州实现学前教育营养改善计划全覆盖，受益儿童21.44万人次。[3]

## 二、优秀传统村落文化进幼儿园的个案考察：丹寨县第二幼儿园

学前教育对幼儿身心健康的培养具有重要意义，学前时期是对幼儿进行中华民族优秀传统文化教育的启蒙阶段，幼儿园是传承与弘扬优秀传统文化的重要学前教育场域。丹寨是一个以苗族为主多民族共同聚居的县。这里有众多民族文化艺术之乡，例如锦鸡舞之乡——排调镇麻鸟村；蜡染之乡——扬武乡排莫村；芒筒芦笙之乡——龙泉镇排牙村；鸟笼编制之乡——龙泉镇卡拉村；古法造

[1] 中共黔东南州委，黔东南州人民政府．千秋基石　历史丰碑（内部资料），2009：297.

[2] 黔东南年鉴编纂委员会．黔东南年鉴（2019）[M]．芒市：德宏民族出版社，2019：333.

[3] 黔东南年鉴编纂委员会．黔东南年鉴（2019）[M]．芒市：德宏民族出版社，2019：334.

纸之乡——南皋乡石桥村;格哈舞之乡——雅灰乡送扰村。

丹寨县第二幼儿园(以下简称“丹寨二幼”)坐落于丹寨县金钟开发区丹阳路,招收的幼儿主要是来自易地扶贫安置区和周边村寨的孩子。丹寨县精心建设易地扶贫搬迁集中安置点学校,在丹阳路上集中了三所丹寨县优质学校,分别是丹寨县第二幼儿园、金钟第一小学和丹寨县第二中学,确保易地扶贫搬迁群众子女“有学上、上好学”,贫困户“移得来,留得住”,全力做好易地扶贫搬迁教育扶贫“后半篇文章”。

“丹寨二幼”于2016年年底动工修建,2018年8月投入使用。截至2021年5月,幼儿园的全园教职工45人,共开设9个班,分小、中、大班,学生304人,其中,男童169人,女童135人。每个班级有独立的幼儿活动室、午睡区、游戏区、阅读区、盥洗室,园中有专门的“非遗”文化体验区——古法造纸体验区,户外开设沙池、水池、涂鸦与多种大型体能活动区域,供幼儿进行多元丰富的户外活动,使孩子们在富于童趣、安全、舒适的环境中游戏。孩子们骄傲地称呼这所幼儿园是“城堡幼儿园”。2021年,“丹寨二幼”开展申请州级示范幼儿园的工作。

鉴于生源的实际情况,“丹寨二幼”在办学过程中,积极汲取优秀传统村落文化中的养料,使幼儿的“第一口奶”是民族的、传统的、当地的。基于幼儿的身心特点,幼儿园将二十四节气、苗族歌舞、古法造纸等优秀传统村落“非遗”元素融入幼儿园的日常教育教学中,引导幼儿感受传统村落文化的魅力,了解优秀传统民族文化。

### (一)二十四节气与幼儿主题教育教学活动

“二十四节气”是农耕文明的产物,它不仅用于指导农耕生产,也体现丰富的民俗事象,是对幼儿进行生活教育的重要内容。自建园以来,“丹寨二幼”一直利用传统村落“非遗”进园的教育契机增加幼儿对农耕文明社会的感知,以“二十四节气”展开了一系列的“春耕”“夏耘”“秋收”“冬储”主题活动,每个主题下设若干个节气,由浅到深、循序渐进,力图通过每个节气主题活动让幼儿在愉悦的氛围下感知节气的特点,体验大自然神奇的同时,理解节气的变化与人们生活的关系。

#### 1. 二十四节气主题教育教学活动的准备

幼师在开展二十四节气主题教育教学活动的准备阶段主要体现有学期教学

计划、每月预设目标、教案等。笔者查阅了“丹寨二幼”大四班的每月预设目标，预设目标以《幼儿园工作规程》和《幼儿园教育指导纲要（试行）》所提出的健康、语言、社会、科学、艺术等领域目标为指导，结合教学实际情况，提出切实可行的教学目标。

以“丹寨二幼”大四班3月的预设目标为例，教师在社会领域通过集体活动《小树苗快长大》了解植树节的相关知识；在科学领域通过对自然植物角的观察感知春季的季节特征，并使幼儿能用数字、图表等符号记录与表达自己的感受；在艺术与语言领域通过歌唱《春天在哪里》《二十四节气歌》，以令幼儿感到愉悦的艺术方式增进对春天节气知识的感知与理解。在保证教学目标与幼儿发展水平相适应的同时，还能促进幼儿走向最近发展区。

2. 二十四节气主题教育教学活动的开展

**教学案例一：“春分”**

为了让幼儿了解中国传统节气——“春分”，2021年3月18日下午，“丹寨二幼”大四班开展“春分”节气主题教学活动。教学活动如下：

一、教学导入。教师首先给孩子们播放春天自然景象的视频，激发幼儿的思考：这是什么季节？这个季节展现了哪些自然景象？

二、小组交流讨论，发言。教师耐心倾听、观察、理解、引导幼儿的感受。

三、生生、师生交流植物角需种植哪些植物（主要是花和蔬菜），各组的同学发表自己的观点。

第一组，小楠：我们组商量了，我们想种“太阳花”，因为太阳花特别漂亮，颜色又多，还有香味，太有意思了！

第二组，小华：我们想种“鸡毛菜”，它的名字真好玩，我们想看看，它种出来是不是真的像鸡毛一样。

第三组，小况：我们第三组准备种“高粱”，高粱可以长很高，而且红红的，好好看，听说它的杆杆能吃，好想尝尝它的味道。

第四组，小芸：我们想种“生菜”，生菜好吃，我们组的小朋友都喜欢吃！

第五组，小秀：我们要种“波斯菊”，我们都觉得它开的花最漂亮了！

……

教师总结：请各组同学为植物角的种植活动备好种子。

四、教师带领幼儿到本班的植物角进行春耕活动：除草、翻土、整地，为种花、种菜做好准备（见图6-1）。

**图6-1　大四班种植图**

教学评价：教师此次的“春分”主题教育活动课前教学准备充分，教学过程中注重激发幼儿的学习内部动机，根据不同的教学内容灵活地运用个别、小组与集体活动，教师成为幼儿活动的引导者与支持者，在活动中为幼儿提供自由交往和相互学习的机会。鉴于幼儿的学习认知规律，注意到各领域之间的联系与渗透，将春分的节气知识寓于实际的体验活动之中。

3. 二十四节气的环境创设

幼儿园的教育活动需要在一定的环境中展开，“环境是重要的教育资源，应通过环境的创设和利用，有效促进幼儿的发展。”[1]幼儿园创设的环境是园本隐性课程，幼儿身处其中，去观察、探索、创造，寻找快乐，得到情感的体验和智慧的启迪。

过道联通教学楼各层，这是幼儿每天都会多次经过的通道空间，“丹寨二幼”在宽阔的过道处根据节气的变化制作了二十四节气的图文工艺画，其新颖多样的造型和细节的艺术处理使幼儿对节气有更直观的认识（见图6-2）。过道处的节气主题环境创设主要由教师根据节气特征和现有材料制作完成。

---

[1] 教育部印发《幼儿园教育指导纲要（试行）》的通知，2001-07-02。

图6-2　过道处的节气环境创设

主题墙饰作为幼儿园环创的重要组成部分。“丹寨二幼”各班结合本班幼儿身心发展特点,将幼儿活动体现于墙饰中,鼓励幼儿参与主题环境创设,以激发幼儿思考、提高幼儿动手能力、促进幼儿智力的发展以及促进幼儿的自主探索能力和创造力的发展。

**教学案例二:美丽的秋天**

“丹寨二幼”大一班

老师:小朋友们,秋天到了,你在秋天发现了什么呢?

幼儿:天气变凉了,我多穿了件衣服。

操场上银杏树叶变黄了。

树上还有果子掉下来呢。

……

老师,为什么操场上的有棵银杏树下有果子,有一棵却没有呢?

……

老师:结果子的那棵银杏树是雌树,而没长果子的那棵是雄树。小朋友们,觉得银杏树美不美呢?

幼儿:美!

老师:那银杏树美在哪呢?

幼儿:银杏树的叶子金黄金黄的,我喜欢这种颜色。

银杏树的叶子像扇子,好好玩。

……

老师：小朋友们观察得都很细心，说得也很好。秋天的美有很多，不仅是咱们幼儿园操场上的银杏树美，银杏树叶美，而且村里金灿灿的稻谷也美，田里劳动的人更美。请小朋友们把自己发现的美丽的秋天画出来，老师会把画得好的小朋友的画张贴在咱们美术区的墙上。放学后请小朋友们回家跟爸爸妈妈、爷爷奶奶分享今天的成果。

从教学案例二中，我们可以看到老师通过引导孩子们观察秋天季节的变化，发现与表达秋天的美丽，激发孩子们探索自然奥秘的兴趣与好奇心。让幼儿根据秋天的季节特征，站在自己的视角，去感触、去绘画、去表述美丽的秋天，培养幼儿的动手与创造能力。幼儿的作品将展示于主题墙饰中，有利于发挥墙饰的教育功能、展示功能、对话功能和美化功能，有利于孩子自信心的培养。每次幼儿看到节气墙饰内容的变化，就能感知新节气的到来，他们还会就墙饰上的内容和同伴进行正式与非正式的讨论与交流。幼儿通过观察、参与二十四节气主题墙饰的创设（见图6-3），有助于培养幼儿感知美、表现美、创造美的能力。老师让幼儿回家跟父母及家人分享当天的学习成果，增进亲子交流，促进家园共育。

图6-3　二十四节气主题墙饰

## (二)古法造纸“非遗”融入幼儿教育教学

### 1. 古法造纸活动平台的建设

根据《凯里学院领办丹寨县易地扶贫搬迁安置点学校工作实施方案》相关要求，经院长办公会议研究，决定从《凯里学院2020年财务收支预算》的教育帮扶经费专项经费中划拨5万元，以建设“丹寨二幼”古法造纸活动平台。2020年9月开学，“丹寨二幼”古法造纸活动平台基本建设好(见图6-4)。10—11月率先在大班进行相关的教育教学活动。2021年2月开学后，古法造纸纳入到中班和大班幼儿日常的自主游戏活动中。

图6-4　“丹寨二幼”古法造纸活动平台入口处

### 2. 幼儿古法造纸体验学习

“丹寨二幼”有多种户外自主游戏场地，例如沙水区、网绳区、涂鸦区、建构区、泥塑区、综合搭建区、小山坡等，其中造纸区就是其中之一，幼儿园会安排好不同时期各班的不同户外自主游戏区(见表6-2)，以满足孩子们的不同兴趣爱好。由于各班幼儿人数都在40人左右，而造纸区场地有限，为保证每位孩子都有亲身体验的机会，各班老师会把本班学生进行分组轮流体验学习。

表6-2 “丹寨二幼”户外自主游戏场地划分

| 班级 | 月份 | | | | |
|---|---|---|---|---|---|
| | 三月 | 四月 | 五月 | 六月 | 七月 |
| 大(一) | 沙水区 | 网绳区 | 涂鸦区 | 构建区(大) | 泥塑、造纸区 |
| 大(二) | 构建区(大) | 沙水区 | 雪花片建构 | 泥塑、造纸区 | 综合搭建 |
| 大(三) | 综合搭建 | 泥塑、造纸区 | 构建区(大) | 小山坡 | 构建区(小) |
| 大(四) | 构建区(小) | 综合搭建 | 泥塑、造纸区 | 网绳区 | 构建区(大) |
| 中(一) | 泥塑、造纸区 | 构建区(小) | 综合搭建 | 涂鸦区 | 雪花片建构 |
| 中(二) | 网绳区 | 涂鸦区 | 小山坡 | 雪花片建构 | 涂鸦区 |
| 中(三) | 涂鸦区 | 构建区(大) | 沙水区 | 综合搭建 | 小山坡 |
| 小(一) | 小山坡 | 雪花片建构 | 网绳区 | 构建区(小) | 沙水区 |
| 小(二) | 雪花片建构 | 小山坡 | 构建区(小) | 沙水区 | 网绳区 |

(1)了解古法造纸工艺流程

结合活动平台墙面上的造纸流程挂图，教师引导幼儿观看并讲解古法造纸的工艺流程:人们到山上采料→剥构树皮→用石灰腐蚀构皮→把腐蚀好的构皮放到专门的煮锅中煮→洗构皮→清理煮好的构皮→碓纸(用古老的冲碓冲烂构皮)→搅拌冲烂的构皮，把它变成纸浆→抄纸→压纸→从纸架上把纸取下放到纸焙上→焙纸→揭纸→晾纸→成品。

(2)亲身体验抄纸

幼儿大致了解古法造纸的工艺流程后，教师先示范，孩子们观察后，就开始亲身体验抄纸(见图6-5)。先搅拌木盆中的纸浆，手持平板筛斜入木盆中捞取纸浆，轻轻摇晃，使平板筛中均匀布满纸浆，保持平摊将盛有纸浆的平板筛取出。抄纸看似简单，而对于幼儿而言，要使纸浆薄薄地在平板筛的表面分布均匀可要费些功夫。

图6-5　幼儿抄纸

“丹寨二幼”将古法造纸体验活动纳入到户外自主游戏，通过幼儿自由选择、自主开展、自发交流的活动使幼儿天性得以表现，兴趣得到满足，在活动中学会自我思考、敢于表达自己的观点、勇于不断挑战，从而不断获得成长经验。到了幼儿亲身体验抄纸时，孩子们争先恐后、跃跃欲试，由于场地有限，还是需要耐心，“别的小朋友在抄纸时，我就认真观察”。在实践中孩子们会思考，产生自己的问题，再以他们自己的认知来思考与探索，尝试着如何解决问题。

天明小朋友：为什么我把平板筛拿上来的时候，纸浆一边多一边少呢？

思敏小朋友：你拿上来的时太快了，你都没在水里摇晃平板筛。

德凯小朋友：你刚才没搅拌纸浆。

开恒小朋友：你取出平板筛时没有保持平衡，是斜着的，所以纸浆一边多一边少。

(3)作花草纸

孩子们的好奇心远不止于此，他们自由地来到草坪上采摘些自己喜欢的花花草草(见图6-6)，再放到布满纸浆的平板筛中，设计自己喜欢的造型，进行创意制作。有的小朋友还给花草纸上色，个性创意花草纸就快成功了。把作品放在木架上晾干，静等作品成形，几天后，花草纸就被风吹干成型，小朋友就可以把自己的作品从平板筛中慢慢分离。那些拿着自己成品的孩子，多开心啊！“我的作品最棒！”“我的花草纸美着呢！”(见图6-7)。

图6-6　幼儿采花草做花草纸

图6-7　幼儿制作的花草纸

(4)成品拓展

造纸术是我国的四大发明之一，按照古法造纸的流程，纸好不容易做好了，可它有什么用呢？老师引导幼儿将其做成手工古法小书册、花草纸小伞、花草纸小扇子等(见图6-8)，真是满满的成就感啊！时值春天，老师教孩子们用自己的花草纸做风筝，因为要裁剪纸张，自然是要用到剪刀的，这对孩子们来说真是“小菜一碟”，好一阵忙碌，花草纸风筝做好了。拿到广场上试飞(见图6-9)，不知是手艺欠佳，还是风伯伯不给力，花草纸风筝难以飞上天空，不少被孩子们用线拽着，在地面上跳跃，在半空中小飞……花草纸小风筝陪伴着孩子们一起玩耍，度过这美好的春日时光。

图6-8　幼儿制作成品与成品展示

图6-9　幼儿用成品玩耍

## （三）以优秀传统村落文化为媒介，家园共育

幼儿的全面发展是学前教育改革的出发点和归宿点，现今幼儿园一日生活皆课程，课程内容的选择要密切联系幼儿生活的各个方面，幼儿园的课程发展到了游戏化课程阶段，形成了多元课程模式并存的新局面。在“丹寨二幼”调研期间，笔者发现幼儿家长大多都来自本地的村寨，他们对本地村落文化是熟知的，他们说着本地的方言，偏爱穿本地的民族服饰，了解家乡的风土人情，掌握乡间的传统技艺。笔者认为幼儿园开展优秀传统村落文化的教育传承活动应尽可能地得到家长的认可与支持，引导家长树立对本民族的文化自信，基于尊重、平等、

合作的原则,家园共育,共同对幼儿进行民族文化的启蒙教育,让传统农耕文明根植于每个孩子幼小的心田中,培育幼儿热爱民族、热爱乡土、热爱家乡的美好情怀。

# 第二节　小学教育对优秀传统村落文化的传承

## 一、黔东南小学教育的发展

明清时期,为发挥教育的政治、经济、文化功能,传统儒家教育主要在黔东南地带的流官区和土司区开展,涌现出私塾、义学、社学、司学、卫学、府学、县学等教育机构。随着清末中国教育的改革,以儒学为主的传统教育逐渐向新式教育转型。光绪二十八年至二十九年(1902—1903年),镇远、黄平两地率先将书院改建小学堂。[1]根据清廷颁布的《钦定学堂章程》,黔东南各地陆续将书院改建为初等或高等小学堂,同时,利用祠堂、庙宇、会馆、民房等场所创办小学堂,以促进小学教育的发展。[2]民国二年(1913年),黔东南各地“初等小学堂”改名为“国民学校”,将“高等小学堂”改名为“高等小学校”。至民国六年(1917年),黔东南共计有国民学校365所,学生10 384人;有高等小学校33所,学生1470人。其中,也涌现出初具近代教育形式的女子小学[3],但呈零星点状分布。为培养人才,有识之士纷纷捐资助学。[4]至抗日战争胜利时,黔东南的中心学校发展到235所,国民学校发展到1166所。[5]后因种种原因,不少学校停办,至1949年秋,黔东南

[1] 光绪二十八年(1902年),镇远知县余充云,知州段永浚率先将文明书院改建官立高等小学堂。翌年,黄平知州何德源亦将龙渊书院和星山书院改为端化、星山小学堂。

[2] 其中,官立高等和初等小学堂10所,官立高等小学堂12所,官立初等小学堂81所,其他小学堂和简易学堂共8所。(资料来源:黔东南苗族侗族自治州地方志编纂委员会.黔东南苗族侗族自治州志·教育志[M].贵阳:贵州人民出版社,1994:71。)

[3] “镇远开化女子初级小学校”“台江县立初等国民女子学校”“黄平旧州女子高等小学校”、黄平新州“淑德初等女子学校”、施秉县“坤仪第一女子小学校”和“坤仪第二女子小学校”等。

[4] 例如,1927年,军长李世荣捐出家产四十担稻田,创办剑河八十溪小学,发展家乡文化。1937年,省教育厅厅长周恭寿捐田数亩,倡办麻江县景阳小学。1938年,谢静仁(女)创办雷山县丹江女子初等小学。

[5] 黔东南苗族侗族自治州地方志编纂委员会.黔东南苗族侗族自治州志·教育志[M].贵阳:贵州人民出版社,1994:72.

仅有小学597所。

中华人民共和国成立后，国家鼓励各乡自筹经费，自办学校。在少数民族聚居区、乡设立民族小学。至1952年年底，黔东南共有小学1122所。改革开放后，学校教育工作渐入正轨。1983年5月，中央发布《关于加强和改革农村学校教育若干问题的通知》，提出应多形式、多规格办学以造就农村需要的人才，教学内容上要加强与农村生产、生活实际的联系。1986年，《中华人民共和国义务教育法》颁布后，自治州根据山区特点和民族特点因地制宜办学。[1]锦屏县提出"一手树木，一手树人"，"先盖娃娃窝，再建政府楼"。基于境内各地政府对教育的重视，至1990年，自治州有小学4809所（含教学点1894个），适龄儿童入学率为91.47%。[2]

进入21世纪，党中央提出"全面建成小康社会"的奋斗目标，一系列关于小学教育的改革政策相继出台[3]，促进了各地特别是农村和民族边疆地区小学教育的发展。在义务教育阶段，学生不但免除学杂费，对边远山区的农村贫困生还免费提供教科书，国家另给予寄宿生生活费补助。至2006年，全州"普及九年义务教育"人口覆盖率达到100%，农村小学办学条件得到改善。[4]

2021年暑假，笔者与学生在沟洞村调研一周，获得了村委、乡民与当地老师们的支持和帮助，特别感谢黄春康老师和王启成主任赠送《溝洞青石文集》，提供了关于沟洞小学的发展状况和老师、校长们的教育事迹资料。笔者认为村民们对教育的重视是其"文化村"美誉的重要原因，而沟洞小学的发展与消亡历程也是当地侗族地区乡村小学的侧影。

---

[1] 在区、乡及较大的村寨办完小，有条件的还开设寄宿制班，在较小而分散的村寨创办简易学校，在生源不多而且边远偏僻的山村设教学点。

[2] 黔东南苗族侗族自治州地方志编纂委员会．黔东南苗族侗族自治州志：1985—2010（第4册）［M］．北京：方志出版社，2014：12.

[3] 《国务院关于基础教育改革与发展的决定》（2001）、《国务院关于进一步加强农村教育工作的决定》（2003）、《关于进一步推进义务教育均衡发展的若干意见》（2005）、《中华人民共和国义务教育法》（2006年）等。

[4] 至2006年，黔东南州完成116所农村寄宿制学校改扩建，并根据国家要求建立农村义务教育阶段学校校舍维修改造长效机制。［资料来源：吴谋高主编，黔东南年鉴编纂委员会办公室．黔东南年鉴（2006）［M］．贵阳：贵州人民出版社，2006：359.］

据当地村民说：我们村在民国前有私塾，给村里的孩子启蒙。那时没钱就用米、油、盐、叶烟等充当学费给先生。但即使是这样，那时还是有很多人交不起学费，上不了学。民国时期，本村人潘匀灿、王胜银从公学教师班毕业，取得公学教师资格，为了家乡教育的发展，他们几经努力，村里终于建成一所公立小学，叫“崇镇学校”。潘匀灿任校长，王胜银任教师。在中华人民共和国成立后，贫下中农子女都有书读，只有厌学辍学的，没有不准上学的。当时的小学校舍是木结构的民房，我们村的王槐老师当时就在学校任教，他教龄近四十年，口碑很好，受到大家的尊敬和爱戴。20世纪70年代村里又重建校舍，是一幢四间两厦两层的木房，教学和学生活动场地比原来大了许多。那时村里的人都很不容易，1974年，沟洞村全村发生火灾，大家的房子和新建的校舍几乎都烧毁了，但是群众办学热情很高，大家献工献料，课桌不够自己打，缺少黑板自己漆。20世纪80年代，沟洞村在皤溪学区中已是重点村级小学。后来，因为校舍成为危房，村委就开始集资、贷款，县教委也出资，村民们献工，1998年，新的四层楼的砖混结构的教学楼竣工。20世纪90年代末和21世纪初，是沟洞小学的鼎盛时期，那时在校生有260多人，教师10人，小学普及率100%。后来撤区并乡，不久并校，村里读三年级以上的孩子都到敏洞小学读书去了。2012年，沟洞小学就只有一、二年级，只剩下两位老师，20名左右学生。到了2014年，孩子们全部都到敏洞小学读书，沟洞小学就停办了。

敏洞小学是1992年新建乡后1993年才创建的一所乡中心寄宿制学校。学校现有在校生731人，开设17个教学班(平均班额43人)，专任教师35人。学校先后成立“吴泽彬先生教育基金”“敏洞小学圆梦班”等，用于助学励学，不让一个孩子失学。

1970—1976年我在沟洞小学读书，学校最初的铃是摇铃，摇铃虽然悦耳动听，但传之不远。后来换成一个铁板圈，声音传得远，但声音破哑。王老师找来一根钢钎，吊在廊檐上，用柴刀背或铁锤敲击，声音清脆悦耳，传之遥远。

学校的铃声都是老师们用小铁锤敲击钢钎发出的，声音清脆悠长而富有穿透力，即使是村里住得离学校较远的人家也能听得清楚。听得久了，就连大字不识的老人也知道什么铃声是上课，什么铃声是集合，什么铃声是放学……

一天忽然听不到铃声，全村人都惊诧起来，原来不知是谁将钢钎拿走了。拿走了学校的钢钎?全村人都愤怒起来,全村人总动员,花了一个中午的时间找回了钢钎。从那以后,再也没有谁敢动那根钢钎的念头。

我们读小学期间虽然大家都起得早,但因为要帮家里做力所能及的事,如砍猪菜,煮猪潲等,所以一般都是预备铃响了才向学校飞奔而去。因此,只要预备铃一响,满寨都是奔跑的学生,特别是那些背着弟弟妹妹上学的同学跑起来十分艰难。那时还没有计划生育,大哥大姐背着弟弟妹妹上学的现象十分常见。不少人小学读5年就背弟弟妹妹上学5年。课堂上,弟妹哭了就背出教室来哄,不哭了,才又进教室上课。农忙有农忙假。就是临近农忙或农忙假之后,也常是半天上课半天劳动,因为学生不仅要"学文,还要学工,学农,学军"。插秧前拾牛粪,上交学校,学校上交大队,大队分配给各小队。打完谷子,拾稻穗。这是低年级学生要做的事,到了高年级就得真真正正地干农活。1977年恢复考试升学。沟洞小学有几十年的时间,全校学生数在200人左右,不管是唯成分上初中还是考试上初中,每年都有20人左右上初中。有时五六十个学生同时上学,队伍也算浩浩荡荡,大家都称沟洞村为文化村。

2008—2009学年度,黔东南州有小学1617所,教学点1120个,小学在校生443 563人,小学适龄儿童入学率达到99.98%。[1]至2018年,黔东南州减至小学660所,教学点803个,小学在校生371 795人。[2]国家实行计划生育后,适龄学童逐年减少,乡村也不例外。另外,随着乡村外出打工的兴起,不少年轻人带孩子外出读书;不少村里出去的孩子长大后在外找到工作、结婚生子,他们的孩子自然也在外读书。城镇化建设,不少村民进城(安)置房住,孩子自然也进城读书,村小在校学生逐年减少。在社会主义新农村建设的背景之下,国家颁布了一系列关于推进农村义务教育发展的政策,为了优化教育资源,规模较少的村小必然都会和沟通小学一样,从无到有,从有至无,成为历史,成为村民心中的念想与追忆。

## 二、优秀传统村落文化进小学的个案考察:黎平县平架小学

平架小学位于黎平县洪州镇平架村,平架村是黎平县洪州镇最大的侗寨。

---

[1] 中共黔东南州委,黔东南州人民政府编.千秋基石　历史丰碑[M].2009:297.

[2] 黔东南年鉴编纂委员会.黔东南年鉴(2019)[M].芒市:德宏民族出版社,2019:333.

平架村侗族文化积淀深厚，是洪州琵琶歌的原生地与重要的流传地，平架村寨门上书写有“寨藏国宝世代相传美声琵琶愈唱愈响，门镶明珠四海名扬古老侗寨越发越旺”（见图6-10），由此可见侗族琵琶歌在寨子里的地位与声誉。

**图6-10　平架村寨门**

## （一）黎平县平架小学发展史

平架小学始建保国民学校，校址设在宗祠，有教师2人，学生50余人。开设国语、算术两门课程。教师每月的薪酬微薄，且难按时拿到，仅一年学校便宣告停办。后来寨老们坚持要把学校办下去，培养出几个识文断字的明白人，好为地方服务。先后请来多位老学究，在平架、桥寨开塾馆，教儿童少年读书。塾师报酬由学生家长分摊，平时塾师按日轮流到学生家中吃饭。民国三十三年（1944年），乡公所又分派曾化昌来平寨学校任校长，还有黄玉太等教员3人，恢复保国民学校，学生60余人，其中女生6人。因薪资太低，不到一年，校长和2名教员不辞而别。只有黄玉太先生坚持留下。他利用教书之余的时间，动员家人砍柴、挑水，用粮食酿酒卖，利用酒糟养猪，一直坚持到1951年。1951年，县人民政府接管学校。按照“村办村筹”的办法，村里请来石美发老师，学生每人每年出稻谷15斤，政府每月补助大米132斤。1952年，政府指定黄玉太为学校负责人，学生增至90余人，其中女生近30人。按照国家规定的教材，开设语文、算术、音乐、体育、美工等课程。

1958年，文教局下文，将平架小学转为公办学校，并委派专人负责学校工作，教师有6人。政府拨款1万元，各生产队献木料，群众投工投劳，建成木房8间做教室,3间木房做教师宿舍。教师们认真教学,登门劝学,学生增至180多人。

1963年,平架成为新化人民公社驻地,学校改称“新化完全小学校”。1970年,新化完全小学校开办戴帽初中班,担负新化公社9个大队的初中教育任务。初中班入学人数逐年增多,原有校舍已不能适应教学需求。进入20世纪80年代,县教育局拨款8万元,乡政府拨款4万元,群众献料投工,建造砖混结构、砖木结构教学楼各1栋,并配齐课桌椅。校园面积扩大到6875平方米,建筑面积扩大到1045平方米。小学发展到7个班,324人;戴帽初中班发展到7个班,412人。

1993年,撤新化乡,学校恢复“平架完全小学”校名。1996年,平架村7~12周岁儿童入学率达99.68%,其中女孩100%入学;13~15周岁儿童入学率100%。学校有戴帽初中班教师18人,小学教师12人,学历合格率均100%。

自1984年以来,平架小学(见图6-11和图6-12)先后获得“全面贯彻党的教育方针先进学校”“德育先进学校”“体育卫生先进学校”“‘两基’先进工作单位”等荣誉称号。2002年,贵州省颁布《关于在我省各级各类学校开展民族民间文化教育的实施意见》以指导学校民族民间文化教育工作,相关教育活动形式主要有:课堂教学、兴趣小组、文娱活动、比赛活动等。2003年,学校组队参加黎平县文艺汇演,荣获县人民政府授予的三等奖。2004年,参加洪州镇文艺汇演,荣获镇党委、镇人民政府授予的二等奖。按镇领导意见,学校组织40余人赴凯里、贵阳、云南等地演出。为培养“洪州琵琶歌”新秀,加强国家级“非遗”——侗族琵琶歌的传承工作,2005年,中国农协副主席农冠品先生为平架小学题词:“洪州琵琶歌培训基地”。同年,洪州镇人民政府颁发“先进学校”证书。黔东南州教育局和民族宗教事务委员会为了打造民族文化传统特色项目和乡土特色品牌,秉承“规范+特色”的办学理念,举办了民族文化进校园的系统活动,对民族文化进校园示范学校进行命名与授牌。2008年,平架小学被授予“民族文化进校园项目学校”,以表彰该校在侗族琵琶歌教育传承活动中的辐射和引领作用。

2014年以前,平架小学是一所小学及初中相结合的寄宿制学校,年级从学前班到九年级,在校生有600人左右,除了来自平架、桥寨、湾寨、上形、下形、小团6个自然寨的侗族学生,还包括附近行政村寨的学生。2014年后,该校撤掉初中,学生人数相继减少。

图6-11 平架小学校门

图6-12 平架小学的侗族文化墙

## (二)洪州琵琶歌进学校的考察

侗语是洪州琵琶歌演唱的重要语言表达形式,20世纪90年代以前,在侗族村寨内部,侗族人民的生活与学习语言基本上是侗语。但是90年代之后,随着学校教育中普通话的普及,侗语也因此受到影响,更多青少年用普通话进行交流。此外,前往沿海发达地区务工的人数逐年增加,这一外出务工人群也带来了异地外乡文化。在多元的文化冲袭下不可避免地给洪州琵琶歌的传承带来了一定的影响。侗族儿童们进行洪州琵琶歌教育的主阵地也日渐从村寨转向了学校,平架小学校门对联上书:"学科技论育栋染人才乃文化宝地,习琵琶歌舞奏绝世乐章堪歌舞摇篮",学校教育在洪州琵琶歌的传承上发挥着越来越重要的作用。

### 1. 洪州琵琶歌进课堂

在县、镇人民政府和教育局的大力支持下,平架小学结合自身的教育实际,建立以继承、借鉴、推广民族民间文化艺术精华为抓手的农村艺术教育体系。1998年学校把侗族琵琶歌引进课堂,专门开设了民族音乐课,聘请吴朝敏为歌师,具体负责传歌。初期,吴朝敏老师的授课方式为"口传心授,言传身教",后编写校本教学资料——《平架小学民族文艺资料》(见图6-13),其中的洪州琵琶歌有《侗乡之夜》《晚辈要把老人敬》《人勤春早》等,这份教学资料一直沿用至今。

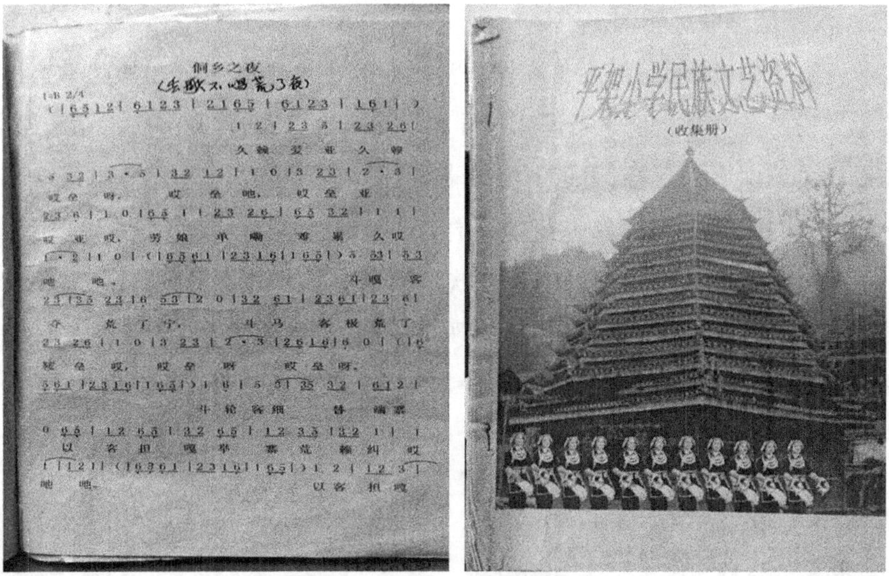


**图6-13　平架小学民族文艺资料**

《晚辈要把老人敬》歌词大意:平心静气听我唱,劝世歌声荡悠扬;家有好酒众家饮,每逢喜事兄弟商;好酒共饮莫忘老,婚姻殿堂拜双老;祝老人健康长寿,儿孙绕膝乐满堂;儿孙仁孝老有福,和顺家庭永世昌。

洪州琵琶歌演唱的内容主要有敬老歌、劝世歌、情歌、叙事歌、问歌、赞屋歌、夸寨歌等。[1]其歌曲代表作分别是敬老歌《晚辈要把老人敬》《父母恩情重如山》;劝世歌《丢久不唱荒了夜》《庆习透骂》(侗语)、《人勤春早》;情歌《十二月情歌》《十八情歌》;叙事歌《毛红玉英》《秀银传奇》《红军长征到侗乡》、问歌《今天你来不知何问》、赞屋歌《你家好房在村中》、夸寨歌《你村建设真是好》《改革开放政策好》等。敬老歌、劝世歌、叙事歌等侗歌可以在任何时间和地点演唱,男女老幼皆宜,但情歌和问歌多为青年男女半夜演唱,讲述侗族村寨中的爱情故事,表达自己对爱情的观点和对爱情的追求。赞屋歌和夸寨歌是侗族人们对当下乡村生活的表述,以及表达了对未来美好生活的向往和为此奋斗的信心。

[1] 杨朝忠.黎平"洪州琵琶及琵琶歌演唱"田野调查报告[J].凯里学院学报,2011,29(1):91-94.

2. 洪州琵琶歌进校园

学校组建侗歌班，每周下午在课外活动时间由吴朝敏老师和外聘平架村省级传承人杨昌奇对学生们进行课程指导和专业培训，参加各类节庆活动和比赛。学校对相关培训大力支持，为了解决课堂培训和排练场所问题，给侗歌班专用教室一间，并购置了10把琵琶，专门用于学生平时琵琶歌训练和演出。

平架小学在参加每年一度的校园歌咏比赛中都有洪州琵琶歌合唱，各班全体男生女生身穿本地侗族服装参赛，合唱队列通常是女生站中间，男生手持琵琶分别位列两侧（见图6-14、图6-15）。

图6-14　2013届毕业生1班女生

图6-15　2015届毕业生1班全体学生

2016年2月15日，黎平首届洪州侗族琵琶歌调演在平架村举行，来自黔、湘、桂三省的民众身着侗族服装拨弄琴弦，献上了一场民族音乐文化盛宴，平架小学的学生也组队参赛（见图6-16）。参赛队大多采用假嗓高音演唱，曲调悠扬悦耳，表演了《好日子》《牛弹琴》《送情郎》《猜媳妇》《安全生产歌》《行歌坐夜》《芦笙舞》《新年灯笼舞》《风雨桥畔茶花香》《踩歌堂》等节目。[1]另外，每年的六一儿童节，学校会如期举行欢庆活动，老师们会组织学生在节前一个月排练节目，琵琶歌是必备节目，排练过程中小朋友们积极认真。节日当天孩子们穿上漂亮的侗族服装，以本地侗族特有的方式来庆祝属于自己的节日（见图6-17）。

---

[1] 黎平年鉴编纂委员会．黎平年鉴（2017）[M]．北京：中国文史出版社，2017.

图6-16　平架学生队

图6-17　2019年六一儿童节小朋友的节目

3. 平架小学对洪州琵琶歌教育传承的成效

校园活动是情境化教育的体现，其实质都离不开将“情境”作为核心和切入点，侗族儿童在听、学、唱洪州琵琶歌中，以“情”（感情、感知、感受）为经，以“境”（家庭环境、乡村环境、校园环境）为纬，促使儿童积极主动参加，实现儿童身心全面发展的教育目的。

据调查了解，平架小学上民族音乐课时学生们的热情较高。在问及最有记忆的一首洪州琵琶歌时，不少学生回答记忆最深的就是敬老歌《晚辈要把老人敬》“范范窘卡，姚夺美嘎，布笑宁平板……”（侗音汉译）。学生们从小就生活在平架这块土地上，耳边总能响起琵琶歌的旋律，在耳濡目染的环境里，有些学生还是平架唱歌的能手，在侗族大型活动中崭露头角，例如李成霞、吴天周就曾在杨昌奇歌师的带领下到肇兴侗寨驻唱一年，现都已在当地娶妻嫁人，为人父母，家庭幸福美满。

姚艳（化名），2000年出生，她曾经也就读于平架小学，现今是凯里学院人文学院民族学专业的大三学生。在对平架小学进行实地调查的时候，她在平架小学参加校园琵琶歌歌咏比赛的照片至今还在学校的文化墙上。姚艳2019年9月一进入大学，就加入到凯里学院侗文化协会，并担任宣传部副部长一职。同年11月，她参加了凯里学院侗文化协会2019—2020学年度的三次侗歌培训，随后参加过龙景科教授主讲的侗语空间认知问题研究讲座、观看侗族影片《情定侗乡》、庆侗年、侗都曙光爱心支教三龙、新生军训慰问演出等活动。访谈最后她说“印象最深的是2020年5月15日，由于新型冠状病毒肺炎疫情的影响回不了学校，凯里学院侗文化协会在腾讯会议举行了天籁清泉之洪州琵琶歌活动。这次活动是疫情期间侗文化协会开展的第一个侗文化活动，每当听到琵琶歌声唱起，我就会觉得很亲切，感觉我的家人就在身旁，我也希望更多的人喜欢家乡的琵琶歌。”

“十三五”期间凯里市三小、施秉县双井镇中心小学、台江县城关三小、台江县施洞小学、黎平县三龙小学、麻江县信山镇隆昌小学等黔东南州的多所小学入选贵州省民族民间文化教育项目建设学校。而黔东南州许多其他小学，尽管没有入选上述项目，但也会利用当地优秀传统村落文化资源，因地制宜地开展民族文化的教育传承活动。

雷山县第三小学位于县城南郊的丹江河畔，有教学班32个，学生1668人，寄宿学生152人，专任教师82人。2020年，学校开设了短裙芦笙、长裙芦笙、刺绣、手工制作、绘画、民族舞蹈、苗族飞歌7个民族特色班，参与学生350人，让民族文化在校园传承与发展。

2019年5月，黎平县岩洞镇中心小学20名学生组成侗族大歌少年合唱团和北京市海淀区枫丹实验小学侗族大歌兴趣班的同学们一起参加央视《民歌·中国》节目录制，为庆祝“六一”国际儿童节节目演播做准备。两校学生演唱了《拦路歌》《开路歌》《筑塘歌》《装呆傻》《大山真美好》《猫头鹰》《青蛙歌》等侗族大歌[1]，孩子们用天籁之音演绎了乡村孩子的童真、童趣，展现传统村落“非遗”——侗族大歌的魅力，让更多的人了解侗族大歌，了解黎平，了解贵州，也让孩子们开阔了眼界。

筑塘歌

小孩筑泥塘，一天三次垮。

大人砌埂造田功夫大，砌好田埂好来种庄稼。

水枧架过大田坝，竹竿跨河把水拉。

小孩玩泥做游戏，筑成大塘好养鱼，养得大鱼好过年。

青蛙歌

三月初三蛙唱歌，大声小声闹田坝。

过去的时光不倒流，过后时光禾谷丰，禾谷丰，禾谷丰。

---

[1] 黎平侗族大歌队亮相央视《民歌·中国》舞台[N]. 农民日报，2019-05-22.

黔东南地区的小学因地制宜，结合本校发展特色，将优秀传统村落文化与学校的民族教育、乡土教育、全面教育有机结合，丰富了素质教育的内涵，让多彩贵州与美丽黔东南的民族文化在学子心中生根发芽，也让黔地本土学子带着这份民族自信奋发成长。

# 第三节　中等教育对优秀传统村落文化的传承

## 一、黔东南中等教育的发展

黔东南州近代中等教育可以追溯到光绪二十四年(1898年)，当时清政府发布"明定国是"诏书，要求各地废科举和兴建新式学堂以适应当时政治与教育改革的需求。1901年，镇远府响应清廷号召，在原来文明书院基础上创设"明德中西学堂"，任命潘德明为首任堂长(即校长)。该学堂位于青龙洞之上的蕉苍坪，成为贵州省创立最早的中学之一，开启近代黔东南中等教育新篇。此后，黔东南州境内的思州等地陆续开设了各级官办的新式中等学堂，并在原来书院田租基础上从政府相关捐税拨出专款用作办学经费，这些举措都促进了黔东南州近代中等教育的发展，发挥了开民智、促经济的作用。

### (一)普通中学的发展历史

1. 普通初中的发展历史

民国时期，黔东南中等教育受地方政府政策和经费等实际因素影响，发展相对缓慢，各地中学时兴时废。据有关文献记载，到抗日战争爆发前夕，黔东南州有职业学校和师范学校初中部等初级中学5所(见表6-3)。其中，黄平县两所，黎平、天柱、镇远各一所，分别是黄平县的县立初级中学和县立初级职业学校、黎平县的县立初级中学、天柱县的县立初级职业学校和省立镇远师范初级部，共有班级20个，其中初中系列16个班，师范类1个，职业类3个；在校学生985人，其中初中系列在校学生820人，师范系列在校学生53人，职业类在校学生112人，教职员67人。[1]

[1] 黔东南苗族侗族自治州地方志编纂委员会.黔东南苗族侗族自治州志·教育志[M].贵阳：贵州人民出版社，1994：145.

**表6-3　民国二十六年(1937年)度第一学期黔东南中等学校**

| 学校名称 | 校长 | 班级数/个 | | | | | 学生数/人 | | | | |
|---|---|---|---|---|---|---|---|---|---|---|---|
| | | 合计 | 高中 | 初中 | 师范 | 职业 | 合计 | 高中 | 初中 | 师范 | 职业 |
| 黎平县县立初级中学 | 张养元 | 3 | — | 3 | — | — | 126 | — | 126 | — | — |
| 黄平县县立初级中学 | 吴开勋 | 3 | — | 3 | — | — | 136 | — | 136 | — | — |
| 贵州省立镇远师范初中部 | 冯吉扬 | 6 | — | 5 | 1 | — | 369 | — | 316 | 53 | — |
| 天柱县县立初级职业中学 | 王天敏 | 5 | — | 4 | — | 1 | 258 | — | 216 | — | 42 |
| 黄平县县立初级职业中学 | 窦文娇 | 3 | — | 1 | — | 2 | 96 | — | 26 | — | 70 |
| 总计 | — | — | — | 16 | — | — | — | — | 820 | — | — |

抗战期间，大西南成为大后方，为了躲避战乱，大量学生迁入黔东南境内，各级政府为了安置迁入学生和提高本地教育水平在战争期间依然合力坚持办学。从1939年到抗日战争胜利的1945年，黔东南共有初级中学12所，班级54个，几乎每个县都有，说明黔东南的中等教育发展的范围扩大。这一时期在校学生达到2278人，教职工达到176人，较1937年增长了近3倍，但学生中依然以男生为主，共2086人，女生仅仅只有192人(见表6-4)。

**表6-4　民国三十四年(1945年)度黔东南初级中学**[1]

| 学校名称 | 校址 | 校长 | 班级数/个 | 在校生数/人 | | | 毕业生数/人 | | | 教职工数/人 | 本学期支出经费数/元 |
|---|---|---|---|---|---|---|---|---|---|---|---|
| | | | | 合计 | 男 | 女 | 合计 | 男 | 女 | | |
| 丹寨县立初级中学 | 丹寨 | 许鹤 | 4 | 159 | 141 | 18 | — | — | — | 15 | 1 500 000 |

[1] 黔东南苗族侗族自治州地方志编纂委员会．黔东南苗族侗族自治州志·教育志[M]．贵阳：贵州人民出版社，1994：148.

续表

| 学校名称 | 校址 | 校长 | 班级数/个 | 在校生数/人 | | | 毕业生数/人 | | | 教职工数/人 | 本学期支出经费数/元 |
|---|---|---|---|---|---|---|---|---|---|---|---|
| | | | | 合计 | 男 | 女 | 合计 | 男 | 女 | | |
| 剑河县立初级中学 | 剑河 | 吴颂平 | 5 | 260 | 259 | 1 | — | — | — | 24 | 1 332 900 |
| 镇远县立初级中学 | 镇远香溪 | 赵德舜 | 7 | 334 | 271 | 63 | — | — | — | 19 | 1 456 000 |
| 三德县立初级中学 | 三德 | 王槐熙 | 6 | 247 | 242 | 5 | — | — | — | 20 | 1 640 000 |
| 绵屏县立初级中学 | 绵屏 | 谢佩之 | 4 | 165 | 142 | 23 | — | — | — | 16 | 1 020 180 |
| 炉山县立初级中学 | 炉山 | 刘懋宗 | 4 | 166 | 143 | 23 | — | — | — | 14 | 891 520 |
| 台江县立初级中学 | 台江 | 刘辑滋 | 5 | 165 | 152 | 13 | — | — | — | 10 | 481 600 |
| 榕江县立初级中学 | 榕江 | 倪昌仁 | 6 | 250 | 215 | 35 | 35 | 33 | 2 | 12 | 1 342 000 |
| 施秉县立初级中学 | 施秉 | 朱久贤 | 4 | 120 | 109 | 11 | 12 | 10 | 2 | 18 | 1 818 400 |
| 从江县立初级中学 | 从江 | 郭文杰 | 2 | 85 | 85 | — | — | — | — | 10 | 1 926 336 |
| 岑巩年立初级中学 | 岑巩 | 白君锡 | 6 | 287 | — | — | 42 | — | — | 18 | — |
| 雷山设治局局立初级中学 | 雷山 | 黄觐文 | 1 | 40 | — | — | — | — | — | — | — |

1946年，当时贵州省政府为了规范中等学校办学，制定了《省市及私立中等学校整顿办法》，依照相关规定对贵州省内公立和私立中学进行整顿，使相关学

校教育教学秩序趋于规范。至1949年，黔东南共有普通中学23所，[1]从办学层次来分，其中初级中学16所，职业类和师范类7所。

1949年之后，政府对黔东南州采取“维持现状、逐步改革”的方针，接管黔东南州境内所有学校，保持了黔东南州教育的稳定性。20世纪80年代在地方党和政府的大力支持下，黔东南中学教育进入了一个全新的高速发展阶段。到1985年，全州共有初中106所，学生和专任教师数量都迅速增长。从2005年开始，黔东南州中等教育提质增量。到2018年，黔东南共有初级中学157所，初中在校生173 522人，初中入学率达到100%。普通初中教师12 039人，学历合格率为99.92%，其中具有本科及以上学历占83.10%。[2]

2. 普通高中的发展历史

民国期间，黔东南地区的普通高级中学多在各县的县立中学，如民国三十年（1941年）秋，黄平县立中学高中部开始招生；民国三十年（1941年），麻江县立中学增办高中部。至1949年，麻江中学共办高中班8期。至1949年，黔东南设有高中班的完全中学有6所[3]，另还有个别由职业学校改办为普通高中[4]。1950年至1990年黔东南普通高中发展状况（见表6-5）。

**表6-5　1950—1990年黔东南普通高中发展状况**[5]

| 年份 | 学校数/所 | 招生人数/人 | 毕业生数/人 | 在校生数/人 | 教职工数/人 | 专任教师数/人 |
|---|---|---|---|---|---|---|
| 1950 | 4 | 61 | 37 | — | 39 | — |
| 1951 | 2 | 37 | 34 | — | 14 | — |
| 1952 | 2 | 67 | 42 | — | 20 | — |

[1] 从办学主体来分，其中省立2所、县立17所、局立1所、私立3所。

[2] 中共黔东南州委，黔东南州人民政府编．千秋基石　历史丰碑（内部资料），2009年．

[3] 贵州省立镇远中学、天柱县立中学、黄平县立中学、贵州私立中正中学（位于黄平旧州）、麻江县立中学、黎平县立中学。

[4] 例如，民国三十七年（1948年）秋，省立锦屏森林科初级实用职业学校改办普通高中，次年春，学校正式更名为“贵州省立锦屏高级中学”。

[5] 黔东南苗族侗族自治州地方志编纂委员会．黔东南苗族侗族自治州志·教育志[M]．贵阳：贵州人民出版社，1994：164-165.

续表

| 年份 | 学校数/所 | 招生人数/人 | 毕业生数/人 | 在校生数/人 | 教职工数/人 | 专任教师数/人 |
|---|---|---|---|---|---|---|
| 1953 | 2 | 130 | — | — | 34 | — |
| 1954 | 2 | 98 | 75 | — | 26 | — |
| 1955 | 2 | 144 | 58 | — | 35 | — |
| 1956 | 5 | 422 | 107 | — | 62 | — |
| 1957 | 4 | 199 | 158 | — | 43 | — |
| 1958 | 69 | 5410 | 105 | — | 447 | — |
| 1959 | 16 | 1216 | 250 | — | — | — |
| 1960 | 16 | 1096 | 232 | — | — | — |
| 1961 | 13 | 637 | 383 | — | 81 | 81 |
| 1962 | 13 | 432 | 353 | — | — | — |
| 1963 | 15 | 500 | 341 | 1372 | — | — |
| 1964 | 17 | 650 | 311 | 1604 | — | — |
| 1965 | 17 | 730 | 392 | 1694 | 162 | 162 |
| 1966 | 17 | — | — | 1667 | 692 | 552 |
| 1967 | 17 | — | — | 1667 | 692 | 552 |
| 1968 | 17 | — | 1667 | — | 692 | 552 |
| 1969 | 20 | — | — | — | — | — |
| 1970 | 13 | 1133 | — | 1133 | — | — |
| 1971 | 23 | 2721 | 104 | 3814 | — | — |
| 1972 | 28 | 4500 | 1293 | 7935 | — | 392 |
| 1973 | 48 | 4273 | 2680 | 8223 | — | 386 |
| 1974 | 47 | 1086 | 3623 | 5290 | — | 273 |
| 1975 | 68 | 5701 | 4018 | 6589 | — | 334 |
| 1976 | 85 | 7422 | 859 | 13 177 | 4157（含初中） | 556 |
| 1977 | 93 | 9009 | 5671 | 15 299 | 5204（含初中） | 720 |
| 1978 | 89 | 8857 | 5919 | 17 066 | 4752（含初中） | 770 |

续表

| 年份 | 学校数/所 | 招生人数/人 | 毕业生数/人 | 在校生数/人 | 教职工数/人 | 专任教师数/人 |
|---|---|---|---|---|---|---|
| 1979 | 41 | 5687 | 3884 | 15 333 | 4633（含初中） | 958 |
| 1980 | 98 | 7547 | 7701 | 16 482 | 6844（含初中） | 927 |
| 1981 | 81 | 4486 | 7680 | 12 580 | 5760（含初中） | 745 |
| 1982 | 52 | 4737 | 5904 | 10 445 | 5318（含初中） | 695 |
| 1983 | 58 | 4750 | 4373 | 10 065 | 5483（含初中） | 713 |
| 1984 | 48 | 5038 | 1902 | 12 884 | 5172（含初中） | 729 |
| 1985 | 44 | 5228 | 3579 | 14 104 | 6029（含初中） | 886 |
| 1986 | 41 | 5687 | 3884 | 1533 | 4633（含初中） | 958 |
| 1987 | 42 | 5384 | 4454 | 15 450 | 6742（含初中） | 1029 |
| 1988 | 40 | 5387 | 4458 | 15 128 | 无数据 | 992 |
| 1989 | 39 | 5362 | 4535 | 14 993 | 7408（含初中） | 1010 |
| 1990 | 37 | 5482 | 4500 | 15 666 | 7761（含初中） | 1118 |

注："—"表示无数据。

至21世纪，黔东南州增加教育经费以促进高中教育的发展。这段时间无论是学生人数和教学质量都不断提高，其中有7所中学被评为贵州省示范高中，2001—2007年，黔东南有65 133名高中毕业生考入高等学府，走出大山，开启人生新篇章。2018年，黔东南共有普通高中45所（其中民办高中11所），在校学生

102 753人。全州高中阶段教育毛入学率90.2%。普通高中教师6626人，学历合格率为98.45%，其中具有研究生学历的比例为2.16%。❶

### （二）职业教育的发展历史

黔东南职业技术教育发端于明代。明代永乐年间，黔东南即设医学和阴阳学。❷清代，受实用主义教育思潮的影响，清宣统三年（1911年），思州首创蚕桑传习所。民国时期，提倡实业兴邦，职业技术教育伴随着民族实业的发展而受到重视，在这一时期，黔东南州的有志人士先后创办各级各类初级、中级职业学校，涉及商业、蚕桑、农林、医药等行业，为这些行业输送了初、中级专业技术人才，推动黔东南商业、蚕桑、农林、医药等行业的发展。中华人民共和国成立后，为了促进工商业的发展，从1958年开始，在全国范围内掀起了创办农（林）职业中学、中等专业学校和技工学校高潮，黔东南州境内的各种职业学校也在这段时间快速发展。至1990年，黔东南州有职业技术学校33所，在校生4632人；中等专业学校7所，在校生3474人；技工学校7所，在校生4311人。❸2018年，黔东南州中等职业学校有27所（其中民办中职学校8所），州内在校学生47 744人（其中全日制学生36 873人）。❹当代中等职业学校基于办学实际和教育规律，推广科学技术，培养了大批职业人才，为促进黔东南农村经济发展做出了贡献。

## 二、优秀传统村落文化进中学的个案考察：施秉县民族中学

### （一）施秉县民族中学简介

施秉县民族中学（以下简称“施秉民中”）创建于1996年，地处县城云台路中段（见图6-18），国家级风景名胜区㵲阳河畔，占地面积60亩，是施秉县规模最大的初级中学。近年来，“施秉民中”将优秀传统村落民族文化引进校园和课堂，以民师工作室为依托，培育众多才艺特长学生，促进民族文化的传承，加深了民族团结进步。

❶ 黔东南年鉴编纂委员会．黔东南年鉴（2019）[M]．芒市：德宏民族出版社，2019：333.

❷ 明永乐十九年（1421年），黔东南设思州、黎平、新化3府医学，分方脉、针、疡3科。

❸ 黔东南苗族侗族自治州地方志编纂委员会．黔东南苗族侗族自治州志·教育志[M]．贵阳：贵州人民出版社，1994：227.

❹ 黔东南年鉴编纂委员会．黔东南年鉴（2019）[M]．芒市：德宏民族出版社，2019：333.

图6-18 施秉县民族中学正门实景图

## (二)优秀传统村落文化进校园

"施秉民中"一直以来都秉承着适合自身发展的办学特色,致力于优秀传统民族文化进校园、进课堂,学校在名师工作室的基础上,坚持"全面+特色""合格+特长",使学生成为身心健康、适应社会发展要求的现代人。在"施秉民中",星期二和星期四下午是才艺大课时。学校通过名师工作室,聘请社会民族民间文化专家进学校授课和指导,以美术、音乐、体育等学科教学为基础,推动优秀民族文化进校园。2018年"施秉民中"聘请苗族原生态歌手"阿蕾娥组合"为学校苗歌老师。她们授课采用新模式,对促进艺术课程教学改革提供了新的样本。年近80岁的原施秉县苗学会会长潘家相老先生已经多年为学校老师和学生教授《苗族刻道》[1]、苗文等民族文化课程。

在少数民族民间体育方面,"施秉民中"摆脱传统教学的束缚,把民间的板凳舞、踩鼓舞、芦笙舞、木鼓舞融入体育课堂和大课间(见图6-19),将体育与音乐、舞蹈相结合,以激发学生的学习兴趣。在美术教学方面,学校设有专门的教学及兴趣活动室,除了开展书法、绘画之外,还有剪纸、刺绣、蜡染、农民画等本地特色课程。课程多以社团活动的形式展开,学生可根据自身特长及兴趣爱好去选择社团,每个社团具体人数不定,活动场所也不固定,老师会根据每项艺术活动的性质选取相应的教学场所。由于九年级的学生要准备中考,另外,音、体、美特长

[1] "刻道",国家级非物质文化遗产,即"歌棒"或"刻木",一般以圆形和方形为主,三面刻有符号,它是苗族歌师唱歌时一件必备之宝,又是歌师们在酒席上突然忘记歌词时,悄悄地抚摸一下刻木符号,便能对答如流的必备之物。

生有专门的训练小组，所以参加社团活动的学生以七年级和八年级的为主。“施秉民中”利用民族节庆时节，鼓励学生参加民族文化展示和民族技艺竞赛（见图6-20）。学校采用多种形式将艺术教育与素质教育紧密结合，取得了良好的效果。“施秉民中”通过开展民族团结进步示范校的创建，将优秀传统民族文化引进校园引入课堂，使全校师生增长民族知识和自豪感。

**图6-19　“施秉民中”学生们的校园社团活动**

**图6-20　“施秉民中”学生参加“文化和世界遗产日”活动**

## 三、优秀传统村落文化进中职的个案考察：台江县中等职业学校

台江属“苗疆腹地”，有“天下苗族第一县”之美称，总面积1108平方千米，总人口16万人，苗族人口比例高达97%以上。境内原生态民族风情古朴浓郁，有9项国家级非物质文化遗产，37个国家级传统村落，是苗族文化的富集地。

### （一）台江县中等职业学校简介

台江县中等职业学校（以下简称“台江职校”），2011年被贵州省教育厅授予“省级重点职业学校”，2013年获“省级艺术特色学校”称号。2020年学校在推进省级示范性中职学校建设。学校现设有护理专业部、旅游专业部、学前教育专业部、现代装备制造专业部和现代农业专业部。在中共中央组织部的直接关心下，在浙江、贵州两地党委政府的关心支持下，台江县将组团式教育帮扶模式推广到职业教育领域，推动台江县职业教育跨越式高质量发展。

## （二）优秀传统村落文化在中职的传承：鼓舞蝶变，思变图进

台江职校的校歌中唱道："……这里是我们逐梦的地方，反排木鼓舞、独木龙舟，这里是世界非遗文化的地方，传承创新，和谐发展，我们豪情满怀，圆我美好梦想……"。反排木鼓舞、独木龙舟……这些都是来自传统村落的优秀民族文化。1986年以来，反排木鼓舞先后受邀到日本、美国、加拿大等国演出。1990年，受到国家领导人在北京人民大会堂的亲切接见，并给予了高度赞赏。2006年列入国家非物质文化遗产代表名录。2016年1月，黔东南州人民政府评定台江县中等职业学校为"台江反排木鼓舞"教育传承基地（见图6-21）。

**图6-21　台江职校教学楼前的木鼓**

### 1. 师资队伍建设：从"输血"到"造血"

在中共中央组织部的直接关心下，在浙江、贵州两地党委政府的关心支持下，台江县将组团式教育帮扶模式推广到职业教育领域。要发展教育，首先应进

行师资队伍建设。杭州及省内支教团积极响应东西部扶贫协作的号召，克服种种困难，勇敢地加入教育扶贫的队伍中来。自2019年3月以来，支教团队先后抵达台江职校，开启组团式教育帮扶新征程。为了打造一支带不走的高质量教师队伍，近年来，学校积极争取教师编制，2019年和2020年分别招聘了39名和41名在编在岗新教师。截至2020年年底，学校共有教职工178人，本校在编在岗教师152人，组团帮扶支教教师22人，外聘兼职教师4人，其中专任教师164人。164名专任教师学历结构（见图6-22），其中研究生学历教师6人，占3.7%，本科学历教师157人，占95.7%，专科学历教师1人，占0.6%。台江职校教师职称情况（见图6-23），其中高级教师15人，占9.1%；中级教师42人，占25.6%；初级教师30人，占18.3%；未评级教师77人，占47.0%。

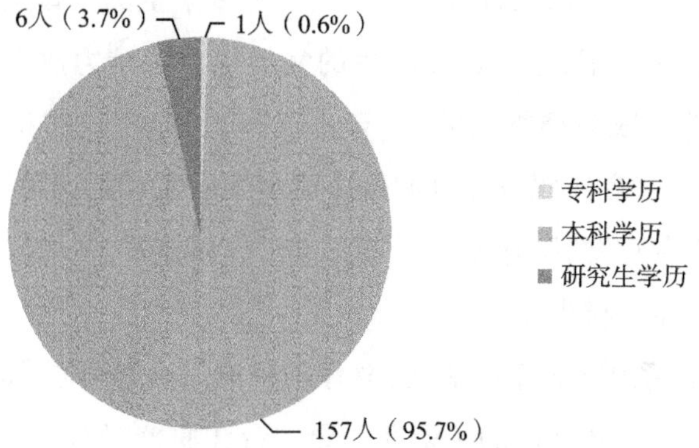


**图6-22 台江职校教师学历**

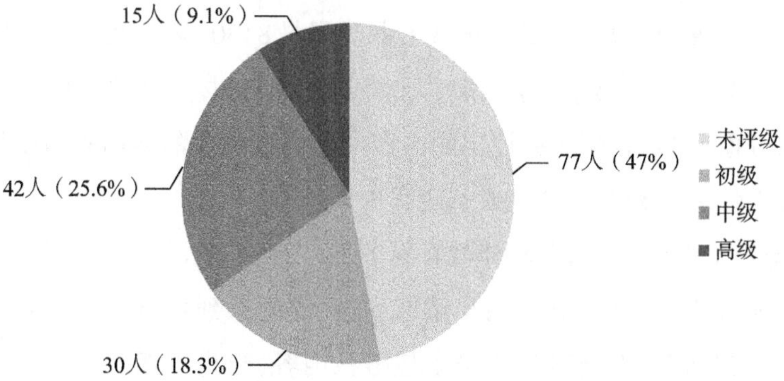


**图6-23 台江职校教师职称**

大力支持台江县发展职业教育是落实中共中央组织部帮扶民族地区实现同步小康的要求，也是推动民族地区职业教育发展的重大机遇。台江职校通过多路径建设师资队伍以提高教师的师德师风、信息化能力、教学能力、科研能力。(1)新苗工程：对新进教师开展能力提升培训，开展青年教师读书活动。(2)网络研学：利用信息教学技术和网络教学平台对专任教师开展线上培训。(3)走出去请进来：组织青年教师赴杭州参加研修培训，并从外地聘请名师，成立工作室，形成教师研学团队，例如护理专业李红波名师工作室。

2. 村落文化传承人的陪伴教育

台江职校学生大部分来自黔东南贫困地区，其中家庭贫困、单亲（离异）家庭、留守子女和孤儿的学生占60.48%。2020年在校生建档立卡学生912人，其中2020级490人，2019级304人，2018级118人。许多学生的父母迫于生计，外出打工，使学生成为留守儿童，还有许多学生的父母把更多精力放在生计上，缺乏对孩子的陪伴，使学生成为精神上的“留守儿童”。2019年，在“杭州组团，贵州组队”的组团式帮扶下，台江职校通过调研摸清学生的实际情况后明确德育重于技能，提出“五度、五名片”的陪伴教育引领育人工作新体系。

(1)“五度”陪伴乡村少年

在陪伴教育体系中，陪伴是基础，教育是目的。“台江职校”的孩子需要学习终身受用的技能，需要老师们的关爱和引导。“台江职校”的陪伴教育形成“五度”陪伴乡村少年。

以制度保障运行，确保陪伴教育有信度。“台江职校”在学校奖励性绩效工资分配方案中，设置“勤勉奖”，尽管正常上课时间是8:30，学校鼓励教师早上7:45到校上班，陪伴学生早读；在学校教师业务考核办法中，设置“教师下班辅导学生”的考核分值，纳入教师业务评定的内容中。通过制度的导向和激励机制的调整，将教师工作引导到关爱学生成长全程中来。

纳入德育工作体系，确保陪伴教育有效度。“台江职校”在学校对班级管理一日常规中，明确班主任的“五到”：早读课到班、课间操到场、体锻课到位、集会到岗、课余时间到宿舍，并将其纳入班主任考核内容，让班主任有更多时间与学生相处，了解学生，做学生的朋友。

学生管理人人参与，确保陪伴教育有广度。学校陪伴教育工作是落实“三全育人”的有效载体，为让每一位行政干部都加入到育人的行列中，在班级管理队伍中，每个班级配备4名班主任，即正班主任、副班主任、行政班主任和下班班主任，将每一位教师安排到班级中，形成干部带头，全体教职工参与班级管理的局面。

通过课程思政实施，确保陪伴教育有力度。在学校的各专业人才培养方案和教学要求中，将陪伴教育纳入其中，明确提出将各类课程与思政课相整合，课程教育与陪伴教育相整合，让学生在获得职业技能的同时，实现人文素养和职业素养双提升。

融入德育主题活动，确保陪伴教育有温度。学校的德育体系中，将陪伴主题活动融入德育主题活动中。例如，“党员干部教师与贫困学生结对帮扶的微心愿主题活动”，让党员同志帮助贫困学生完成“微心愿”，拉近师生感情；“千里家访，送暖到家主题活动”，通过干部、教师走访贫困家庭、单亲（离异）家庭、留守子女和孤儿学生的家庭，把温暖送到学生家中；“生日问候活动”，在每一位学生生日当天，都会收到班主任教师发来一句暖心的问候，给学生带去家的温暖。

（2）“五张名片”温暖乡村少年

陪伴教育实施以来，各专业部在完成学校统一工作要求的基础上，结合专业的特点及资源优势，形成陪伴教育的“五张名片”，演绎一个个有爱有温度的教育故事。

“三进、三查、三帮”，陪伴学生全面发展。护理专业部的“三进、三查、三帮”的管理模式，使教师与学生构成融洽的师生关系。“三进”：即班主任早读、晚自习进班级，课余时间随时进宿舍，节假日通过家访进家庭；“三查”：即专业部每周检查早读课、晚自习和学生宿舍；“三帮”即班主任、任课教师、专业部干部帮助学生提升素质、帮助学生学习专业课和文化课。通过放学后辅导、下寝室谈心和开展各种关心关爱活动，使学生逐步构建对自己的认知，提振学生学习、生活和战胜困难的信心，增强对未来发展的希望。

“两关注、两培养”，陪伴教育与专业人才培养相整合。学前教育专业部的“两关注、两培养”管理，将陪伴教育与专业特点实现融合。“两关注”，既关注技能学习又关注基础文化学习。“两培养”，是培养健康阳光的人格和优雅温润的仁爱之心。通过社团活动，在提升专业技能的同时又融洽师生关系；通过文化课的学习，在提升人文素养的同时，又有利于内涵素养的升华。

“一档、双师、三落实”，陪伴教育建立在坚实的基础上。现代农业专业部通过“一档、双师、三落实”的德育管理，将陪伴教育体系融化于细节管理中。“一档”，即为每一位学生建立一个成长档案，记录学生成长轨迹；“双师”，即学校导师和行业、企业导师共同帮助学生职业成长；“三落实”即落实下班教师、落实家访工作、落实实习指导教师，共同陪伴学生的成长。为确保学生成长档案信息的真实有效，通过与学生深入交谈和家长访谈，了解学生的家庭及入学前的情况，并发挥合作企业导师的作用，引导学生职业成长。

“双身份、双导师、双主体”，构建陪伴教育新途径。装备制造专业部围绕装备制造专业特色，创新性地提出“双身份、双导师、双主体”育人模式。“双身份”，即通过校企合作，学生入校既是学生，也是学徒；“双导师”，即人才培养中学校教师和企业师傅都是学生的导师；“双主体”，即通过校企协同育人，学校和企业都是人才培养的主体。通过现代学徒制的人才培养方式，企业师傅手把手地向学生传授技艺，实现技能提升。

“戎圈献爱”，陪伴教育与爱同行。旅游专业部在与学生谈心交流及家访中，了解到学生上学的不易和家庭的困难，戎丽平主任带头在朋友圈里发起了《爱心助学子，倾情育英才——为台江县中等职业学校贫困学生募捐的倡议书》活动，爱心人士与受捐助的孩子建立起联系，让学生感受到学校与社会给予的爱与温暖。

(3)陪伴教育的成效

教师真心付出，学生不想离“家”。一年多以来，教师几乎走遍特殊学生的家庭，跑遍全州八县市(台江、剑河、三穗、镇远、施秉、凯里、天柱、榕江)，有的经济困难学生还得到了校领导和老师的私人资助，学校控辍保学工作呈现出前所未有好势头，截至2020年1月，2019级的776名学生，仅流失4名学生，流失率不到6%。从2020年新型冠状病毒肺炎疫情以来，在“停课不停学”期间，学校利用网络，加强与家长、学生的沟通与交流，开展线上教育活动，定期召开主题班会。疫情得到控制后，学校及时组织教师走访学生，送教到家。之后除了在外实习的学生，学生返校上课率为100%。

教师相伴，学生成长。在教师的真心付出与耐心陪伴下，“台江职校”育人结出了丰硕的果实，学生阳光起来了，各类比赛获奖也多起来了，并实现办学历史上国赛获奖零的突破。2019年《苗绣点金》获国家级三等奖，2020年11月《昏迷患者痰培养留取盒》获国家级三等奖，2020年《非遗·苗歌》获国家级一等奖，获奖数位居黔东南州中等职业学校之首。比赛所取得的骄人成绩，离不开老师们日夜辛勤付出和对学生无微不至的关心、关爱与鼓励。

师生鱼水情，一路“爱”相伴。学校对学生实行“一对一”“一对多”的教育帮助，师生同吃、同学习、同锻炼，教师为学生买书、衣服、鞋子，为学生准备生日蛋糕，用爱心、耐心、细心陪伴学生成长。为了达成学生的心愿，党支部、学生处、校团委、专业部，积极设计温馨活动：生日贺卡、“你困难我来助”“我愿做你的好兄妹”“给你出彩舞台”等活动，让每个学生都展示自己的才华。

自2019年“台江职校”高质量发展以来，取得了显著的成效，办学理念、办学方向与办学条件得到了社会认同和家长、学生的青睐。在招生方面，2020年“台江职校”招生任务为县内500人，县外400人，当年完成招生人数1142人，其中台江县内学生700人，县外学生442人。学生整体成绩比往年高，录取的学生人均分比2019年高16分。

2020年毕业学生数369人，其中汽车运用与维修77人，学前教育72人等。其中，升学95人（州内高职4人），就业272人，就业率达98.9%。

“台江职校”通过“学用相长，行知合一”的学风建设，培养有爱心、善学习、精技能、担责任的当代中职生，“光阴荏苒，岁月如歌，苗疆腹地，飞驰台职；三十四年，成长拼搏，栉风沐雨，砥砺前行，三十四年，旋歌不辍，文化传承，成就工匠；帮扶精神，引领未来，鼓舞蝶飞，思变图强，奋勇前行，谱叙华章。”在教育脱贫和同奔小康的路上，“台江职校”人以陪伴教育引领优秀传统村落文化的传承人，正在做有爱、有温度的优质职业教育。

# 第四节　高等教育对优秀传统村落文化的传承

## 一、黔东南高等教育发展历程

### （一）肇始奠基阶段

1. 民国末期广西内迁的高校

民国十三年（1924年）二月，国民政府教育部确定大学教育目标，认为大学要传授最先进高深的文化知识，培养符合国家需要的学识渊博、技术过硬的高层次人才。[1]1937年7月，抗日战争爆发后，国民政府提出“战时须作平时看”的教育方针，全民要一边抗战一边办教育，将一大批中东部的重点大学迁往西南地区。

1944年11月4日，国立广西大学开始由桂林迁至黔东南榕江，11月28日，全部抵达榕江县城，借会馆、救济院、中学、公祠等为教学用地，于12月18日正式复课，并面向黔东南招收学生。该校在黔东南期间，结合地方情况，开展专业技术活动，服务地方，例如培养良种番茄，饲养荷兰奶牛，传播先进的思想文化等，这些活动对黔东南地区影响深远。民国末期广西高校迁至榕江，开启了黔东南地区高等教育的篇章。

2. 黔东南大学的创建与调整

1958年，中共黔东南州委申请拟建一所大学，以培养又红又专的社会主义建设人才。经批复，1958年8月黔东南大学成立暨首届学生开学典礼在当时州府所在地镇远举行。学校涵盖工业、师范、医学、林业四个学科，办学层次为专科。[2]至1958年12月，黔东南大学专任教师19人[3]，职员14人，工勤人员7人，教职工共40人。在校男生289人，女生69人，学生共358人，其中工农成分学生265人，占比74%。

黔东南大学在开展教学的初期发现学生学习极度困难，工业专科尤为突出。后通过修订教学计划，补习高中课程等方法推动教学工作。在课程设置上，除了

---

[1] 熊明安．中国高等教育史［M］．重庆：重庆出版社，1988：447.

[2] 据《黔东南苗族侗族自治州志·教育志》记载，当时林业专科学员74名，同年10月全部转入锦屏林业大学。

[3] 其中，共产党员3人，共青团员7人，无党派人士9人。

专业课，政治学习和生产劳动都是必修课，且占比较多。黔东南大学教师在教学过程中也开展科研，建筑科进行农村居民点的建筑规划，利用本地建筑材料，开展竹筋代钢筋，竹管代钢管的研究项目。文史科深入村寨搜集、整理民歌和民间故事，开展关于人民公社教育体制的研究。数理科进行中学数学习题的解答与编写等。学校还创办半月油印小报《黔东南大学校刊》，刊发师生的论文与作品。❶

1959年，全国学校专业大调整，黔东南大学的工业、医学专科转并入其他学校。林业专科并入锦屏林业大学，林业专科学生俱已迁往锦屏县。黔东南大学只保留师范专科。经过调整，黔东南大学改为黔东南师范专科学校。❷学校设文史、数理两个专科专业，学制2年。原黔东南大学的教师，除政治课、医专和工专少部分教师调出外，大部分教师留任师专。1961年8月，“黔东南师范专科学校”又改名为“黔东南苗族侗族自治州中学教师进修学校”，办学地点由镇远县搬迁至如今的凯里市，与当时的贵州省凯里师范学校合并办学。1962年6月，黔东南苗族侗族自治州中学教师进修学校在上级的指示下停办，仅仅保留贵州省凯里师范学校名号。少部分教师被调往黔东南其他地方任教，多数教师留贵州省凯里师范学校任教。

3. 锦屏林业大学的创建与合并

锦屏林业大学：1958年9月，黔东南创办“锦屏林业大学”，抽调各林业中学教师任教，招收林业中学学员和县内初、高中毕业生，师生共50人，置于锦屏县城赤溪坪。❸10月，黔东南大学林业专科74名学生转入。1958年年底，贵州农学院林学系、省林业学校、锦屏林业大学、三江林校合并建立“贵州林学院”，后改称“贵州省林业学校”。❹

## （二）艰难曲折阶段

黔东南地区的教育与全国其他地区一样，20世纪70年代，按照“学制要缩短，教育要革命”的“五·七”重要教育指示，全国开设各种类型的“五·七大学”。

❶ 曾羽主编，《凯里学院简史》编辑委员会．凯里学院简史（内部资料），凯里学院印，2008：8.

❷ 曾羽主编，《凯里学院简史》编辑委员会．凯里学院简史（内部资料），凯里学院印，2008：9.

❸《锦屏县林业志》编纂委员会．锦屏县林业志[M]．贵阳：贵州人民出版社，2002：368.

❹《锦屏县林业志》编纂委员会．锦屏县林业志[M]．贵阳：贵州人民出版社，2002：20.

1975年7月，贵州省凯里师范学校办“五·七”大学师范分校：即“贵州省黔东南‘五·七’师范大学”，招生采用生产队推荐，公社保送的制度（见表6-6）。首届招生30人（生产知识班），学制2年，人才培养目标为农村中学的教师。

**表6-6　1975年黔东南“五·七”师范大学招生名额分配[1]**　　单位：人

| 招生人数 | 黄平 | 施秉 | 镇远 | 三穗 | 岑巩 | 天柱 | 凯里 | 锦屏 | 雷山 | 台江 | 麻江 | 丹寨 | 黎平 | 榕江 | 剑河 | 从江 |
|---|---|---|---|---|---|---|---|---|---|---|---|---|---|---|---|---|
| 30 | 1 | 1 | 1 | 1 | 1 | 1 | 2 | 2 | 2 | 2 | 2 | 2 | 3 | 3 | 3 | 3 |

1975年，黔东南苗族侗族自治州在锦屏设林业分校，招收学员47名，是年12月，锦屏林业分校迁到凯里，改称“五·七”大学林学系，该系仅招生一届，于1977年停办，毕业学员44名，学员实行“社来社去”。1982年，黔东南苗族侗族自治州林业局择优录用其中部分学员，安排在州内林业基层单位工作，为乡村输送了技术和管理人才。[2]

### （三）稳定发展阶段

#### 1. 普通高等院校的稳定发展

1978年4月，政府恢复重建“黔东南民族师范专科学校”。20世纪80年代，在贵州省人民政府的关心下，先后从外省高校聘请教授引领与充实师资队伍。这些外聘教授除负责指导教师进修、科研外，有的曾多次来校讲学，拓展了师生的视野，对学校的教学与科研都起到了促进作用。1986年，学校首次聘请2位外籍教师，此后长期坚持聘请外教，以提升大学外语教学质量。1993年，学校更名为“黔东南民族师范高等专科学校”。

#### 2. 成人高等院校的稳定发展

在国家教育方针的指导下发展成人高等教育，各校开展特色办学，是构建终身学习型社会的重要措施。中共黔东南州委党校在1983年开办大专学历培训班，学员主要是来自全州各县（市）的在职干部。截至1990年，中共黔东南州委

[1] 曾羽主编，《凯里学院简史》编辑委员会编．凯里学院简史（内部资料），凯里学院印，2008：14.

[2] 黔东南苗族侗族自治州地方志编纂委员会．黔东南苗族侗族自治州志·林业志［M］．北京：中国林业出版社，1990：314.

党校专业教师38人，占职工总数的48.7%。党校共招生8期，为全州培养具有大专文凭的党政干部共417人。黔东南教育学院是一所承担全州在职初中教师和教育行政干部培训的成人高等专科学校。1985年经省人民政府批准建立，除相关行政机构外，另设中文系等5个教学机构，截至1990年，学校有教职工93人，其中教师51人。学校人才培养形式灵活，有两年制大专班、短期培训班、干部培训班、送教下乡就近培训等。

### （四）提升发展阶段

1. 普通本科院校的发展

2006年，经中华人民共和国教育部批准，"黔东南民族师范高等专科学校"提升办学层次，升格成为本科院校，更名为"凯里学院"。2008年9月，凯里学院在全州人民的支持下，实现新校区办学的整体战略搬迁。学校秉承"立德树人，自强奋进"的校训，坚持科学发展、注重本科教学质量，肩负着为民族地区培养高素质人才、传承研究弘扬民族文化、服务地方经济发展的神圣使命。"十四五"期间，凯里学院以推进体系治理能力现代化、学科专业平台团队一体化建设为抓手，以国内政产学研联合办学和中外合作国际化办学为依托，以学科专业布局优化调整、师范类专业认证和工程教育专业认证、申硕、校园三期建设为四大引领任务，全面促进学校成为民族区域一流的高水平应用型大学。

2. 高等职业院校的发展

贵州电子信息职业技术学院是省属公办全日制高职院校，2011年建成贵州省示范性高职院校，2018年被教育部评为全国职业院校实习管理50强。[1]黔东南民族职业技术学院为州属公办全日制高职院校，是全国信息化教育优秀试点、教育部第二批现代学徒制试点学校。[2]

3. 成人高等院校的发展

中共黔东南州委党校于2012年9月兼办黔东南州社会主义学院，2019年12月合并州委讲师团，实行"四块牌子，一套人员"运行体制。州委党校编制98人，现有全国社科普及专家1人，州管专家1人；省党校系统领军人才2人，省级优秀

[1] 贵州电子信息职业技术学院简介：https://www.gzeic.com/list.jsp?itemId=2&cItemId=139.

[2] 数据来源于：《凯里学院2020届毕业生就业质量年度报告》。

宣讲员1人,州干部教育名师2人。黔东南广播电视大学前身为贵州广播电视大学黔东南分校,2010年更名,同时成立“黔东南中等职业技术学校”,现有在编教职工62人,其中教师37人。现有成教生近万人,中职在校生为2300人,为服务全州全民终身教育做出了贡献。

## 二、黔东南民族职业技术学院:传工匠精神,育民族青年

黔东南民族职业技术学院现共有10个二级系,2020年折合在校生总数11 333人,其中全日制普通高职学历教育在校生总数10 673人。其中苗、侗等少数民族学生总体占比57.16%,汉族占比42.84%。学院本州生源1968人,占报到总人数的43.98%;本省生源4106人,占报到总人数的91.75%。[1]

### (一)传承民族文化,发展高等职业教育

《贵州省推进职业院校民族民间文化传承工作实施办法》指出应培养一批具有地方民族文化传承能力兼具创新意识的高水准一线的技能人才。黔东南民族职业技术学院作为全国民族职业院校排头兵和黔东南州唯一州属高职院校,如何在新时代背景之下高质量开展民族文化传承,是学院特色发展、创新发展的新挑战。

为更好地传承弘扬和创新发展民族传统手工艺,培养具有创新意识的新时代高素质工艺人才,黔东南民族职业技术学院在教学和实践中坚持传承优秀民族文化,强调以竞赛来提升师生的技能和以比赛来促进教学,不断提高教学水平,在国家级、省级比赛中获得多项荣誉,例如在云南省昆明市举办的金茶花文创大赛获得二等奖,首届全省师生文创大赛二等奖;第二届全省师生文化创意大赛教师组(归去来兮·漆语)金奖;第二届全省师生文化创意大赛学生组(以梦为马)二等奖;青春聚力“黔货出山”农产品品牌设计大赛《耕萌-蜂蜜品牌作品》荣获二等奖;贵州省“我为时代刻画”剪纸艺术大赛省级优秀奖等。通过参加赛事,拓展了师生视野,提升了技能和业务水平,深刻理解“用工艺缔造美好”的发展理念,创新创业意识明显增强,许多参赛学生已组建了自己的创业团队,取得了良好的社会效益,进一步唤起广大学子苦练本领、增强技能、成就梦想的激情。

[1] 数据来源于《黔东南民族职业技术学院高等职业教育质量年度报告(2020)》。

黔东南民族职业技术学院以工艺美术品设计(苗侗非遗手工艺银饰、刺绣、蜡染)现代学徒制试点为契机,探索民族文化产业工匠的培养新模式,搭建大师参与学院教育教学和人才培养工作的平台,通过专业教学培养人才,带领学生参加各类赛会、开展产品研发等,在传承优秀传统村落非物质文化遗产的同时,培育学生匠心精神。

围绕贵州省新政策,形成新产业、新业态,"互联网+"催生产业转型升级成为区域经济社会发展的原动力,全面对接产业链的岗位群,学院将具有康养旅游基础和特征的旅游管理、酒店管理、工艺美术品设计、园艺技术4个专业跨界组成"旅游管理专业群"。围绕康养旅游产业链上的典型职业活动,将4个专业相关技术进行融合、相关知识进行延伸,构建相通知识、技能共享平台课程,专业专项特色技能互选平台课程,4个专业学生共同接受康养旅游产品客户需求数据分析技能、产品设计与开发技能、客户沟通与服务技能等系统化训练,共享教师资源、校内外实践教学基地、合作企业,实现资源共享和专业优势互补,培养适应"自然生态、民族文化"交融的山地康养旅游产业市场需求的复合型技能人才,重点服务于民族地区山地康养旅游产业转型升级,提升旅游企业适应快速变化的竞争环境的能力。专业群建设着力创新教育教学理念,围绕培养高水平服务山地康养旅游产业高素质复合型技能人才,在人才培养模式、信息化教学平台建设等方面取得了丰硕的成果:荣获2020年贵州省职业教育兴黔富民行动计划建设项目立项4项;荣获2020年省级教师教学能力比赛一等奖;成为"1+X"证书制度人才培养的示范院校;主持完成《黔东南州中医药健康旅游示范区总体规划(2018—2025)》,助推黔东南州国家中医药健康旅游示范区的创建,助推学院申报贵州省高水平高职院校。

### (二)创新工匠精神,培育民族青年

黔东南民族职业技术学院将创新融入实践教学实习实训、融入合作企业、融入思政教育的"三融入"培育途径,使教师重视工匠精神的培养,使学生更加理解工匠精神对自己职业生涯的支持与效果,并乐于学习,进而保证工匠精神的培养能够取得满意的成效。课堂教学是落实立德树人根本任务的主阵地,也是职业教育大国工匠和培养高质量技能人才的主战场。学院通过实施师德师风提升工

程、双师素质提升工程、教学科研能力提升等系列工程提升教师专业与综合素养。学校通过“引进”和“培养”两条主渠道建设高层次人才队伍，至2020年，有博士和硕士研究生94人，教授32人。

近年来，黔东南民族职业技术学院在不断地进行教学改革，以培养优质高职人才。黔东南民族职业技术学院主动适应本地经济社会发展的需要，调整优化专业结构。建成紧密对接区域产业的专业群和专业，较好地满足了学生成才和区域产业发展需求。2019—2020学年专业设置42个，其中包括护理、药学和口腔医学等8个国家级重点专业，5个省级重点专业。黔东南民族职业技术学院引进优质教学资源，构建适应高素质复合技能人才成长规律的课程体系。对照国家执业（职业）标准、“1+X”证书标准，职业岗位能力和职业素养要求，把行业企业标准融入课程标准，引入产业新元素，与兄弟院校、行业企业共建共享教学资源，有效整合职教云、超星学习通等企业技术和课程资源库。推进“三教”改革，将新技术、新工艺、新规范纳入教材建设。据统计，学院2019—2020学年课程类型、数量及学时分布（见表6-7）。

**表6-7　黔东南民族职业技术学院2019—2020学年课程类型、数量及学时**

| 课程类型 | 课程数量/门 | 学时/个 | 占总学时比例/% |
|---|---|---|---|
| 理论课（A类） | 124 | 8379 | 10.23 |
| 理论+实践课（B类） | 707 | 57 120 | 69.72 |
| 实践课（C类） | 115 | 16 426 | 20.05 |

2020年，黔东南民族职业技术学院有1门省级精品在线开放课程在人才培养质量提升工程验收中评定为优秀等次。同时，黔东南民族职业技术学院依托“兴黔富民行动计划”，评选出院级立项精品开放课程9门，获2项国家级教学成果二等奖，有国家“1+X”证书制度试点6个，有两个国家级众创空间和1个省级大学科技园。

黔东南民族职业技术学院2020年有校内实践基地121个，总建筑面积达38 239平方米，设备总值9479万元，生均教学科研仪器设备值增加至8368.25元/生，工位数5616个，专职管理人员133名。黔东南民族职业技术学院2020届医药卫生类专业毕业生对实验实训的满意度评价为96.24%，对临床实习的满意度评价为93.28%，对实习医院的满意度评价为89.80%。这反映黔东南民族职业技术学院整体实习工作开展效果较好。

建筑工程系探索形成了“导、探、训、评”职业教育课堂教学模式（见图6-24），以“导、探、训、评”四个环节为教学设计主线，实现教学效果螺旋式提升，形成课程诊断与改进机制。“建筑识图与构造”课程通过教学改革，使教学内容具体化、教学设计有针对性、教学方法多样化，应用现代化信息手段，对课程教学达成度可观测，建立了课程诊断与改进体系。教学效果得到明显提升，学生反馈评价较好，满意度超过90%，师生在省、州级技能大赛中多次获奖。

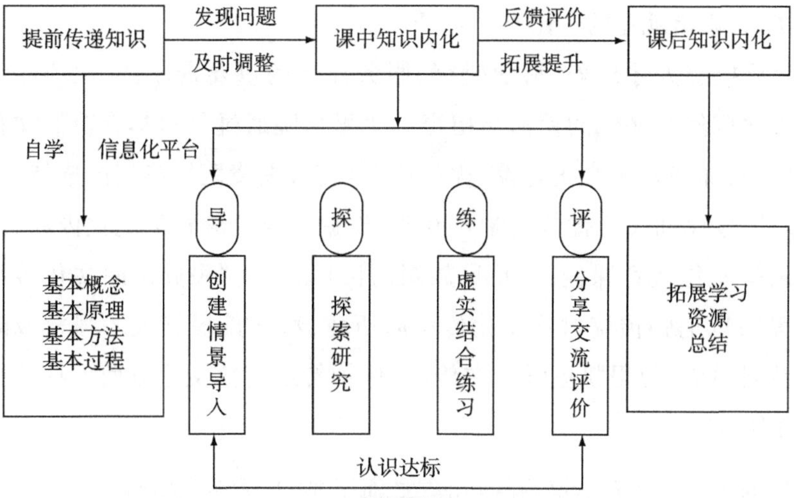


**图6-24　“导、探、训、评”课堂教学模式图**

黔东南民族职业技术学院：一是坚持“产业背景相同、专业基础相通、技术领域相近、职业岗位相关、教学资源共享”等原则，对接贵州十二大农业特色产业、服务创新发展十大工程，梯度推进专业群建设，调整专业布局，组建与区域产业经济和社会发展紧密对接的旅游管理、临床医学两个高水平专业群；二是人才链对接岗位群，以系为单位开展了6个“1+X”证书试点，优化了专业群模块化课程体系，实现了人才培养与产业需求的融合；三是深化“多方协同”，健全可持续发展保障机制，依托校企合作理事会、职教集团建立校企行政多方协同办学机制；依托校企协同创新中心，建立校企对接联动发展创新机制。

## 三、凯里学院：振兴民族高等教育，服务贵州乡村振兴

凯里学院历经十五年的发展，坚持"党建引领，协同育人；以本为本，强化质量；融入地方，特色发展"的办学思路，学校的办学实力显著增强，具有鲜明特色的地方本科高水平大学建设取得长足进展。截至2020年9月30日，学校有全日制在校生10 921人，其中本科生占全日制在校生总数的91.56%。以2019届毕业生就业数据为例，贵州籍毕业生占比92.4%，其中黔东南的毕业生占比48.3%，在黔东南地区就业的毕业生占比43.7%，省内其他地方（不包括贵阳市）就业的占比24.91%，贵阳市就业的占比15.7%。[1]

大学承担着人才培养、科学研究、服务社会的重要责任，文化的传承与创新更是大学应然与必然的使命与担当。凯里学院通过创建具有苗侗文化特色的校园环境，加强校园文化建设，优化育人环境；围绕区域苗侗民族特色，着力打造体现民族民间文化优势的学科专业；挖掘优秀传统村落文化内涵，开发建设民族民间文化教育课程；立足民族聚居区域，实施"民族民间文化传承人才培养工程"；以加强传统村落文化传承队伍建设，实施民族人才强校战略为核心等一系列举措，使得凯里学院在传承、保护传统村落文化方面发挥着排头兵的引领作用。

### （一）加强文化传承队伍建设，实施民族人才强校战略

人才是发展之基、转型之要、跨越之本，人才问题始终是高校改革发展的核心问题。多年来，在贵州省人民政府的关心和支持下，凯里学院高度重视人才工作，大力开展人才引进和培养工作，着力推进人才强校战略。截至2020年，全校教职工871人（不含工勤人员），教授102人，占比16.22%；副教授292人，占比46.22%；博士113人，占比17.97%；硕士383人，占比60.89%（见表6-8）。

[1] 数据来源：《凯里学院2019届毕业生就业质量年度报告》。

**表6-8　凯里学院专任教师职称、学位、年龄及学院结构[1]**

| 项目 | | | 专任老师 | | 外聘老师 | |
|---|---|---|---|---|---|---|
| | | | 数量 | 比例/% | 数量 | 比例/% |
| 职称 | 教授 | | 102 | 16.22 | 2 | 2.82 |
| | 副教授 | | 292 | 46.42 | 4 | 5.63 |
| | 讲师 | | 158 | 25.12 | 13 | 18.31 |
| | 助教 | | 35 | 5.56 | 2 | 2.82 |
| | 其他正高级 | | 1 | 0.16 | 3 | 4.23 |
| | 其他副高级 | | 6 | 0.95 | 23 | 32.39 |
| | 其他中级 | | 7 | 1.11 | 13 | 18.31 |
| | 其他初级 | | 0 | 0 | 7 | 9.86 |
| | 未评级 | | 28 | 4.45 | 4 | 5.63 |
| 学位 | 博士 | | 113 | 17.97 | 2 | 2.82 |
| | 硕士 | | 383 | 60.89 | 1 | 1.41 |
| | 学士 | | 82 | 13.04 | 30 | 42.25 |
| | 无学位 | | 51 | 8.11 | 38 | 53.52 |
| 年龄 | 35岁及以下 | | 210 | 33.39 | 10 | 14.08 |
| | 36~45岁 | | 245 | 38.95 | 29 | 40.85 |
| | 46~55岁 | | 140 | 22.26 | 22 | 30.99 |
| | 56岁及以上 | | 34 | 5.41 | 10 | 14.08 |
| 学院 | 本校 | | 5 | 0.79 | — | — |
| | 外校 | 境内 | 565 | 89.83 | — | — |
| | | 境外 | 59 | 9.38 | — | — |

由于凯里学院地处西部民族地区，受制于一些客观与主观因素，地方经济发展水平相对欠发达，高等教育起步晚，整体发展速度较慢。凯里学院引进人才难度较大，物联网工程、数字媒体技术、工程造价等新建专业的教师队伍结构有待优化。2013—2017年，黔东南州和凯里学院联合共引进博士60名，培养博士31名，其中引进的大多数是在2013—2014年。随着博士和教授们的合同期满，同时省内和省外高校由于硕士点、“双一流”建设等项目实施对于人才的急需，人才

[1] 数据来源：《凯里学院2019—2020学年本科教学质量报告》。

引进的力度大速度快。学校现能提供的薪酬待遇相对于高水平人才的期待有差距，民族地区教育、医疗等条件又不尽如人意，学校位于高新开发区，优质的基础教育较缺乏，子女要到市中心去读书，这给高层次人才在工作与生活上带来诸多不便。对于本州高层次人才队伍建设中存在的问题，彭丰民和姚仁海老师曾发表过专文进行了详细的分析。[1]

人才是实现民族振兴与富国富民的重要人力战略资源。无论是对于学校的可持续健康发展还是优秀传统村落民族文化的传承，其核心要素是加强师资队伍建设，教师强则学生强、学校强。学校的办学不能完全依靠地方政府，应充分利用现有高校的资源，主动迎合社会需求，激活办学活力。在继续引进优秀人才的同时完善对现有教师的培养机制，实施“引培并举”的人才方案。人才引进后应强化服务和管理水平，用事业留人、用待遇留人。优化人才工作发展环境，全校形成“尊重高才，包容高才，关爱高才”与争相成为高才的良好氛围。解决好高层次人才与部分教师之间的利益冲突，使高层次人才有较好的发展空间，为学校和地方的发展发挥高层次人才效应。

### （二）加强校园文化建设，创建具有苗侗文化特色的育人环境

自升本以来，凯里学院立足黔东南苗侗民族文化，不断探索与推进原生态民族文化与大学文化的融合与创新，通过开展丰富多彩的校园文化活动，打造与形成个性鲜明的具有苗侗民族特色的校园文化，有力提升了学校的综合竞争力。

1. 以物质层文化建设为载体，实现民族文化建设的有形化

为使学生直观感受校园民族文化环境，突显育人环境的苗侗民族性，学校将校园文化建设与学生日常学习、生活、实践融为一体，让学生“感受得到，体悟得到”。

凯里学院建筑的整体布局根据苗族传说中的祖先——蝴蝶妈妈的造型进行设计建造。蝴蝶妈妈在苗语中称为“妹榜妹留”，从流传至今的苗族古歌中可知，蝴蝶妈妈从枫树的树心中飞出，经“游方”后，产下12枚蛋，其中一个孵出“姜央”。“姜央”被苗家人敬奉为人类的始祖。在凯里学院每栋教学楼都有两个圆形教室，6栋教学楼共12个圆形教室，寓意着“蝴蝶妈妈”的12个孩子。

---

[1] 彭丰民，垗仁海．黔东南州高层次人才队伍建设的现状、问题与建议——以凯里学院为例[J]．凯里学院学报，2018(4)：88-93.

凯里学院的博物馆作为苗侗民族文化的集中表现，洋溢着浓郁的苗侗民族文化，博物馆内设有校史馆、生态馆和苗侗馆。校史馆展现学校的办学历程与办学成果，彰显凯里学院“立德树人、自强奋进”的校训。生态馆以展示本地原生态生物资源为主题，重点突出与黔东南村落文化相关的古生物资源、植物资源、稻作文化等。苗侗博物馆内设有非物质文化遗产、苗侗服饰、刺绣、蜡染、生产生活用具、银饰、织锦等展区，集中地展现了黔东南传统村落中的物质文化与非物质文化。博物馆作为贵州省科普教育示范基地、贵州省青少年科技教育基地，每年9月开学新生进校后，凯里学院都会组织新生参观博物馆，发挥其教育推广的目标，引领学生们认知苗侗民族追求真善美的生命真理，理解学院在民族文化传承上所做的努力和贡献，同时也激励同学们在民族文化的熏陶下，树立起传承与创新黔东南优秀传统文化的责任感与使命感。

繍山图书馆因朱繍山先生而得名。朱繍山先生（1919—2005年），浙江宁波人，系台湾著名实业家、宁波市荣誉市民。先生与其长子朱英龙博士，热心教育事业，在黔东南州助建数百所中小学，并资助凯里学院顺利完成繍山图书馆、繍山教学楼等工程建设。高风懿德，令人钦仰。

繍山图书馆上绘饰着各民族的图案，寓意民族大团结（见图6-25）。铜鼓广场中心是由鹅卵石接成光芒四射的太阳图案，外围的大青石雕刻着吹芦笙、打糍粑、划龙舟、长桌宴、斗牛、弹琵琶唱侗歌、苗乡侗寨的鼓楼、风雨桥等人民的生活场景，这些都是黔东南村落中的典型生活景象。会堂正上部绘饰着远古的神话传说故事，左右两边分别绘饰着反映苗乡侗寨的代表性村落文化场景。

**图6-25　凯里学院繍山图书馆**

花桥和鼓楼是凯里学院校园内必不可少的彰显民族特色的建筑。鼓楼是侗族特有的源于村落的建筑，是侗族人民的建筑瑰宝。在开元湖中矗立着一座十一层的鼓楼（见图6-26）。为纪念从江县人民政府积极支持高校建设，此鼓楼命名为“从江鼓楼”，“开元湖水映鼓楼美景千姿，生态学府育栋梁功德万世”。在开元湖上有一座连通两岸的花桥，叫作黎平花桥（见图6-27）。

图6-26　凯里学院的从江鼓楼

图6-27　凯里学院的黎平花桥

黎平花桥桥长18.3米，宽4.5米，高5.8米。为纪念黎平县委、县人民政府的助学义举，此花桥称为“黎平花桥”，来来往往的师生经过于此，或学习工作交流，或休闲观光。天气较好时，常可见体育学院的学生在开元湖练习独竹漂。

2. 以举办系列主题活动为抓手，推进民族文化建设纵深发展

凯里学院依托黔东南原生态多彩民族文化，开展“多彩校园、闪亮青春”等各种艺术文化活动，着力打造了“少数民族原创歌曲大赛”“‘源创’民族工艺设计制作大赛”“民族建造节”“校园民族文化使者大赛”等特色项目，曾荣获由教育部思想政治工作司组织评选的“全国高校校园文化成果”优秀奖。

### （三）围绕区域民族特色，着力打造体现民族文化优势的学科专业

凯里学院自2006年升本以来，基于学院办学定位并结合地方经济文化发展需要，形成了本科多学科多专业协调发展的格局。学校在专业与学科建设上科学地打造民族特色，以民族文化传承、创新教育为主线进行特色专业与学科的建

设与培育。凯里学院45个本科专业分属15个不同的教学分院（见表6–9）。

**表6–9　凯里学院本科专业（2016版）❶**

| 序号 | 专业代码 | 专业名称 | 学制 | 是否师范 | 首次招生 | 所属学院 |
|---|---|---|---|---|---|---|
| 1 | 050101 | 汉语言文学 | 4 | 是 | 2006 | 人文学院 |
| 2 | 060101 | 历史学 | 4 | 是 | 2009 | |
| 3 | 030401 | 民族学 | 4 | 否 | 2014 | |
| 4 | 050107T | 秘书学 | 4 | 否 | 2016 | |
| 5 | 050201 | 英语 | 4 | 是 | 2006 | 外国语学院 |
| 6 | 050207 | 日语 | 4 | 否 | 2010 | |
| 7 | 040107 | 小学教育（中文与社会方向） | 4 | 是 | 2007 | 教育科学学院 |
| 8 | 040107 | 小学教育（数学与科学方向） | 4 | 是 | 2007 | |
| 9 | 040106 | 学前教育 | 4 | 是 | 2008 | |
| 10 | 040105 | 艺术教育 | 4 | 是 | 2016 | |
| 11 | 070101 | 数学与应用数学 | 4 | 是 | 2006 | 数学科学学院 |
| 12 | 070101 | 数学与应用数学（数理金融方向） | 4 | 否 | 2014 | |
| 13 | 070501 | 地理科学 | 4 | 是 | 2007 | 旅游学院 |
| 14 | 1200901K | 旅游管理 | 4 | 否 | 2011 | |
| 15 | 120902 | 酒店管理 | 4 | 否 | 2016 | |
| 16 | 071001 | 生物科学 | 4 | 是 | 2006 | 环境与生命科学学院 |
| 17 | 090102 | 园艺 | 4 | 否 | 2010 | |
| 18 | 082506T | 资源环境科学 | 4 | 否 | 2011 | |
| 19 | 090103 | 植物保护 | 4 | 否 | 2014 | |
| 20 | 082801 | 建筑学 | 5 | 否 | 2012 | 建筑工程学院 |
| 21 | 081001 | 土木工程 | 4 | 否 | 2013 | |
| 22 | 120105 | 工程造价 | 4 | 非 | 2015 | |
| 23 | 080901 | 计算机科学与技术 | 4 | 是 | 2009 | 信息工程学院 |

❶ 凯里学院教务处编印，《凯里学院本科专业人才培养方案（2016）》，第1–2页。

续表

| 序号 | 专业代码 | 专业名称 | 学制 | 是否师范 | 首次招生 | 所属学院 |
|---|---|---|---|---|---|---|
| 24 | 0807606 | 信息工程 | 4 | 否 | 2012 | 信息工程学院 |
| 25 | 080906 | 数字媒体技术 | 4 | 否 | 2015 | |
| 26 | 120301 | 农林经济管理 | 4 | 否 | 2010 | 经济管理学院 |
| 27 | 120201K | 工商管理 | 4 | 否 | 2011 | |
| 28 | 020101 | 经济学 | 4 | 否 | 2015 | |
| 29 | 070301 | 化学 | 4 | 是 | 2006 | 化学与材料工程学院 |
| 30 | 080403 | 材料化学 | 4 | 否 | 2011 | |
| 31 | 081302 | 制药工程 | 4 | 否 | 2012 | |
| 32 | 070201 | 物理学 | 4 | 是 | 2007 | 物理与电子工程学院 |
| 33 | 080705 | 光电信息科学与工程 | 4 | 否 | 2012 | |
| 34 | 080905 | 物联网工程 | 4 | 否 | 2015 | |
| 35 | 030504 | 思想政治教育 | 4 | 是 | 2006 | 马克思主义学院 |
| 36 | 030302 | 社会工作 | 4 | 否 | 2013 | |
| 37 | 130201 | 音乐学 | 4 | 是 | 2007 | 音乐学院 |
| 38 | 130202 | 舞蹈学 | 4 | 是 | 2009 | |
| 39 | 130205 | 音乐表演 | 4 | 否 | 2011 | |
| 40 | 040201 | 体育教育 | 4 | 是 | 2007 | 体育学院 |
| 41 | 040203 | 社会体育指导与管理 | 4 | 否 | 2009 | |
| 42 | 130401 | 美术学 | 4 | 是 | 2008 | 艺术学院 |
| 43 | 130502 | 视觉传达设计 | 4 | 否 | 2009 | |
| 44 | 130503 | 环境设计 | 4 | 否 | 2009 | |
| 45 | 130504 | 产品设计 | 4 | 否 | 2009 | |

为了更好地培养民族民间人才，传承优秀的传统村落文化，2007年，凯里学院开设了民族文化五年制大专传承班，开设音乐教育、美术教育、体育教育专业，招收黔东南籍的应往届初中毕业生，系统学习民族文化知识与技能。由于学生多来自乡村，为更好激励学生安心学习，传承好包括优秀传统村落文化在内的民

族文化，学生免交学费，家庭经济困难的学生按国家政策予以资助。经过多年的培育，民族文化传承班显示出一定的成效，特别是音乐教育专业，涌现了以孙学美为代表的一批优秀学生，她们走上央视与国际舞台，成为新时代的民族文艺新星，展示与传播了优秀的传统文化。由于民族文化传承班的学生所学专业属于师范类，学生大多回到家乡，以自己的教育实践活动践行自己的文化责任。

凯里学院现有8个省级重点学科和11个校级重点学科，有黔东南特色生物资源研究与利用重点实验室、微介孔纳米材料及应用、黔东南苗侗药现代化研究重点实验室3个省级特色重点实验室和少数民族科技史研究团队、黔东南民族药用植物研究创新团队、物联网科技创新团队、黔东南传统木结构绿色产业化研究创新团队、草莓产业技术创新团队、数学建模方法与应用团队、凯里学院民族文化与生态旅游研究创新团队、少数民族地区遗传资源与相关知识保护创新团队、黔东南民族建筑研究创新团队等12个省级创新团队。

凯里学院依托省级重点学科、校级重点学科、创新团队等平台，深入开展民族文化挖掘与研究。近年来，师生每年利用假期深入基层，先后在天柱、剑河、丹寨、雷山等地开展村寨田野调查。以乡村调研为基础，凯里学院国家社科基金项目立项结题多项，如黔湘桂侗族非物质文化遗产跨区域保护和传承研究、清代黔东南苗族妇女的婚姻与生活研究等。凯里学院自升本以来，2006—2016年教师科研项目主要有国家级、省部级、地厅级等课题立项（见表6-10）。

**表6-10　凯里学院2006—2016年教师科研项目情况❶**

| 年份 | 项目总数 | 国家级课题立项数 | 省部级课题立项数 | 地厅级课题立项数 | 横向项目数 |
|---|---|---|---|---|---|
| 2006 | 5 | 0 | 0 | 5 | 0 |
| 2007 | 18 | 0 | 0 | 17 | 1 |
| 2008 | 20 | 3 | 17 | 0 | 0 |
| 2009 | 45 | 1 | 12 | 29 | 3 |
| 2010 | 75 | 3 | 14 | 54 | 4 |
| 2011 | 60 | 6 | 16 | 37 | 1 |

❶ 孙焕琼制，数据来源于2006—2016年各年的《凯里学院科研成果汇编》。

续表

| 年份 | 项目总数 | 国家级课题立项数 | 省部级课题立项数 | 地厅级课题立项数 | 横向项目数 |
|---|---|---|---|---|---|
| 2012 | 90 | 5 | 22 | 56 | 7 |
| 2013 | 126 | 7 | 51 | 61 | 7 |
| 2014 | 175 | 10 | 45 | 101 | 19 |
| 2015 | 90 | 5 | 36 | 39 | 10 |
| 2016 | 89 | 5 | 33 | 44 | 7 |

2013—2014年是凯里学院引进高层次人才的高峰期，从表6-10可知，2013—2014年也是国家级课题立项和各级项目立项的高峰期，例如杨家大博士、王展光博士、陈骏博士、周江波博士等分别是2013年、2014年州校共同引进的高层次人才，他们都在2014年获得国家自然科学基金的立项。可见，高层次人才可以在高校的科学研究方面发挥引领作用。

凯里学院的教师依托科研项目发表了学术水平较高的著作，本书所提到的著作为教师公开出版著作，包括专著、教材、作品集等。凯里学院2006—2016年教师著作出版整体呈上升态势（见表6-11）。

**表6-11　凯里学院2006—2016年教师著作**[1]

| 年份 | 著作总数/部 |
|---|---|
| 2006 | 7 |
| 2007 | 9 |
| 2008 | 12 |
| 2009 | 16 |
| 2010 | 15 |
| 2011 | 14 |
| 2012 | 12 |
| 2013 | 16 |
| 2014 | 19 |

[1] 孙焕琼制，数据来源于2006—2016年各年的《凯里学院科研成果汇编》。

续表

| 年份 | 著作总数/部 |
|---|---|
| 2015 | 35 |
| 2016 | 33 |

从表6-10中的教师的著作出版数据可体现：位于民族地区高校的教师科研意识越来越浓，著作出版逐年增多。学校一系列科研制度的出台与实施也保障了教师著作的学术质量。学术论文作为高校教师科研成果的另一重要体现，凯里学院2006—2016年教师发表了各类学术论文（见表6-12）。

**表6-12　凯里学院2006—2016年教师学术论文**[1]

| 年份 | 学术论文总数（核心及以上期刊）/篇 | 核心以上所占比例/% | 哲学社会科学类（核心及以上期刊）/篇 | 自然科学类（核心及以上期刊）/篇 |
|---|---|---|---|---|
| 2006 | 230（41） | 18 | 154（14） | 76（27） |
| 2007 | 319（74） | 23 | 205（39） | 114（35） |
| 2008 | 251（69） | 27 | 174（33） | 77（36） |
| 2009 | 300（89） | 30 | 213（38） | 87（51） |
| 2010 | 346（102） | 29 | 254（64） | 92（38） |
| 2011 | 418（139） | 33 | 290（71） | 128（68） |
| 2012 | 533（164） | 31 | 410（102） | 123（62） |
| 2013 | 606（162） | 27 | 452（103） | 154（59） |
| 2014 | 713（200） | 28 | 524（105） | 189（85） |
| 2015 | 637（209） | 39 | 423（103） | 214（106） |
| 2016 | 693（169） | 24 | 499（102） | 194（67） |

为更加形象直观体现出凯里学院2006—2016年教师发表学术论文情况，特绘制柱状图（见图6-28）。

[1] 孙焕琼制，数据来源于2006—2016年各年的《凯里学院科研成果汇编》。

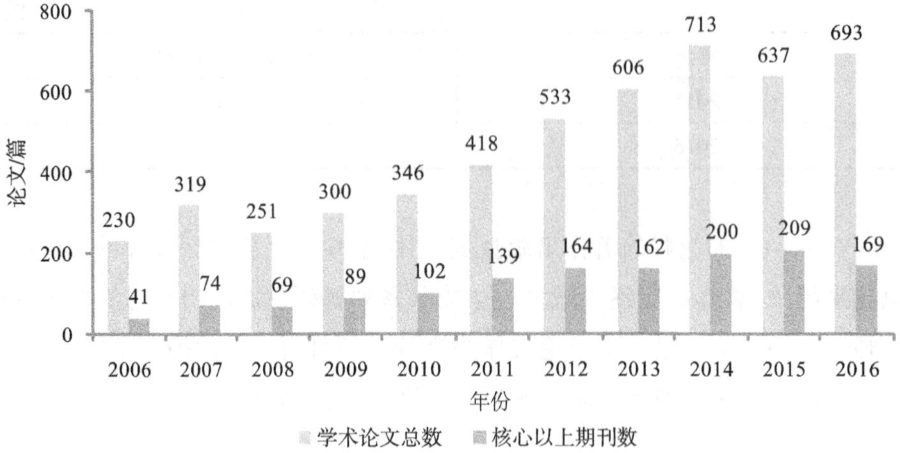


**图6-28 凯里学院2006—2016年教师发表论文总数和核心期刊论文数柱状图❶**

表6-12和图6-28的数据反映，凯里学院在2006—2016年教师发表的学术论文总量虽个别年份有所波动，但总体呈现上升趋势。教师所发表的学术论文中，发表在省级和核心期刊的学术论文数量在不断地增长，这背后的原因既有教师自觉的职业行为因素又有客观的硬性职业工作任务需要。

以“中国知网”为搜索载体，在搜索框中选取“单位”，分别输入关键字为：“凯里学院”“黔南民族师范学院”“铜仁学院”“安顺学院”“六盘水师范学院”以上各个字段进行模糊搜索，得到搜索结果并参考“发表年度”分别为2006—2016年各个年份的结果，整合得到表6-13和图6-29中各项数据。

**表6-13 2006—2016年5所地方高校教师发表论文情况❷**

| 年份 | 凯里学院/篇 | 黔南民族师范学院/篇 | 铜仁学院/篇 | 安顺学院/篇 | 六盘水师范学院/篇 |
|---|---|---|---|---|---|
| 2006 | 184 | 202 | 52 | 23 | 0 |
| 2007 | 256 | 230 | 154 | 88 | 0 |
| 2008 | 266 | 313 | 203 | 139 | 0 |
| 2009 | 335 | 436 | 227 | 211 | 105 |

❶ 孙焕琼制，数据来源于2006—2016年各年的《凯里学院科研成果汇编》。

❷ 孙焕琼制，数据来源于中国知网。

续表

| 年份 | 凯里学院/篇 | 黔南民族师范学院/篇 | 铜仁学院/篇 | 安顺学院/篇 | 六盘水师范学院/篇 |
|---|---|---|---|---|---|
| 2010 | 388 | 506 | 281 | 273 | 201 |
| 2011 | 437 | 385 | 292 | 334 | 238 |
| 2012 | 539 | 518 | 412 | 359 | 278 |
| 2013 | 676 | 492 | 566 | 454 | 292 |
| 2014 | 868 | 504 | 587 | 482 | 373 |
| 2015 | 827 | 478 | 736 | 438 | 487 |
| 2016 | 742 | 490 | 882 | 388 | 570 |

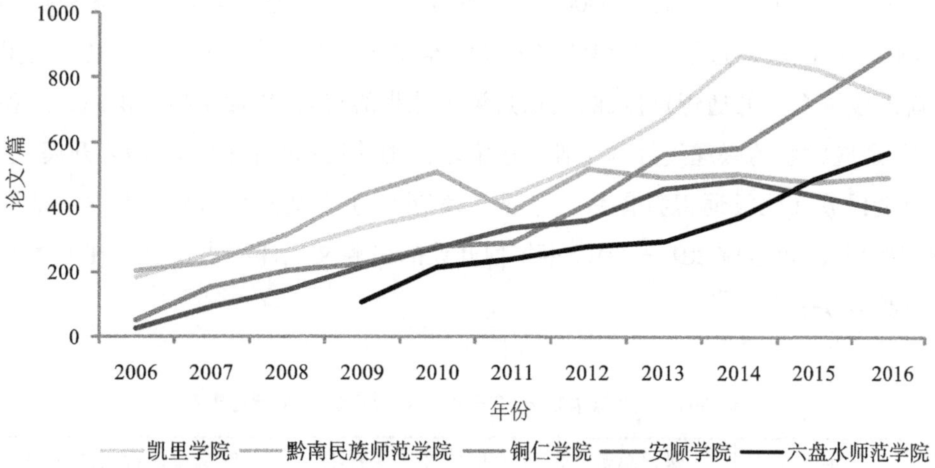


**图6-29　2006—2016年5所地方高校教师发表学术论文情况**[❶]

结合表6-13和图6-29可以看出，“黔南民族师范学院”2006—2010年，发文量位居首位，但是自2011年后逐渐被其他院校赶超。“凯里学院”发表学术论文在2006—2014年保持明显强劲的上升势头，是五所地方本科院校中发展势头最好的，但从2015—2016年数量开始下降。“铜仁学院”2006—2016年教师发表学术论文数量整体呈现明显上升趋势，“升本”以来不断超越自身发展，上升趋势在五所同类高校中表现得最明显。从图6-29中也可一定程度上反映各校的办学

❶ 孙焕琼制，数据来源于中国知网。

成果。近年来，铜仁学院在侯长林院长等校领导的带领下，未雨绸缪，下足功夫，大力引进高层次人才，奋勇直追，抢抓机遇，于2020年获批硕士学位授权点。

### （四）挖掘优秀传统村落文化内涵，开发建设民族民间文化教育课程

丰富的传统村落民族文化是高校开展教学的重要资源，特别是黔东南传统村落中的非物质文化遗产，具体包括村落中的语言、艺术、传统医学和药学等，学院通过开发建设民族民间文化教育课程，更好地培育知本社会的高素质应用型人才。

1. 通识类课程

凯里学院通识教育课程模块中包括通识必修课和通识选修课。通识必修课包括贵州省情（课程代码480006）和形势与政策（民族理论与政策）（课程代码480007）等课程，通过该类课程的实施以培养大学生应用的知识与价值观。凯里学院开设了众多的通识选修课程，通过该类课程的实施，增加学生知识的广度和深度，适应学生的兴趣爱好与个性发展需求。随着通识教育的不断深入开展，学校打造民族文化类通识教育品牌课程，以培养学生人文素养与科学素养。根据调查发现，凯里学院2013—2017年年均开设的民族文化课程占比保持在15%左右。（见表6-14）。

**表6-14　凯里学院2013—2017年通识选修类课程**[1]

| 学年 | 课程总数/门 | 民族文化课程/门 | 民族文化课程占总比/% |
|---|---|---|---|
| 2013—2014 | 184 | 30 | 16.30 |
| 2014—2015 | 175 | 26 | 14.86 |
| 2015—2016 | 115 | 18 | 15.65 |
| 2016—2017 | 118 | 20 | 16.95 |

凯里学院2013—2014学年度共开设184门通识选修课程，其中民族文化类课程有30门，占比16.3%，具体开设的民族文化类课程有苗语基础、侗语基础、中国民族史纲要、民俗中的科学、中国传统民居建筑欣赏、黔东南苗族侗族民间音

[1] 涂贵容制，数据来源于凯里学院教务处。

乐、世界遗产与文化全球化等。2014—2015学年度共开设175门通识选修课程，其中民族文化课程有26门，占比14.86%，具体开设的民族文化类课程有贵州苗侗文化、少数民族科技史导论、排舞运动、中国传统文化概论、民俗学、民族文化旅游、酒类鉴赏与饮食文化、观光农业概论、服饰艺术中礼仪文化赏析等。2015—2016学年度共开设115门通识选修课程，其中民族文化课程有18门，占比15.65%，具体开设的民族文化类课程有黔东南民族传统食品、非物质文化遗产传承与保护、地质与旅游、稻田养殖概论饮食与健康、音乐鉴赏、民俗学、旅游学概论、旅游地理学、酒类鉴赏与饮食文化等。2016—2017学年度共开设118门通识选修课程，其中民族文化课程有20门，占比16.95%，具体开设的民族文化课程有黔东南民族饮食及经典食品、苗语基础、中国饮食文化、中国传统文化概论、环境与生态、中国古典诗歌赏析、中国文化发展史、宗教人类学、言语欣赏、聚落地理学、地质与旅游等。

2. 专业类课程

专业类课程包括专业选修与专业必修课程，在专业必修类课程中涉及民族民间文化的主要是民族学、历史学、汉语言文学环境设计等专业。民族学专业的专业基础必修课程有人类学概论、民俗学概论、语言学概论、宗教学概论等。建筑学的专业必修课程开设了黔东南民族建筑营造技法。

许多专业都在实践环节开展，包括本地优秀传统村落民族文化在内的调查或采风。汉语言文学专业在专业教育实践环节有为期2周的方言调查和为期1周的民族民间文化调查。历史学、民族学专业在专业实践教学中开展为期2周或4周的田野调查，以培养学生专业基本技能以及理论联系实际的能力。数学与应用数学专业的实践教学是民族数学文化与地方课程资源开发，以提高学生民族数学文化素养。建筑学、土木工程专业在专业实践教学中要开展为期2周的民族建筑田野调查。思想政治教育的实践教育专业设置黔东南红色文化研究课程实习和黔东南民族民俗研究课程实习。音乐表演、舞蹈学、美术学等艺术类专业在实践环节设置为期2~4周的艺术采风，培养学生采集民族民间艺术的能力。

凯里学院二级分院将黔东南本地优秀的传统村落民族文化引入各专业教学

中，开发建设并编写了一系列的校本教材，[1]使得校本课程的实施有“材”可依。吴萍教授主持的省教育厅教改课题[2]充分挖掘和利用台江县方召乡反排村的木鼓舞，将其纳入高校课程教学中，并在州庆、校庆、校运动会等活动中推广使用，该项目获得贵州省第八届高等教育省级教学成果二等奖。2016年，美术与设计学院“苗侗非遗课程群”获得省级“一流课程培育项目”立项建设，通过一系列教改课题，开发建设优秀传统村落中的民族民间文化教育特色课程。

在文化发展的历史长河中，高等学校是人类的智慧之花和文明之果。凯里学院通过人才培养、科学研究、文化传承与创新等振兴民族高等教育，服务贵州乡村振兴。中华人民共和国成立初期，国家在少数民族地区创办了三所大学：延边大学、吉首大学和黔东南大学。黔东南大学自1958年成立后，历经坎坷，在政府和社会各界对民族地区高等教育的关注与支持下，后改名为凯里学院。各所高校的历史与优势各不相同，需坚持有所为、有所不为，坚持艰苦奋斗、守正创新，追求与实现各自的一流，不断推动一流学科与一流大学的建设。

---

❶《黔东南苗侗木结构》《黔东南民族民间传统体育教程》《黔东南苗族侗族斗牛文化研究》《苗侗数学文化与数学情境教学》等。

❷ 贵州省教育厅教改课题：民族传统体育进课堂研究——反排木鼓健身操创编。

# 第七章　传统村落文化保护的教育策略：宏观与微观

## 第一节　宏观保护传统村落文化的教育策略

### 一、坚持以习近平新时代中国特色社会主义思想为指导

传统村落是中华传统文化的重要载体和中华民族的精神家园。传统村落文化保护要深入贯彻党的十九届六中全会精神，坚持以习近平新时代中国特色社会主义思想为指导，这对于弘扬传统村落文化具有重要意义。消除贫困，实现共同富裕，是社会主义国家的必然要求。截至2020年年底，黔东南州实现了15个贫困县脱贫摘帽，1853个贫困村脱贫出列，130.19万贫困人口脱贫，如期完成脱贫攻坚目标任务。[1]黔东南州人民与全国人民一起创造了人类减贫史上的奇迹。

在农村基础设施建设方面，黔东南州实施“组组通”工程；在农村产业革命方面，黔东南州选择食用菌、茶叶、蔬菜等12个特色产业作为主导产业，逐步形成一个县一个产业为主、一个村一个品牌为主的产业布局，争取将黔东南州发展成为贵州省经济发展示范州。抓准抓实乡村教育、医疗、住房三保障。实现农村建档立卡贫困学生资助政策全覆盖，精准扶贫使得想读书的乡村贫困孩子不会因经济问题而失学，实现失学辍学“动态清零”。农村住房安全有保障，人居环境显著改善。严格落实基本医疗、大病保险、医疗救助三重医疗保障政策，不因旧风俗和乡土老偏方而耽误病情，鼓励村民有病要到医院及时医治以提高治愈率。

60多岁的村民说：“以前，我想只要逢年过节能有鱼有肉就满足了。现在日子好过了，不愁吃，不愁穿，一日三餐都可以吃得像过节过年。以前，我们这一代大多是矮个子，不是天生矮，主要原因是在我们猛长的年龄，营养严重不足，还整

---

[1] 黔东南微报.担当创奇迹　伟业炳史册——黔东南州决战决胜脱贫攻坚成就回眸[EB/OL].(2021-03-11)[2021-06-15].https://m.thepaper.cn/baijiahao_11680152.

天干重活。现在孩子们条件好了,个头也比我们高了许多。”一位老乡讲了件趣事:一天读高中住校的女儿打电话给妈妈说想回家改善伙食。妈妈便为女儿张罗了一桌丰盛饭菜,以为孩子会十分高兴,谁知女儿见了便埋怨道:“这就是改善伙食啊?这些我都不想吃了。”“那你想吃啥?”“炒炒鸭脚板菜,烤烤韭菜,烫烫野芹菜等。”妈妈笑着说:“这些可都是过去打来喂猪的。”女儿撅着嘴说:“妈,都什么年代了,还老翻过去的老皇历!”。一位老者感叹说:“只有我们这一代人最能体会时代的巨大变化,现在的年轻人,真是有福啊。我们感谢党,感谢国家。”(见图7-1)

图7-1　传统村落“十谢共产党”牌❶

❶“一谢共产党,翻身把你想,以前我们做牛马,现在人人把家当;二谢共产党,吃饭把你想,以前忍饥又挨饿,现在温饱奔小康;三谢共产党,穿衣把你想,以前穿的蓑草衣,现在毛料新时装;四谢共产党,住房把你想,以前住的茅草屋,现在砖瓦新楼房;五谢共产党,走路把你想,以前走的羊肠道,现在道路宽又广;六谢共产党,照明把你想,以前照的桐油灯,现在电灯亮堂堂;七谢共产党,上学把你想,以前一堆大老粗,现在两基一扫光;八谢共产党,看病把你想,以前有病无钱医,现在医药能报账;九谢共产党,致富把你想,以前种粮要上税,现在免税还补偿;十谢共产党,养老把你想,以前抚儿来防老,现在放心政府养。党的恩情永不忘,誓把忠心献给党,紧紧跟着党中央,幸福日子万年长!”

现在黔东南州高举中华民族团结、繁荣、进步的旗帜，和全国人民共奔小康。习近平总书记指出“培育和弘扬社会主义核心价值观必须立足中华优秀传统文化”。[1]在社会主义建设过程中，要坚定民族文化自信，这关系到中国发展的国运兴衰，关系到文化安全和繁荣，关系到中华民族精神独立性。习近平总书记对加强中华优秀传统文化教育的一系列重要论述为做好传统村落文化的保护与学术研究，推动优秀传统文化的创造性转化与创新性发展指明了方向。为进一步守护好多彩贵州的源头，强力助推贵州民族文化大发展大繁荣和乡村振兴，应提升传统村落生存与发展环境，将传统村落建设成宜居、乐居、享居的现代化农村。

## 二、坚持传统村落文化保护的基本原则，助力乡村振兴战略

在传统村落文化保护过程中，应坚持以人为本、道法自然，助力乡村振兴，使传统村落美起来、富起来，成为富有诗意与温情宜居之地。

(1)以民为本、道法自然。在传统村落文化保护过程中应坚持以民为本、道法自然，所谓以民为本，就是注重民众的意愿，尊重村民的生活习惯和生产方式，不用俯视的态度来看到传统村落的保护中遇到的问题，真正做到从群众中来，到群众中去，以民为师，不乱作为，不恶作为。道法自然，就是对传统村落的改造遵循自然之道，不能以破坏传统村落的生态自然环境为代价，应为村民和后人守住耕读文明和田园生活。

(2)保护优先、传承利用。传统村落文化的保护应注重文化遗产内涵的真实性，防止一味娱乐化等现象。为了让优秀的传统村落文化得到保护和传承，活在当下，应拓展传统村落文化的利用模式，为文化找到容纳新功能，使得该场域的文化价值得以最大限度地传承和再现，将“遗产变文产”。

(3)突出重点、兼顾全面。在传统村落文化的保护与传承过程中，以各级非物质文化遗产和文物保护单位为重点，兼顾其他传统村落文化，注重试点示范带动全面，保留传统村落文化的个性化与差异化。

(4)政府为主导、村民为主体。传统村落文化保护的主体应是当地村民，政府应从资金和政策上起主导作用，从宏观进行指导，避免对具体事务进行干涉。

[1] 教育部课题组．深入学习习近平关于教育的重要论述[M]．北京：人民出版社，2019：215.

应使村民热爱本土文化，培育其“文化自觉”意识，倡导利用祖辈遗训和《乡规民约》等传统智慧，涵养文明乡风，助力乡村有效治理。

## 第二节　微观保护传统村落文化的教育策略

文化与教育相伴相随，教育是文化传承最基本、最重要的方式。在教育活动中，教育者将文化传承给受教育者，使受教育者获得共同的价值观、规范、信念、态度等，实现从自然人到文化人的转变，实现人类文明由少数向多数人的传播。通过教育活动，文化要素在新的历史条件下不断丰富、交融和发展，实现文化的创新。

教育不仅具有对文化的传承、交流与创新的功能，教育也是从古至今进行社会改革的良策，“建国君民，教学为先”。20世纪初期，鉴于中国“以农立国”的国情和农村社会凋敝、农民生活困苦的状况，诸多仁人志士提倡以乡村教育作为乡村建设的切入点，以实现“教育救国”的宏图伟志。期间，涌现出一批以晏阳初、梁漱溟、陶行知等为代表的乡村教育家。他们针对农民“愚、贫、弱、私”的问题，提出以文化艺术教育攻克农民的愚昧，以生产技术教育帮助农民战胜贫穷，以卫生健康教育改善农民的体质，以公民素质教育克服小农自私自利的思想。

“乡村兴则国家兴，乡村衰则国家衰。”传承、发展、创新传统村落文化是乡村振兴的重要使命。通过教育对传统村落文化进行传承与创新，树立传统村落文化自信，主要需要依托家庭教育、村寨教育、学校教育和社会教育。

### 一、以家庭教育为基础，注重村落文化传承者的培养

家庭是社会最基本的组织，家庭作为个体接触的第一个文化场域，是个体接受教育的起点，也是优秀传统民族文化传承的起点和基础。只要家庭存在，家庭成员之间由于长期的耳濡目染就会彼此产生影响，特别是晚辈对长辈有意识或无意识地模仿和情感的归属，使得家庭教育对个体起着经常性、广泛性、潜移默化的作用。所以，家庭教育对个体的影响是其他教育形式不可比拟与替代的。然而，家庭教育受到家庭长辈文化水平、家庭经济水平、家长对孩子的关爱度等因素影响，使得家庭教育水平参差不齐，具有不平衡性与差异性，在一定程度上决定着个体个性化与社会化的速度和水平。

黔东南州的学校教育在中华人民共和国成立之前整体是较落后的，然而传统村落文化得以一代代传承下来，得益于传统教育模式，其中家庭教育做出了重要贡献。传统村落中的家庭教育内容主要包括语言能力的发展与运用、生产劳动知识与技能、本民族的乡村日常礼俗、民族艺术和审美教育等。

交通的便捷、网络的普及、学校教育的发展、村落与外界频繁地接触……现代化的进程打破了传统村落原有的封闭，传统的家庭文化传承场域日渐瓦解——在乡村中出现了更多的留守儿童，陪伴孩子的是爷爷奶奶辈的家长，因为父母大多外出打工赚钱，家庭教育的传承中出现了代际之间的文化断层。另外，有些家长要么自身都不太熟知本地的优秀村落文化，要么就缺乏传承意识，使家庭中的优秀传统村落民族文化元素越来越少。尽管现今家庭文化传承环境已经发生变化，但是身处村落中的家庭作为一个亲密个体的文化空间，在传承与保护传统村落文化上具先天性的优势。因此在新时代背景之下，还需发挥家庭教育在保护优秀传统村落文化的基础性作用。

1. 转变家长思想观念，以教育改变村落文化传承者的命运

黔东南州曾是贵州省贫困人口分布最集中、贫困面最大、贫困程度最深的地区之一。贫困户由于自身知识水平的有限，深陷贫困文化藩篱，缺乏改变自身阶层的内在动力，信奉“读书无用论”。而对于女孩而言，很多村民认为女孩是要嫁人的，读书更是没用。受经济条件和落后思想观念的影响，偏远山村里很多孩子完成义务教育后就辍学在家或外出打工。早婚风俗盛行，很多还没到婚育年龄的女孩就会被抢婚嫁人。生活在偏远贫困村寨的人们成为守旧思想的牺牲品，被困于山壑之中，无法摆脱生活的困境、无法打破落后思想的桎梏。

扶贫工作经验表明通过教育可以提高贫困人口整体素质，“扶贫先扶智”，从根本上撼动植根于贫困人口内心深处多年的“穷根”“穷脉”。越是贫困的地方，越需要知识的力量。黔东南州曾是浙江省杭州市东西部协作项目的对口帮扶对象。2019年，杭州市下城区联合黎平县开展“山凤凰”关爱女孩项目，以黎平县贫困山区的少数民族女孩为受助对象，主要是从建立女孩教育基金和关爱女生课程两方面实施关爱女孩行动。以奖学、助学、就业、圆梦等方式而展开，“山凤凰”关爱女孩项目主要由“她奖学”“她助学”“她未来”“她梦想”等组成，按照女孩不同年龄段的实际需求进行规划，为深度贫困家庭的女孩接受良好教育提供

一定保障。

"她奖学"——为升学、毕业的女孩发放激励奖金。设立"山凤凰"奖学金，筛选并确定不重视女孩受教育的村（寨）为定点帮扶村（寨）和非定点帮扶村（寨）。整村（寨）推进、改善女孩受教育情况，精准实施"山凤凰"关爱女孩计划奖学机制。每年以村为单位，为初、高中毕业升学的女孩举办庆祝仪式，严格按照标准实行"3558"奖学措施（见表7-1），并现场发放奖学金，鼓励女孩继续学习深造，通过知识改变命运。对于县内没有在定点村（寨）范围内的其他村（寨），只要是第一个考入高中或大学的女孩，也同样可以申请"山凤凰"奖学金。

**表7-1 "山凤凰"关爱女孩项目资助对象与资助标准一览**

| 资助项目 | 资助对象、内容 | 资助标准 |
|---|---|---|
| 她奖学 | 初中毕业的女孩 | 3000元/人 |
| | 初中毕业考入高中（含职高）的女孩 | 5000元/人 |
| | 高中毕业的女孩 | 5000元/人 |
| | 高中毕业考入大学的女孩 | 8000元/人 |
| 她助学 | 针对县内成绩优异、家庭经济有特殊困难需要资助的部分女孩 | 4000元/人 |
| 她未来 | 初中、高中或大学毕业选择直接就业的女孩，为其提供一定的帮助和资助（不重复享受"她奖学"中的毕业奖励） | 初中、高中阶段：2800元/人/年<br>大学阶段：5400元/人/年 |
| 她梦想 | 每年赴周边大城市开展研学夏令营活动 | 4000元/人 |

"她助学"——对县内符合条件的女孩进行资助。在全县范围内筛选出家庭经济贫困、成绩优异的部分女孩进行资助，为女孩家庭减轻经济负担，帮助女孩提供继续上学的生活保障，避免因升学导致家庭经济困难，保证了女孩读书无后顾之忧，保障了接受良好教育的权益。

"她未来"——为毕业女孩提供就业帮助。面向已享受"她奖学"或"她助学"资助范围内的"山凤凰"，动员爱心企业积极参与，为女孩提供实习岗位、技能培训等，为毕业后的女孩提供更好的就业机会，实现"女孩一人就业，帮扶全家脱贫"。

“她梦想”——帮助女孩开阔眼界追逐梦想。面向已享受“她奖学”或“她助学”资助范围内的“山凤凰”，以村或学校为单位，选拔品学兼优的女孩，每年赴东部城市或沿海发达城市开展研学夏令营活动，为有梦想、品学兼优的“山凤凰”女孩搭建学习平台，组织受助女孩到城市开阔视野，拓宽知识界面，追逐梦想。

以“未来+梦想”为依托，杭州市下城区积极帮助黎平县偏远少数民族地区贫困家庭女孩实现求学梦想，助力山区女孩飞向更辽阔的蓝天。伴随着飞机起飞的激动与喜悦之情，来自黔东南州黎平县的24名女孩迎来了她们人生中第一次杭州之旅，这些女孩是杭州下城区“山凤凰”关爱女孩基金的受益者，她们之中有的刚读初中，有的已经在上大学。其中一个女孩在她的日记中写道：“这是我第一次坐飞机，当飞机起飞时我有点害怕。弟弟天真地问我在天上能不能看到他，等我以后有钱了，也要带家人一起来坐一次飞机”。

黎平县水口镇归双村的李小凤（化名），今年17岁，家里7口人，平时父母在外打工，家庭条件艰苦，导致性格比较内向，但她非常懂事，在家主动分担家务，照顾弟弟妹妹，平时学习非常刻苦，成绩优异。在获得“山凤凰”公益基金后，人变得越来越自信。“我会一直一直努力下去，不管前路多么的荆棘，也要勇敢地走下去。读书是我的一种爱好，徜徉在知识的海洋里，我感到快乐，我相信坚持就是胜利。我以后想当名老师，让我的家乡能飞出更多的金凤凰。”

除了地方的教育扶贫项目之外，国家自2015年实施精准扶贫政策，很多家庭经济困难的孩子升学不再有太多经济压力，基本生活得到了保障。笔者曾担任凯里学院教育科学学院2017级学前教育班的班主任，班上的学生全都来自贵州省内，而且大多是黔东南的，59位学生，女生占比95%，其中属于农村精准扶贫建档立卡的学生有19人，这19位学生除了每学年可以有国家发的助学金以减免其学费，适当的生活费补助金，大学毕业时还有求职补贴，成绩优秀的还有奖学金。国家和地方的好政策让更多贫困家庭减轻了经济负担，孩子们可以安心学习，她们的成就也让本村与附近村寨的村民在对待女孩教育问题上有了一定的改观，许多村民慢慢转变了“女孩读书无用论”的观念，民众们意识到只要女孩愿意读书，即使家里没有足够的钱，国家和社会上的爱心人士会帮助他们，“总会有办法解决的”，他们也逐渐不再早早地让女孩结婚或者辍学外出打工。更多的人明白女孩子不光只是嫁人才风光，去读书去学习，有一技之长，以后有份好工作更风光！从内心而言，哪位家长不希望自己的孩子将来生活得更幸福呢？女孩读书不仅可以增长智慧与才能，过自己想过的生活，后期也可以改善原生家庭。奖学金助学金给村民带来了精神鼓励，也使得女孩们能够重新正视自己，思考未来。这些变得越来越自信、自爱、自强的“山凤凰”必将反哺社会，反哺家乡。

2. 提升家长综合素质，培养优秀传统村落文化自觉

家庭教育作为个体教育的起点，对家庭成员，特别是对孩子们个性化和社会化的形成具有重要影响。家长素养的高低也直接决定了家庭教育质量的高低。为了更好地发挥优秀传统村落文化在家庭教育中的传承效果，提高家长的文化自觉是必要的。人的文化自觉源于个体的自觉意识，离不开个体的文化认知与参与，生成于个体与群体的实践文化活动之中。社会团体或当地政府可以利用农闲时间通过多种村民喜闻乐见的文体教育活动培养家长的文化自觉意识，提高文化自觉参与度。侗族大歌、琵琶歌、芦笙舞、侗戏等民族民间歌舞说唱表演，优秀传统村落文化专题知识讲座，刺绣、蜡染、编织等民间技艺比赛，篮球、摔跤、赛马等体育比赛，现在乡村中也是较为常见的文化活动。通过这些有目的、有意识的文化实践活动，提升家长的综合素质，唤起民族意识和情感，形成优秀传统村落文化自觉。

作为地地道道的苗族人，杨昌梅（化名）从小就跟父母亲学习苗族古歌，对苗族歌舞有着特殊的情感。身为苗族古歌文化传承人，沉重的家庭负担没有使她放弃对苗族古歌的坚守，除了利用乡间苗族歌舞协会的力量，培养更多的苗族歌舞传承人，杨昌梅的孩子们也深受影响，自觉加入到保护和传承苗族古歌文化之中。

“从小我们几个兄妹就在母亲（杨昌梅）的苗歌声中长大，听多了有时还觉得腻得很，觉得没啥好听的。后来到学校里，班上开展文艺活动，受母亲的影响与鼓励，我也尝试上台演唱家乡的苗歌，取得了不错的成绩，这也树立我对自己和苗歌的信心。以后这类活动我也经常参加。回家后，我还会唱给妈妈听，请她指导。对于我所取得的成绩，母亲也感到开心。”

在家庭日常生活中长者或能者自然地对家庭成员开展优秀的传统村落文化教育活动。以民居中堂屋、火塘等家庭公共活动空间为中心，以近距离言传身教的自然方式进行村落文化教育传承。在黔东南苗族、侗族等少数民族地区，家庭

成员的民居公共活动中心是堂屋、火塘等空间。火塘是家庭生火做饭、照明取暖的地方,也是家庭成员日常聊天交谈、交流感情、待客接物的空间,至今仍保持向火而生的教育传承特征。家庭中的年长者承担教育者的角色,向年幼者传述本民族古老的神话故事、家庭成员的过往之事、乡村趣闻、民风习俗、生活技能等,对年幼者进行本民族传统文化的启蒙,为他们日后接受传统文化的正规教育打下家学基础。

## 二、以村寨教育为根源,塑造村落文化传承体的品牌

传统村落是传统村落文化沉淀最为深厚、保存最为丰富的场域。村寨教育是历史上各族人民在村寨这一主要生产生活场域中自发形成的教育。黔东南各族村民由于长期处于较封闭的地理环境,其生产技能、生活方式经过世世代代的积累,以经验的形式总结和建构了一套完整的知识体系。村民们经过传统村寨教育获得生存的必要知识与技能,守护了乡村的传统生产生活习俗。

“饭以养身,歌以养心”,无论是侗歌还是苗歌在过去都是黔东南乡民们生活中的必需品,生活的经验孕育其中,歌唱得好不好也是个人智慧的体现。在村落做田野调查时,村民告诉了我们发生在他们身边的生活故事:

年逾80岁的吴爷爷是蚕洞村下寨的侗族大歌歌师。据吴爷爷介绍,在他年轻时候侗族大歌是村民的灵魂。侗族人民喜欢斗牛,其他村寨的侗族人到这里来买斗牛的时候要在鼓楼中面对面坐着,以对歌的形式来谈价钱,谈好价钱后,来买牛的人将牛牵走但是不立即付钱。卖牛的人想要钱还需到买牛的人家以对歌的方式取钱。

50多岁的吴姨说,侗族大歌在蚕洞下寨的传承面临危机,其他寨子也差不多。现在大部分年轻人都只会少量的侗族大歌,而且由于她们这一代与之前的长辈都不识字也不会写字,所以没有歌书,侗族大歌在寨子里的传承多靠自己的记忆。据吴姨介绍,她从小跟母亲学的侗族大歌,后来做了吴爷爷学徒,但由于现在用得也不多了,至今也只是记得部分歌词。蚕洞下寨的妇女大部分都在外打工赚钱,只有少部分妇女在家。每年农历六月六的时候,只有村寨里在家的妇女到鼓楼合唱侗族大歌,而且由于在家的妇女大部分文化程度都不高,侗族大歌只能以传统唱的方式来传承。现在年轻人都外出打工或学习,侗歌和他们的生

活已不像以前那样紧密,学侗族大歌的孩子也越来越少。

榕江县色边村70多岁的石爷爷,不仅是吹芦笙的高手,还是县里侗族芦笙歌谱传承人。石爷爷不仅教村民吹芦笙,还会认芦笙歌谱符号。石爷爷说,小娃们都到镇上读书去了,有的周末或放假才回村里,年轻人和中年人都出去打工了,难得回来。不过快过年了,大家还是可以聚在一起的。有的年轻人跟我学芦笙,我很高兴,真心希望侗族芦笙歌谱代代相传。

传统村落文化根植于传统农耕社会,随着社会的现代化、乡村和人口结构的改变,传统村落文化在乡村的传承也必然随之改变。村寨作为传统村落文化传承的应然主体——村民们生活的主要空间,村寨是村落文化传承的基地,村寨教育是优秀传统村落文化教育的根源。

1. 用乡村产业留住村民,共建家园

新时代背景之下,由于乡村中大量青壮年外出务工与进入城镇重新安家,传统村落文化传承环境发生了改变,原生传承主体渐渐离开了乡村。近年来,随着新型冠状病毒肺炎疫情的持续,更加剧了这一状况。疫情之前,我们去村寨做调研,常会遇到外地人或外国人,想必也是对村落民族文化感兴趣,不远千里万里来到寨子里。疫情期间,由于防疫的需要,进出的人少了,连自己本村的人也少了,更多的人跑外地去找活路,[1]用村民的话来说“外面更好找活路!”。

传统村落的主体是村民,如何留住村民,除了加强基础设施建设以优化生活环境之外,乡村应该依托传统村落文化,进一步厚植生态底色,发展乡村产业,使得村民有活可干,有钱可赚,有家可居。从江县高增乡占里村是当地知名的“人口文化村”,全村总面积25.54平方千米,耕地面积2862.69亩,林地面积13 274.5亩,森林覆盖率85%。全村有贫困人口共109户476人,2020年年底全村贫困人口已实现如期脱贫。该村已开展生活污水处理、村内道路建设、停车场、村寨绿化美化建设项目,实施“稻鱼鸭”复合系统,种植糯稻1728亩,发放鱼苗3000斤,发放鸭苗3000羽,发放有机肥100吨。占里村充分利用林下资源优势,结合本村实际大力发展林下经济,引导村民种植淫羊藿、板蓝根等林下中药材,完成中药材淫羊藿种植项目,征地1000亩,整地1000亩,植苗800亩,投入资金1559.6万元。项目覆盖脱贫户、监测户120户536人,实现年户均收入每户2066元以上,

[1] “活路”是黔东南本地的方言,意思是工作。

吸纳就业300余人。[1]

黔东南州基于山地村落的实际情况，选择发展林药、林菌、林鸡、林蜂、高山茶、乡村文化旅游等产业，汇聚人气，逐步形成“一村一品”产业格局，做大做强乡村产业。通过加强对外交流合作，提高产品的质量、提升生产水平、优化营销渠道。村民在家乡拥有工作机会不仅可以保障他们的经济收入和生活水平，也可因家长的到位缓解或根本性解决留守儿童成长教育问题，避免社会发展过程的不和谐因素。

2. 依托传统民族节日活动，塑造文化品牌

传统节日因拥有广泛的民间基础，成为人们生活中不可或缺的内容，也是“非遗”的重要组成部分。传统民族节日对于增强民族凝聚力和文化认同感、促进社会和谐具有重要的现实意义。乡村民族节日活动因参与人数众多、体验性强等因素是传播优秀传统村落文化的重要途径，村民对自然与祖先的敬畏、对环境的保护、对民族风情的展示、对生活的理解等在节日中都得到了生动的体现。

黔东南是“百节之乡”，深入了解后，惊讶于如此丰富的节日文化。其中祭祖节日作为一种精神文化和民族信仰世代相传。祭祖节日除了大家所熟知的“清明节”，本地的还有苗族的“鼓藏节”，僳家的“哈冲节”，侗族的“翁谱节”等。

翁谱节，北侗的祭祖尝新节。农历六月间，本地稻禾已含苞抽穗，早一点的已经散籽，一年一度的稻收季节即将来临。为纪念祖先不辞辛苦，迁居此地，奠基生活的田园，也为了祈祷秋收有个好收成，翁谱节应运而生。节前各家女主人按家族长幼顺序统一“进河”清洗祭祀用品，备好祭祀食品，其中米酒、糯米饭、整鱼[2]、无盐米炖菜粥[3]缺一不可，看似普通的祭品，却饱含不忘根本之内涵。节日期间，这些用品有特定的称呼，例如祭祀用的竹筷子，剑河县一带侗族村民叫“Maix lonl”，称为“拐杖”[4]。在沟洞村，翁谱节是仅次于过年的重要节日，无论是在外工作的村民，还是亲朋好友，都会齐聚村寨，共度佳节。2021年暑假之初，

---

❶ 资料与数据由从江县高增乡占里村委会提供。

❷ 先民迁徙之初，拓荒种地之前，无家禽畜类食品，只能下溪沟捉鱼吃。祭祀用鱼为整条，多以文火烘干而成。

❸ 源于先民最初缺米无盐，常以野菜等蔬菜为食，以忆苦思甜。

❹ 纪念先民跋山涉水而来，在迁徙途中不知走过多少路程，用了多少拐杖，最后才找到定居之地的艰辛之旅。

笔者去乡村调研时,在沟洞村偶遇年轻人,问之,才知是特意提前请假回来过翁谱节。

翁谱节当日(六月的第一个卯日),沟洞村家家户户张灯结彩,村民们换上节日盛装,靓女少妇在寨门设在拦门酒,盘歌对唱,唱不来的就喝上一牛角米酒,方能通关入寨。长桌宴多由氏族长者主持。传统节日在新时代背景之下也显示了新意,村两委建立"翁谱节策划"微信群,其中姑妈团队拜翁谱的策划方案也是通过网络来制定。翁谱节除了拦门酒、长桌宴、踩芦笙、踩鼓等传统活动之外,还有姑妈拜翁谱、乡村文艺晚会、沟洞村晒诗斗诗活动、沟洞村书画展等。

传统村落世代聚族而居,村落内部形成村民普遍认同并共同遵守的节日文化,其中蕴含着的思想观念、人文精神和道德规范,一直发挥着凝聚人心、教化群众与淳化民风的作用。丰富而独特的传统节日活动彰显了新时代传统节日的内涵与创新性,有利于传统村落文化品牌的塑造。

3. 知晓与遵守法规,保持农耕文化的固态与活态传承

关于传统村落文化保护,国家颁发了一系列相关法规,例如:《中华人民共和国文物保护法》《中华人民共和国城乡规划法》《中华人民共和国非物质文化遗产保护法》《中华人民共和国文物保护法实施条例》《历史文化名城名镇名村保护条例》等。黔东南州根据《关于加强传统村落保护发展工作的指导意见》《关于切实加强中国传统村落保护的指导意见》等中央文件与国家法规制定《黔东南苗族侗族自治州民族文化村寨保护条例》等规章制度,各县也根据自己的实际情况,出台了相关保护办法,使得传统村落文化保护机制逐步健全和完善。为使传统村落中新建房屋符合保护发展规划的要求,与乡村原有空间景观相和谐,黎平县制定了传统村落建房"三要十不准四到场"制度。

黎平县传统村落建房"三要十不准四到场"制度

三要

1. 要申请。建房要向村民小组或村委提出申请,会议讨论同意,且公示无异议或异议不成立后,报乡镇政府审批。

2. 要审批。乡镇人民政府(街道办事处)负责组织农业农村、自然资源、住建、文广部门人员现场联合审查和审批,出具《农村宅基地批准书》和《乡村建设规划许可证》。

3. 要合规。传统村落建房的建筑高度、结构、材料、风格、体量、外形及色彩等要符合保护发展规划要求。

十不准

1. 不准未经申请和审批建房;
2. 不准违反规划建房;
3. 不准占用基本农田建房;
4. 不准占用公共活动场所建房;
5. 不准占用防火线建房;
6. 不准建设与村落整体风貌不协调的砖混、框架、钢结构等现代建筑;
7. 不准破坏生态环境或在地质灾害区等危险区域建房;
8. 不准超规定高度、层数和面积建房;
9. 不准非法买卖、转让土地建房;
10. 不准超越道路“红线”或损毁历史文化遗产建房。

四到场

农户在传统村落内建房,乡镇要及时组织农业农村、自然资源、住建、文广在农户提出申请时要到现场审查、建筑放线要到场、主体封顶要到场、竣工验收要到场。

关于传统村落文化保护的常识性知识应该利用简便易行多途径地对村民进行普及性教育,使得村民知晓并遵守。例如某侗寨为传播乡村文明,鼓励村民学习技术,提升修养,就自编《鼓楼歌》在乡民中进行普及。

鼓楼歌

侗乡村寨有鼓楼,男女老少在此休。
轮流烧火须不断,无理不烧也害羞。
人多广聚多热闹,劳而苦闷好解忧。
众多嘴杂言语丑,劝君莫把记心头。
有时误酒人心乱,亲朋好友莫计仇。
此处休闲多美好,日夜歌声响悠悠。
楼火常明人不断,日里防火夜防偷。
楼火常明人常守,寨上出事也不愁。

人多技广互相学，科学创新百世兴。
有技之人常期讲，愚人想富不怕羞。
民族文化要发展，大胆弘扬不要休。
精神文明要四美，和谐家风传九州。

在增冲侗寨调研时，我们住的是农家小楼，石奶奶看着家，儿子们在外工作，小儿子在附近的小学教书，小媳妇在村委会工作，兼管农家乐，她则偶尔帮帮忙。坐在沙发旁的石奶奶把手机放在身边，一边拿起手中的针线绣着花样，一边嘴里咿咿呀呀，我听不懂，问她唱的是什么，她用不太标准的普通话说唱的是侗歌，手机里放的也是。“我们这一代的老年人就喜欢这些，现在村里没以前热闹，我们这些老年人想看想唱了，有时就凑到一起唱，有时就用手机里看。”我凑近手机一瞧，原来是微信公众号：微侗家，里面主要有三个版板：一是侗歌侗戏：流传在侗村的经典侗族大歌、教您唱侗歌专辑、经典侗戏等。二是经典音乐，都是侗族系列的，如：侗族琵琶歌、牛腿琴歌、侗语情歌等。三是侗家文化：包括侗家微电影，反映侗民的新生活，还有脱贫攻坚与传统村落文化保护的侗歌侗戏。笔者认为在智能手机普及的年代，在老年人数量占多数的村落里，不仅是中青年人需要学习新知识新本领，老年人也需要与时俱进，每人都尽己所能为现代乡村建设与传统村落农耕文化的固态与活态传承添砖加瓦，这样才能建设好民族地区的美丽乡村。

## 三、以学校教育为主体，提高村落文化传播者的水平

学校教育以其明确的教育目的、专业的教育工作者、科学的课程和教学计划等优势，显示出与其他教育形式不同的规范性和专业性，使优秀的传统村落文化在传承过程中有目的地、有组织地、系统地、科学地大规模、高效率地传承。因此，在乡村常住人口越来越少，传统村落文化传承的原生环境已发生改变的态势下，学校教育将在传统村落文化的传承与保护中发挥主导作用。

2003年1月1日起，贵州省在全省范围内启动民族民间文化进校园活动。2016年4月，贵州省全面推进从学前教育到高等学校的各级各类学校民族文化进校园工作。在“十三五”期间，打造各级各类共计1000所民族民间文化教育项目学校，发挥民族民间文化教育项目学校示范作用，探索包括黔东南优秀传统村

落文化在内的民族民间文化传承与保护的新路径，将其培育成为贵州省民族教育的特色和亮点。

截至2020年年底，黔东南州民族民间文化教育项目学校共83所，60多万学生参加了民族文化进校园活动。[1]通过调研发现黔东南州各级各类学校将优秀传统村落文化引进校园引入课堂，其中，以源于黔东南村落中的"非遗"为主，各校因地制宜，将本地的"非遗"资源引入学校的教育教学活动中，在促进学生全面与个性发展同时，也体现了学校的特色办学，实现地方学校传承与创新民族文化的职责。黔东南州各级各类学校现已形成了教育与"非遗"相融合的局面。

传统村落文化是民族的、大众的，为培养有根的现代中国人，为更好地发挥学校的育人功能，提高村落文化传播者的水平，学校应以课程为媒介丰富优秀传统村落文化教育内容；适应时代与社会发展需求，改进优秀传统村落文化传承的教育方式；建设一支富有优秀传统民族文化素养的"四有"好老师队伍。建立与素质教育理念相一致的教育评价制度。

1. 丰富学校优秀传统村落文化教育的内容

在国家教育方针的指导下，学校教育通过科学地设置课程，丰富教学内容，将优秀的传统村落文化融入教学，实现学生的个性发展与全面发展，具体主要包括以下几个方面：(1)德育：传统是民族的本，中华民族的伟大复兴，也离不开对优秀传统村落文化的继承与发展，离不开对先人的智慧与哲理的学习传承。(2)智育：对传统村落文化的保护与传承，是为创新和超越，旨在向学生传授知识、训练技能、培养学生认识和改造世界的能力。(3)体育，使学生增强意志力与体质。现代体育中有许多内容都来自民间发明创造的体育活动。因此，在现代学校体育教学活动，应积极继承和汲取民族体育活动中的精华，把民族体育活动发扬光大。(4)美育，通过引导学生对民间工艺品与传统技艺的鉴赏与操练创作，以培养学生健康的审美观及创造美的能力。(5)劳动技术教育，通过科学技术和实践活动，使学生掌握劳动技术知识与技能，养成良好的劳动态度和劳动习惯。

教师在课程教学中应渗透充实优秀传统村落文化传承的内容，例如，在语文课程引导学生认识中华农耕文明的丰厚博大，吸收乡土文化智慧，尊重多元民族文化；在音乐课、美术课、舞蹈课等艺术课程中引导学生通过了解和学习本地本

[1] 黔东南州地方志编纂委员会办公室．黔东南年鉴(2021)[M]．昆明：云南美术出版社，2021：295.

民族的民歌、民乐、舞蹈、服饰、剪纸、工艺品等，感受本地域的民族艺术特色，提升学生认识美、理解美、欣赏美、创作美的能力。在地理课通过引导学生在对自然地理与人文地理的学习的基础上，关注家乡的乡土地理，培养学生热爱家乡的美好情感。另外，学校可因地制宜，开设园本或校本课程，开辟“非遗”专题，在专题教学中，教师可以利用当地的传统村落文化资源，设计民族歌舞、民族文学、民族技艺、民族体育、民风民俗等教学专题。

“剧本是一剧之本，教材是人才培养的主要剧本”。教材建设抓好了，教学就有了依据。目前，制约学校开展传统村落文化教育传承的一大障碍是缺乏教材，基层校本课程教材的缺乏影响了优秀传统村落文化教育传承的质量，各地良莠不齐。民族地区的教育管理部门要鼓励各校在完成国家课程、地方课程的前提下，结合当地和学校优势，充分利用当地优秀传统村落民族文化资源，以教师为主体，组织当地拥有丰富乡土文化知识的年长者、民族民间艺人参与到校本教材编写的队伍中来。校本教材的编写在保证科学性与思想性相统一的基础上，编写方式上做到纵向组织与横向组织相结合，突出地方性和民族性，把优秀传统村落民族文化成果吸收到教材中，助力素质教育的实施。

畲族粑槽舞是贵州省级非物质文化遗产，是畲族村民丧葬时独特的舞蹈形式，主要流行在黔东南州麻江县境内六堡、隆昌、仙坝、岩莺、营山等畲族聚居的村寨。粑槽舞使用生活用具粑槽作道具，用木棍敲击粑槽，按照一定的节拍，配以粗犷的舞姿，村民参与性强，是民族认同的纽带，展现了畲族村民豪放、朴实的性格。麻江县隆昌小学是畲族聚居区的一所村级小学，其中畲族学生占81%。[1]近年来，隆昌小学把畲族粑槽舞、畲族武术、畲族刺绣等优秀传统村落文化引进校园引入课堂，富有地域特色的校本课程内容适应了地区和学生的发展需求，让畲族儿童进入小学就能接触和学习本民族优秀传统文化，体现了学校教育内容的民族性、选择性、均衡性与地方性，学校荣获“贵州省首届优秀文化进校园一等奖”等殊荣。

2. 改进优秀传统村落文化传承的教育方式

优秀传统村落文化的传统教育传承主要以一对一或一对多的方式，采用耳

---

[1]麻江县隆昌小学概况[EB/OL].(2021-09-07)[2021-11-12].麻江县人民政府官网.http://www.majiang.gov.cn/xxgk/qysygk_5869217/jy_5869218/jyjggk/202109/t20210907_69946051.html.

濡目染、潜移默化、观察、操练的方法习得。为取得更好的教育效果,可以采用课堂教学与社会生产实践活动相结合,“从做中学”,将社会实践活动延伸至校外,拓展优秀传统村落文化的教育空间,满足学生的多样化学习需求。

凯里学院美术与设计学院带领学生走进三棵树镇南花村、榕江县三江乡等传统村落,深入挖掘村落中的民族传统文化元素和区域资源,设计出具有鲜活民族文化特色的创意作品,践行“乡村振兴-百村计划”。师生以苗侗采茶、摊青、晒青、揉捻等工艺为要入点,结合传统茶文化与苗侗民族文化特色,为本地茶叶进行包装插画设计。在女包的创新设计中通过对八角纹、万字纹等民族图案进行重复镜像、中心对称的巧妙组合,表达了苗侗等少数民族对生活的认识和理解,寄托了热爱生活的情感和祈福消灾的愿望。灯不仅仅是照明,也是一种装饰,一种表情。学生在毕业设计作品中以传统村落中的民族服饰、民居建筑造型为灯具的设计元素,采用天然的木质材料,使灯具富含民族的自然生活气息。在“不倒喵”的设计中以苗侗服饰中的刺绣图案和颜色为切入点,以猫作为设计载体,将其形象嫁接到不倒翁上,表达了苗侗等少数民族坚韧、乐观的精神。在“凹凸”榫卯回形针的设计上提取了当地民居吊脚常用的燕尾榫、斜角榫、穿带榫、企口榫、粽角榫等元素,整体突出榫卯结构的形状特征,丰富与创新了回形针文具的设计,对传播优秀的民族传统文化有一定的积极作用。

通过社会生产实践让学生亲身感受民族地区的文化生活,从而使其获得感性认识,增加对传统村落文化的认识和理解,增强对学习和传承优秀传统村落文化的兴趣。身处现代信息社会,学校教育方式加强对多媒体、网络信息技术等现代科技的利用,也是非常有必要的,有利于拓宽传统村落文化传播途径和范围,加强村落文化的多样性和趣味性,吸引更多学生投入到优秀村落文化的传承中来。同时为了让学生能更好地成为村落文化传承人,学校应鼓励教师运用双语进行教学,提升教师运用双语进行教学的能力,培养会说本民族语言的文化传承人。

3. 建设一支富有优秀传统民族文化素养的“四有”好老师队伍

“教育大计,教师为本”,加强教师队伍建设是办好教育事业的重要保障。[1]

[1] 教育部课题组. 深入学习习近平关于教育的重要论述[M]. 北京:人民出版社,2019:7.

截至2020年年底，全州各级各类学校教师52 982人，[1]教师入职后通过教学实践与一系列职后继续教育（“国培计划”“省培计划”“双语教师培训”等），师资队伍整体专业素质得到了提升。

通过对黔东南基层中小学的调研，校长们告诉我们学校较缺乏音乐、体育、美术方面的专业老师。由于音、体、美这些所谓的“附课”在中小学生课程的总比低于语、数、外等这些所谓的“主课”，使得音、体、美教师的编制或岗位较少。对于中国的孩子们来说，小学应是实施素质教育，开展优秀传统民族文化教育的最佳阶段，因为他们的升学压力小，又是人生最佳发展“可塑期”，但是小学教育情况又较特殊，即使是音乐、体育、美术专业教师被招进学校，他们也和其他学科老师一样成为“全科型”教师。由于中小学音乐、体育、美术专业师资的缺乏，相关课程多由其他专业的任课教师在开展教学工作，而且，有时中小学音乐、体育、美术课程还存在被其他课程占用的现象。

黔东南州是歌舞之乡，民族民间美术与体育也非常有特色。但是为什么基础教育师资队伍还是较缺乏音乐、体育、美术的专业老师呢？一方面，这与教师选聘与管理制度是有关系的。另一方面，教师们在职前职后的专业艺术与体育素养还有待提升。有些学校从民间引进老师，也常遇到尴尬，民间艺人甚至是“非遗”传承人由于大多来自乡村，除了有“技”或“艺”外，自身文化水平不高，有的在传承过程中还是沿用乡村非常传统的那一套，导致教学效果不太理想；有的“非遗”传承人觉得学校门槛难进，传承活动较难实效性地开展。因此，在民族地区建设一支富有优秀传统民族文化素养的“四有”好老师队伍是非常有必要的。

4. 建立与素质教育理念相一致的教育评价制度

实施素质教育是全面贯彻国家教育方针的体现，其以提高国民素质为根本宗旨。素质教育可促进学生的全面发展与个性发展，其以培养学生的创新精神与实践能力为重点。教育评价具有导向、鉴别与选择、激励等功能，正确、合理地运用教育评价能有效促进传统村落文化在学校教育传承，其能正向促进传统村落文化在学校教育落地生根。

2020年10月13日，中共中央、国务院印发了《深化新时代教育评价改革总体方案》，此方案的出台实施对于系统推进我国教育评价改革，引导全党全社会树

[1] 黔东南州地方志编纂委员会办公室．黔东南年鉴（2021）［M］．昆明：云南美术出版社，2021：277.

立科学的教育发展观、人才成长观等方面都具有重要意义。[1]学校教育评价制度主要包括三个方面：(1)对学校的评价。要求健全学校内部质量保障制度，落实立德树人根本任务，促进学生身心健康发展。充分利用人工智能、大数据等现代信息技术，对学校教育管理与育人成效进行纵向与横向评价。(2)学校对教师的评价。评价制度要根据教师教学实际情况科学合理地设置评价指标，减少重复评价，学校可将教师对优秀传统村落文化的教育指导与参与纳入个体专业发展与个人绩效考核指标中，以现实利益与职业发展为动力提高教师对传统村落文化传承的积极性，加强教师专业化队伍建设。(3)学校对学生的评价。在对学生实施素质教育的同时要做到因材施教，给予拥有传统村落文化特长生教育成长机会，使其感受到因接受优秀传统村落文化教育带来的自信与自豪，促使学生产生内发传承动力。对学生的评价要做到短期与学生的评优评先、升学相结合，长期与学生个体成长发展相融合。通过不断探索和改进乡土地区学校德育、智智、体育、美育与劳动教育的评价制度，提高传统村落文化在学校教育传承的积极性与实效性。

## 四、以社会教育为延伸，优化村落文化传承外部环境

本书中的社会教育是指在社会生活中除家庭教育、村寨教育、学校教育之外的社会机构或团体有目的地对社会成员的身心发展起促进作用的活动。社会教育具有教育主体的多元性，教育对象的全民性，教育时间的终身性，教育内容的丰富性，教育形式的开放性等特征。黔东南州通过成立民族文化教育研究机构、开展研学旅教育活动、以社区为中心，以社会教育为延伸，拓展了受教面，优化了传统村落文化传承环境。

1. 成立民族文化教育研究机构

黔东南州很早就十分重视传统村落文化，为了充分抢救、传承和弘扬传统村落优秀文化，黔东南州先后建立了相关研究机构。在1956年黔东南州成立时，黔东南州文化局建立了文化研究所，关于村落的语言、服饰、歌舞、建筑、农耕、民俗文化等，是其研究的重点内容之一。1992年，黔东南州苗学研究会、黔东南州

[1] 中共中央、国务院印发《深化新时代教育评价改革总体方案》[EB/OL]. [2020-10-13]. 新华网. http://www.xinhuanet.com/politics/zywj/2020-10/13/c_1126601551.htm.

侗学研究会成立。此后，黔东南州内各县先后成立县级苗学、侗学研究会，以抢救苗侗族文化遗产、弘扬苗侗族优秀文化艺术、传承苗侗集体智慧为宗旨。2015年黔东南州成功举办首届“中国传统村落黔东南峰会”，对黔东南州传统村落起到很好的宣传，截至2017年，黔东南州已成功举办三届“中国传统村落黔东南峰会”，扩大黔东南州开展传统村落文化保护的社会影响力。

2. 开展研学旅教育活动

鉴于传统村落丰富的自然资源、“非遗”资源，适宜开展研学旅营地建设。雷山县郎德研学教育基地位于郎德苗寨景区内，是以文化传承、研学教育、自然教育、农耕实践教育等为一体，可同时容纳1500人左右开展“非遗”项目体验。黔东南州现在积极开展研学旅营地建设，将黔东南打造成全国知名民族文化研学旅行目的地。

3. 以社区为中心开展传统村落文化活动

社会教育与社区教育是整体与部分的关系。社区教育是以社区为范围，以社区成员发展为本，以本社区成员为对象。由于中国城镇化建设的加快和村民们的易地搬迁，因此，社区教育在传承传统村落民族文化也是必不可少的。

长期的生产活动使得苗族同胞形成了自己对美的独特的欣赏水平，苗家妇女用灵巧的双手编织出美好生活。过去苗绣多出于苗族家庭的日常生活穿着打扮与社会交往的需要，苗绣基本处于民间自给自足阶段。现如今随着社会商品经济的发展，黔东南州各县以社区为单位，以“公司+合作社+绣娘”的经营模式推广苗绣，给社区的女性上苗绣培训课，提升其苗绣技能，为其创造就业机会。施秉县已经创办了“榜香郁”“舞水云台”“艺雅枝”“古苗疆”等苗绣公司。他们以开拓创新、以人为本的精神，以“传承民族文化、推动妇女就业、诚信创造财富”为目的，助推苗绣的传承与创新。

在社区经过刺绣培训的王小燕（化名）告诉笔者：苗绣以前我也会点，但绣得没别人好。苗绣公司会不定期地来社区举办苗绣培训班，培训不需要交学费，只要感兴趣，16岁以上70岁以下的女性，不分民族都能报名参加。培训时有专业的绣娘来指导学员，学习刺绣的材料由公司免费提供。现在我也不出去外工了，在家接绣活，时间灵活，还可以照顾孩子读书和生活，另外也有较稳定的收入。我以前在饭店做事，一个月就2000多元，也管不了家庭。现在我的刺绣技术好了，每天在家绣绣片，绣衣服，一个月的收入也不少。现在不少人都夸我绣得好，交单及时，我自己很开心，脸上有光，心里踏实。

## 五、以智慧教育为辅助，扩大传统村落文化的影响力

智慧教育是教育在信息社会与时俱进的产物。为了利用信息技术宣传黔东南传统村落文化，贵州省和黔东南州相继分别开展传统村落数字博物馆建设。大数据作为贵州省三大战略之一，而传统村落信息服务平台作为黔东南传统村落数据开发平台的建设和运营主体，将在持续推动传统村落数据共享起到示范带动作用。黔东南州充分利用移动互联网，致力打造“村落旅游+村落商城”模式，对外打造成发现之旅、探秘之旅、文化之旅、舌尖之旅、休闲养生之旅，提高民众参与和农民增收。社会大众通过网站或APP查阅村落概况、自然地理、物质文化与非物质文化等内容，减少民众对传统村落的物理空间距离，便于对传统村落文化的接触、认知与学习，实现信息数据的“教育”价值。

来到黔东南州游玩的人，几乎必去西江千户苗寨，西江拥有的苗族文化在黔东南州其他苗寨也很常见，而为什么大家都去西江而不去其他苗寨呢？当然有多种原因，其中之一是作为旅游景点的西江苗寨除了交通更便捷，基础设施建得好，另外就是它的宣传与数字化传播做得较之黔东南州其他苗寨更好。以2019年国庆假期为例，黔东南州的西江千户苗寨曾在央视的媒体中多次出现。[1]在每年雷山县的苗年大型庆祝系列活动中，西江千户苗寨也是频频亮相。民众也把关于西江苗寨文化与活动利用微信、抖音等数字媒体平台竞相传播，提升了其知名度。

现代生活节奏越来越快，民众受海量信息的影响，逐渐养成移动化、碎片化、场景化、视频化的阅读习惯。鉴于许多源自传统村落的“非遗”面临着传承危机，不少传承人利用抖音或快手等短视频平台以低成本、易操作等方式向更多社会大众进行传播。智慧教育作为以电子信息技术及网络空间为媒介而展开的一种教育形态，当代的网络课堂、开放教育都是智慧教育的典型代表。由于黔东南州

---

[1] 2019年9月29日，央视新闻-手机客户端《晨光里的中国》，聚焦西江千户苗寨播出《苗寨的早晨》；9月30日，央视特别报道“长桌宴上说丰年千户苗寨迎国庆”“苗族群众载歌载舞迎国庆”；10月3日，新闻直播间播出西江千户苗寨“长桌宴芦笙舞苗寨共庆佳节”。

传统村落的地理位置一般较为偏僻,智慧教育可克服这一地理困境,相对于传统的课堂教育而言,具有投资少、效率高、受教者多、时效性长等优点,传统村落文化教育的虚拟课堂发展势在必行。

# 结　语

中华人民共和国成立70多年来，在党中央的领导下，黔东南州各族儿女接续奋斗，砥砺前行，使这块昔日“老、少、边、山、穷”的山区发生了巨大的变化，逐步从贫困落后走向繁荣振兴，从偏远封闭走向开放自信，与全国各族人民一道昂首阔步迈入新时代。

中国是世界农耕文明的中心，传统村落是中国农耕文明的名片。黔东南州拥有的传统村落在“中国传统村落名录”中有409个，在全国地州市中排名第一，拥有全国重点文物保护单位20处，州级和县级文物保护单位共899处，侗族大歌入选世界级非物质文化遗产名录，入选国家级非物质文化遗产名录41项，入选贵州省非物质文化遗产名录共175项，被誉为“人类疲惫心灵栖息的最后家园”。

传统村落文化的保护与传承应在生活教育中弘扬，在实践改革中创新，立足乡村文明，吸取外来文化优秀成果，在保护传承的基础上，创新性发展，不断赋予时代内涵，为增强民族文化自信提供优质载体。在传统村落文化保护与传承的过程中，应秉持“传承中华文脉，守护精神家园”的信念，将家庭教育、村寨教育、学校教育、社会教育、智慧教育五者有机结合，形成“五位一体”教育机制。

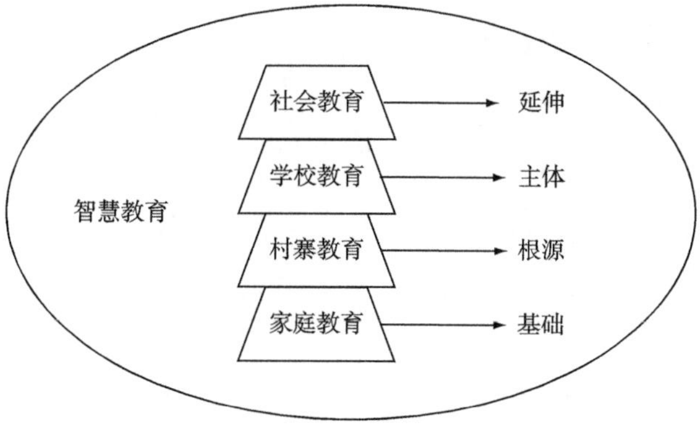


传统村落文化保护“五位一体”教育机制示意图

不同性质和类型的教育在传统村落文化保护中发挥的作用各不相同。家庭教育是民族地区传统村落文化教育传承与发展中重要的有机组成部分,是教育的起点和基础。村寨是传统村落文化的起源地与传承基地,是传统村落文化沉淀最为深厚、保存最为丰富的场域,村寨教育是优秀传统村落文化传承的根源。随着优秀传统文化在学校教育的不断渗透与普及,学校教育在传统村落文化的传承中发挥主导作用。社会教育是家庭教育、村寨教育、学校教育的延伸和发展,有效地实现教育的大众化,将优秀传统村落文化融入社会教育可提高全民的思想道德素质和科学文化素质。受知本社会信息传播手段的现代化、大众化、普及化的影响,智慧教育拓展了教育的空间,扩大了教育的范围,深化了教育的内容,创新了教育的方式,对传统村落文化的教育传承作用将日渐突显。在具体的教育传承活动中,应根据实际情况,通过不同的渠道和方法,突出各自教育的特点,发挥各自教育的优势,增强五者各自的教育力度,融合五者之间的关系,形成一个既有分工又能协调一致的教育网络,彰显村落文化联动协同效能,以弘扬优秀传统村落文化,实现创造性转化和创新性发展,让传统村落文化自信地走向全国走向世界。

# 参考文献

## 一、书籍

[1]李怀印．华北村治——晚清和民国时期的国家与乡村[M]．王士皓，岁有生译．北京：中华书局，2008.

[2]王笛．跨出封闭的世界——长江上游区域社会研究（1644—1911）[M]．北京：北京大学出版社，2018.

[3]段友文．黄河中下游家族村落民俗与社会现代化[M]．北京：中华书局，2007.

[4]滕星．多元文化教育——全球多元文化社会的政策与实践[M]．北京：民族出版社，2010.

[5]胡彬彬，吴灿．中国传统村落文化概论[M]．北京：中国社会科学出版社，2018.

[6]李良品，彭福荣，崔莉．乌江流域民族地区教育发展史[M]．重庆：重庆出版社，2010.

[7]张诗亚．西南民族教育文化溯源[M]．上海：上海教育出版社，1994.

[8]范国睿．教育生态学[M]．北京：人民教育出版社，2000.

[9]艾德，等．经济、社会和文化的权利[M]．黄列，译．北京：中国社会科学出版社，2003.

[10]威尔·金里卡．少数的权利：民族主义、多元文化主义和公民[M]．邓红风，译．上海：上海译文出版社，2005.

[11]恩格斯．家庭、私有制和国家的起源[M]．北京：人民出版社，2003.

[12]贵州省凯里市地方志编纂委员会．凯里市志（上）[M]．北京：方志出版社，1998.

[13]国家统计局人口和就业统计司，国家民族事务委员会经济发展司．中国2010年人口普查分民族人口资料（上）[M]．北京：民族出版社，2013.

[14]贵州省第六次人口普查领导小组办公室．贵州人口发展研究（第三辑）：贵

州省2010年第六次人口普查资料开发课题集[M]. 贵阳:贵州科技出版社,2014.

[15]台江县地方志编纂委员会. 台江县志[M]. 贵阳:贵州人民出版社,1994.

[16]蒋华. 黔东南侗歌文化内涵与艺术特色研究[M]. 哈尔滨:黑龙江人民出版社,2020.

[17]黔东南苗族侗族自治州地方志编纂委员会. 黔东南苗族侗族自治州志·民族志[M]. 贵阳:贵州民族出版社,2000.

[18]王展光,蔡萍,潘昌仁. 季刀苗寨—— 一个苗族村落的村寨聚落和建筑风格[M]. 成都:西南交通大学出版社,2020.

[19]王展光,蔡萍. 黔东南民族建筑木结构[M]. 成都:西南交通大学出版社,2019.

[20]黔东南州理论教育读本编写组. 2016年黔东南州理论教育读本[M]. 贵阳:贵州人民出版社,2016.

[21]贵州省政协文史与学习委员会. 贵州旅游文史精编·东部卷(铜仁、黔东南)[M]. 贵阳:贵州人民出版社,2013.

[22]黄平县地方志编纂委员会. 黄平县志[M]. 贵阳:贵州人民出版社,1993.

[23]贵州省黎平县志编纂委员会. 黎平县志[M]. 成都:巴蜀书社,1989.

[24]贵州省剑河县地方志编纂委员会. 剑河县志[M]. 贵阳:贵州人民出版社,1994.

[25]黔东南苗族侗族自治州地方志编纂委员会. 黔东南苗族侗族自治州志·教育志[M]. 贵阳:贵州人民出版社,1994.

[26]中共黔东南州委,黔东南州人民政府编. 千秋基石　历史丰碑(内部资料),2009.

[27]黔东南年鉴编纂委员会. 黔东南年鉴(2019)[M]. 芒市:德宏民族出版社,2019.

[28]黔东南苗族侗族自治州地方志编纂委员会. 黔东南苗族侗族自治州志(1985—2010):第4册[M]. 北京:方志出版社,2014.

[29]黔东南年鉴编纂委员会办公室. 黔东南年鉴(2006)[M]. 贵阳:贵州人民出版社,2006.

[30]熊明安.中国高等教育史[M].重庆:重庆出版社,1988.

[31]《凯里学院简史》编辑委员会.凯里学院简史(内部资料),凯里学院印,2008.

[32]《锦屏县林业志》编纂委员会.锦屏县林业志[M].贵阳:贵州人民出版社,2002.

[33]黔东南苗族侗族自治州地方志编纂委员会.黔东南苗族侗族自治州志·林业志[M].北京:中国林业出版社,1990.

[34]孟庆刚.青州民俗(上)[M].北京:中国文史出版社,2009.

[35]孟立军.贵州民族文化传承的课堂民族志研究[M].北京:中国社会科学出版社,2017.

[36]FORD DONNA Y.Multicultural Gifted Education[M]. New York:Teachers College Press of Columbia University,1999.

[37]李良品,彭福荣,崔莉.乌江流域民族地区教育发展史[M].重庆:重庆出版社,2010.

[38]周春元.贵州古代史[M].贵阳:贵州人民出版社,1982.

[39]李建光.社会学基础[M].北京:人民卫生出版社,2003.

[40]谢红雨,伊理,肖荷.云南民族文化传承之区域教育路径研究[M].北京:科学出版社,2018.

[41]黎平县民族事务委员会.黎平县民族志[M].贵阳:贵州人民出版社,1989.

[42]曹昌智,姜学东,吴春.黔东南州传统村落保护发展战略规划研究[M].北京:中国建筑工业出版社,2018.

[43]黔东南苗族侗族自治州地方志编纂委员会.黔东南苗族侗族自治州志·民族志[M].贵阳:贵州民族出版社,2000.

[44]赵晓梅.中国活态乡土聚落的空间文化表达——以黔东南地区侗寨为例[M].南京:东南大学出版社,2014.

[45]王丹,孙淑萍.中国传统文化概要[M].苏州:苏州大学出版社,2010.

[46]单晓刚,王雨容.贵州传统村落全景:雷山卷一录格头村[M].贵阳:贵州人民出版社,2017.

[47]李晓明,曾羽.田野中的原生态文化——第二届中国原生态民族文化高峰

论坛文集[M]. 兰州:甘肃人民出版社,2012.
[48]高波. 苗族鬼神(内部资料),黔东南州文学艺术研究室印,1989.
[49]张伶. 中国高校教师工作——家庭冲突研究[M]. 北京:中国社会科学出版社,2007.
[50]吴军. 活水之源——侗族传统技术传承研究[M]. 桂林:广西师范大学出版社,2013.
[51]黔东南州理论教育读本编写组. 2016年黔东南州理论教育读本[M]. 贵阳:贵州人民出版社,2016.
[52]耿生茂. 原生态黔东南[M]. 贵阳:贵州人民出版社,2008.
[53]熊克武. 台江非物质文化遗产[M]. 沈阳:沈阳出版社,2012.
[54]黎平县地方志编纂委员会. 黎平县志(下)[M]. 贵阳:贵州人民出版社,2009.
[55]刘锋,龙耀宏. 侗族——贵州黎平县九龙村调查[M]. 昆明:云南大学出版社,2004.
[56]黎平年鉴编纂委员会. 黎平年鉴(2017)[M]. 北京:中国文史出版社,2017.
[57]贵州省民间文学工作组. 苗族文学史[M]. 贵阳:贵州人民出版社,1981.

## 二、学术论文

[1]冯骥才. 传统村落的困境与出路——兼谈传统村落是另一类文化遗产[J]. 民间文化论坛,2013(1):7-12.
[2]谢旭斌,李雪娇. 传统村落"文化母本"的生成与转化[J]. 湖南大学学报(社会科学版),2019,33(5):126-133.
[3]殷永达. 论徽州传统村落的水口模式及文化内涵[J]. 东南文化,1991(2):174-177.
[4]王秀文,徐晓光. 日本村落社会组织及其传统特征——兼谈村落文化传统对现代日本社会的影响[J]. 日本学刊,1991(3):98-109.
[5]李伯华,徐崇丽,郑始年,等. 基于图式语言的少数民族传统村落空间布局特征研究——以湘西南侗为例[J]. 地理科学,2020,40(11):1784-1794.
[6]李伯华,李珍,刘沛林,等. 聚落"双修"视角下传统村落人居环境活化路径研究——以湖南省张谷英村为例[J]. 地理研究,2020,39(8):1794-1806.

[7]李伯华,曾灿,刘沛林,等.传统村落人居环境转型发展的系统特征及动力机制研究——以江永县兰溪村为例[J].经济地理,2019,39(8):153-159.

[8]吴慧虹,申梦婷,李苑华.基于知识图谱的国内传统村落研究进展综述[J].现代农业研究,2021,27(11):7-10.

[9]阿里斯戴尔·罗杰斯,仕琦.多元文化主义和公民权利的空间[J].国际社会科学杂志(中文版),1999(2):47-60.

[10]姬安龙.台江苗族支系及其文化特征[J].贵州民族研究,2009,29(3):89-90.

[11]李光耀.生态位理论及其应用前景综述[J].安徽农学通报,2008(7):43-45.

[12]吴军.论侗族鼓楼的文化教育功能[J].贵州民族学院学报(哲学社会科学版),2005(3):88-90.

[13]彭丰民,姚仁海.黔东南州高层次人才队伍建设的现状、问题与建议[J].凯里学院学报,2018(4):88-93.

[14]万必轩.苗寨的祭桥习俗探讨[J].民间文化论坛,1994(3):68-72.

[15]杨朝忠.黎平“洪州琵琶及琵琶歌演唱”田野调查报告[J].凯里学院学报,2011,29(1):91-94.

[16]李伯华,罗琴,刘沛林,等.基于CiteSpace的中国传统村落研究知识图谱分析[J].经济地理,2017,37(9):207-241,232.

[17]麻勇斌.苗族村寨选址的生态智慧与历史情结[J].贵州社会科学,2011(10):85-88.

[18]鲁达.发扬中国酒文化的优秀传统[J].中国酒,2022(1):3.

[19]阮居平.醉了雷山(敬酒歌)[J].艺术评鉴,2018(16):184.

[20]蒋维波.贵州黔东南地区苗族村寨空间形态研究[D].北京:中央美术学院,2013.

[21]关格格.黔东南侗族传统村落空间形态调查研究——以南江村为例[D].西安:西安建筑科技大学,2015.

[22]周芸.贵州省丹寨县实施“民族文化进校园”活动的价值研究[D].武汉:中南民族大学,2015.

## 三、电子资源与报刊

[1]黔东南州加强文物保护利用推动乡村振兴助力脱贫攻坚[EB/OL].(2018-08-14)[2018-08-17]. http://www.guizhou.gov.cn/xwdt/dt_22/201808/t201808 14_1532050.html.

[2]钱文忠.文化软实力是核心 从优秀传统文化中寻找精气神[EB/OL].[2014-06-12]. http://book.people.com.cn/n/2014/.

[3]冯骥才.古村落保护任重而道远[EB/OL].(2018-07-11)[2018-09-15]. http://blog.sina.com.cn/s/blog_5d2554820100awbl.html.

[4]黔东南微报.担当创奇迹 伟业炳史册——黔东南州决战决胜脱贫攻坚成就回眸.[EB/OL].(2021-03-11)[2021-04-12]. https://m.thepaper.cn/baijiahao_11680152.

[5]苦干实干 发展产业找出路:黎平县尚重镇朱冠村第一书记杨光庭[EB/OL].(2020-12-20)[2021-03-15]. http://www.ddcpc.cn/detail/d_shehui/11515115529760.html.

[6]麻江县隆昌小学概况[EB/OL].[2021-09-07]. http://www.majiang.gov.cn/xxgk/qysygk_5869217/jy_5869218/jyjggk/202109/t20210907_69946051.html.

[7]乡愁何处安放[N].黔东南日报,2015-10-22.

[8]端午镇远赛龙舟:穿越千年的古典情结[N].黔东南日报,2013-06-05.

[9]底东娜."银饰是有生命的,绝不是简单的首饰制品"[N].贵州民族报,2018-05-11.

[10]侗家最美的"月亮"——记侗族刺绣传承人陈显月[N].中国文化报,2019-07-29.

[11]杨峰.保护传统村落 利在千秋[N].黔东南日报,2018-01-08.

[12]吴世锦.古树悠悠沟洞村[N].黔东南日报,2019-11-26.

[13]赵相康.多彩非遗文脉隽永[N].贵州日报,2018-09-14.

[14]杨光洪,王道东,康莉.画染枫香臻美绽放[N].黔东南日报,2018-09-08.

[15]姚进忠,宋古献,袁振国.黎平侗族大歌队亮相央视《民歌·中国》舞台[N].农民日报,2019-05-22.

# 附录一　黔东南州中国传统村落一览

| 序号 | 县/市 | 乡镇 | 第一批 | 第二批 | 第三批 | 第四批 | 第五批 | 小计 |
| --- | --- | --- | --- | --- | --- | --- | --- | --- |
| 1 | 凯里市 | 三棵树镇 |  |  | 乐平村季刀寨 | 镇朗利村、南花村 |  |  |
|  |  | 凯棠乡 |  |  |  | 南江村 |  |  |
|  |  | 炉山镇 |  |  |  |  | 角冲村、六个鸡村 |  |
|  |  | 下司镇 |  |  |  |  | 清江村 |  |
|  |  | 湾水镇 |  |  |  |  | 岩寨村 |  |
|  | 数量 |  | 0 | 0 | 1 | 3 | 4 | 8 |
| 2 | 丹寨县 | 扬武乡 | 排莫村 |  |  |  |  |  |
|  |  | 兴仁镇 |  |  | 王家寨村 | 排佐村 | 翻仰村、岩英村、乌佐村 |  |
|  |  | 排调镇 |  | 麻鸟村 |  |  | 排结村、刘家寨村 |  |
|  |  | 长青乡 |  | 扬颂村 |  |  |  |  |
|  |  | 雅灰乡 |  | 送陇村 |  |  | 夺鸟村 |  |
|  |  | 南皋乡 |  | 石桥村 |  |  | 清江村、九门村 |  |
|  |  | 龙泉镇 |  |  |  |  | 排牙村、高要村 |  |
|  | 数量 |  | 1 | 4 | 1 | 1 | 10 | 17 |
| 3 | 麻江县 | 杏山镇 |  | 六堡村 |  |  |  |  |
|  |  | 龙山乡 |  | 河坝村、复兴村 |  |  |  |  |
|  | 数量 |  | 0 | 3 | 0 | 0 | 0 | 3 |

续表

| 序号 | 县/市 | 乡镇 | 第一批 | 第二批 | 第三批 | 第四批 | 第五批 | 小计 |
|---|---|---|---|---|---|---|---|---|
| 4 | 黄平县 | 重安镇 | | | 枫香村、塘都村、望坝村 | | | |
| | | 野洞河镇 | | | 新华村 | | | |
| | | 谷陇镇 | | | 平寨村 | 岩门司村 | | |
| | | 苗陇乡 | | 苗陇村 | | | | |
| | | 一碗水乡 | | | | | 印地坝村 | |
| | 数量 | | 0 | 1 | 5 | 1 | 1 | 8 |
| 5 | 施秉县 | 双井镇 | | | 龙塘村 | | | |
| | 数量 | | 0 | 0 | 1 | 0 | 0 | 1 |
| 6 | 镇远县 | 金堡镇 | | | | 爱和村 | | |
| | | 报京乡 | | 报京村 | | | | |
| | 数量 | | 0 | 1 | 0 | 1 | 0 | 2 |
| 7 | 岑巩县 | 平庄乡 | | 平庄村凯空组 | | | | |
| | | 凯本镇 | | | | | 凯府村 | |
| | 数量 | | 0 | 1 | 0 | 0 | 1 | 2 |
| 8 | 三穗县 | 良上乡 | | 雅中村 | | | | |
| | 数量 | | 0 | 1 | 0 | 0 | 0 | 1 |
| 9 | 天柱县 | 高酿镇 | | | 地良村 | | 坐寨村、木杉村大寨、邦寨村邦寨 | |
| | | 远口镇 | | | | | 元田村 | |
| | | 蓝田镇 | | | | | 碧雅村和当寨 | |
| | | 渡马镇 | | | | | 共和村甘溪寨 | |

续表

| 序号 | 县/市 | 乡镇 | 第一批 | 第二批 | 第三批 | 第四批 | 第五批 | 小计 |
|---|---|---|---|---|---|---|---|---|
| 9 | 天柱县 | 坌处镇 | | | | | 抱塘村、三门塘村 | |
| | 数量 | | 0 | 0 | 1 | 0 | 8 | 9 |
| 10 | 锦屏县 | 隆里乡 | 隆里所村 | | | | | |
| | | 河口乡 | 文斗村 | | | | 韶霭村 | |
| | | 三江镇 | | | | 岔寨村 | | |
| | | 茅坪镇 | | | | 茅坪村 | | |
| | | 彦洞乡 | | | 瑶白村 | | | |
| | | 启蒙镇 | | | | | 腊洞村 | |
| | | 平秋镇 | | | | | 圭叶村、魁胆村 | |
| | | 平略镇 | | | | | 平敖村 | |
| | | 新化乡 | | | | | 新化寨村 | |
| | 数量 | | 2 | 0 | 1 | 2 | 6 | 11 |
| 11 | 黎平县 | 坝寨乡 | 高场村、坝寨村、蝉寨村、高兴村、青寨村 | | | | | |
| | | 大稼乡 | 邓蒙村 | | | | | |
| | | 德顺乡 | 平甫村 | | | | | |
| | | 地坪乡 | 岑扣村、高青村、滚大村 | 新丰村、下寨村 | | | | |
| | | 洪州镇 | 归欧村、九江村、平架村、三团村 | | | | 六爽村、赏方村 | |

续表

| 序号 | 县/市 | 乡镇 | 第一批 | 第二批 | 第三批 | 第四批 | 第五批 | 小计 |
|---|---|---|---|---|---|---|---|---|
| 11 | 黎平县 | 九潮镇 | 高寅村、贡寨村、吝洞村 | 高维村、定八村、大溶村新寨、顺寨村 | | | | |
| | | 雷洞瑶族水族乡 | 金城村 | 岑管村、牙双村 | | | | |
| | | 茅贡乡 | 蚕洞村、冲寨、登岑村、地扪村、高近村、流芳村、寨头村 | 额洞村、寨南村、汉寨 | | 腊洞村 | 寨母村 | |
| | | 孟彦镇 | 芒岭村 | 罗溪村、岑湖村 | | | | |
| | | 尚重镇 | 高冷村、纪登村、绍洞村、育洞村、朱冠村 | 岑门村、顿路村、归德村、旧洞村、上洋村、下洋村、西迷村、宰蒙村 | 绞洞村、洋卫村 | | | |
| | | 双江乡 | 黄岗村 | 四寨村、寨高村 | | | | |
| | | 岩洞镇 | 述洞村、岩洞村、宰拱村、竹坪村 | 大寨村、小寨村 | | | | |

续表

| 序号 | 县/市 | 乡镇 | 第一批 | 第二批 | 第三批 | 第四批 | 第五批 | 小计 |
|---|---|---|---|---|---|---|---|---|
| 11 | 黎平县 | 永从乡 | 豆洞村 | 九龙村、中罗村 | | | | |
| | | 肇兴镇 | 肇兴中寨村、纪堂村、纪堂上寨村、堂安村、肇兴村 | 肇兴上寨村、厦格村、厦格上寨村 | | | | |
| | | 水口镇 | | 东郎村、花柳村、南江村、茨洞村、宰洋村宰直寨 | 平善村 | | 胜利村 | |
| | | 坝寨乡 | | 高西村、器寨村 | | | | |
| | | 口江乡 | | 银朝村 | | 朝坪村 | | |
| | | 龙额乡 | | 上地坪村 | | | | |
| | | 大稼乡 | | 高孖村 | 岑桃村 | | | |
| | | 顺化瑶族乡 | | | | 高孖村 | | |
| | | 平寨乡 | | 纪德村 | | | | |
| | | 德化乡 | | 高洋村、下洋村 | 俾翁村 | | | |
| | | 中潮镇 | | | | | 上黄村兰洞寨 | |
| | 数量 | | 42 | 43 | 5 | 3 | 5 | 98 |

续表

| 序号 | 县/市 | 乡镇 | 第一批 | 第二批 | 第三批 | 第四批 | 第五批 | 小计 |
|---|---|---|---|---|---|---|---|---|
| 12 | 从江县 | 往洞镇 | 增冲村、则里村 | 朝利村、增盈村 | | 高传村、信地村、秧里村 | 贡寨村、德秋村、德桥村、往洞村平楼寨 | 从江县传统村落81个 |
| | | 丙妹镇 | 岜沙村 | | | 大塘村 | 大歹村、老或村、龙江村、銮里村岑报寨 | |
| | | 谷坪乡 | 银潭村 | 高吊村 | | 留架村 | 山岗村燕窝寨、五一村党苟寨 | |
| | | 宰便镇 | | 引东村 | | | | |
| | | 西山镇 | | 田底村 | 顶洞村 | | 卡翁村、秋卡村、滚郎村 | |
| | | 停洞镇 | | 架里村 | | | 归奶村、摆也村、苗朋村 | |
| | | 高增乡 | | 岜扒村 | 小黄村、占里村 | 美德村 | 付中村 | |
| | | 庆云乡 | | | 单阳村 | 转珠村 | 广力村归料寨、佰你村迫面寨 | |
| | | 雍里乡 | | 归林村 | | | | |
| | | 刚边壮族乡 | | 刚边村、银平村 | 三联村 | | 宰船村、鸡脸村 | |

续表

| 序号 | 县/市 | 乡镇 | 第一批 | 第二批 | 第三批 | 第四批 | 第五批 | 小计 |
|---|---|---|---|---|---|---|---|---|
| 12 | 从江县 | 加榜乡 | | 加车村、下尧村 | 党扭村 | | 加页村 | |
| | | 翠里瑶族壮族乡 | | 高华村 | 岑丰村 | | 污牙村、高文村、宰转村、高开村 | |
| | | 东朗乡 | | 孔明村 | 苗谷村 | 党相村 | | |
| | | 加鸠乡 | | 加翁村 | | | 加坡村、污俄村、真由村 | |
| | | 光辉乡 | | 加牙村 | | | | |
| | | 加鸠镇 | | | | 加学村 | 白岩村、加能村 | |
| | | 洛香镇 | | | | 登岜村 | 平乐村、大桥村 | |
| | | 斗里镇 | | | | 马安村 | 台里村、潘里村八组 | |
| | | 贯洞镇 | | | | 潘今滚村 | | |
| | | 秀塘乡 | | | | | 打格村、下敖村 | |
| | | 下江镇 | 高仟村 | 高良村 | 巨洞村、中华村 | | | |
| | 数量 | | 5 | 17 | 10 | 12 | 37 | 81 |
| 13 | 榕江县 | 寨蒿镇 | | 票寨村 | | 乌公村、晚寨村 | 寿洞村 | |
| | | 栽麻乡 | 大利村、宰荡村 | 苗兰村 | | 归柳村 | | |
| | | 三江乡 | | 脚车村 | | | | |

续表

| 序号 | 县/市 | 乡镇 | 第一批 | 第二批 | 第三批 | 第四批 | 第五批 | 小计 |
|---|---|---|---|---|---|---|---|---|
| 13 | 榕江县 | 平江乡 | 滚仲村 | | | | 高鸟村 | |
| | | 计划乡 | | | | 加宜村 | | |
| | | 平阳乡 | | | | 丹江村 | 硐里村 | |
| | | 朗洞镇 | | | | 卡寨村 | 高略村 | |
| | | 忠诚镇 | | | | 定弄村 | | |
| | | 兴华乡 | 八蒙村、摆贝村 | | | | | |
| | | 塔石乡 | | 怎东村 | | | 同流村 | |
| | | 乐里镇 | | | | | 乔勒村、大瑞村、本里村、保里村 | |
| | | 古州镇 | | | | | 三盘村、高兴村 | |
| | | 定威乡 | | | | | 计水村 | |
| | | 崇义乡 | | | | | 纯厚村 | |
| | 数量 | | 5 | 4 | 0 | 7 | 13 | 29 |
| 14 | 雷山县 | 郎德镇 | 上朗德村、下郎德村、南猛村 | 杨柳村、乌瓦村、乌流村、也改村、报德村、也利村 | | | 乌肖村 | |
| | | 西江镇 | 控拜村 | 长乌村、黄里村、中寨村、开觉村、龙塘村、麻料村、 | 大龙苗寨、乌高村 | | 小龙村 | |

续表

| 序号 | 县/市 | 乡镇 | 第一批 | 第二批 | 第三批 | 第四批 | 第五批 | 小计 |
|---|---|---|---|---|---|---|---|---|
| 14 | 雷山县 | 西江镇 | | 乌尧村、北建村 | | | | |
| | | 丹江镇 | | 乌东村、虎阳村、教厂村、脚猛村、干皎村、猫猫河村 | | | 阳苟村、排翁村 | |
| | | 永乐镇 | | 加鸟村、开屯村、乔洛村、乔歪村、肖家村 | | | 乔配村、小开屯村 | |
| | | 望丰乡 | | 乌迭村、三角田村、公统村、丰塘村、乌的村、荣防村、乌响村、排肖村 | | 羊卡村 | 甘益村、乌江村 | |
| | | 大塘乡 | | 新桥村、掌坳村、独南村 | 桥港村 | | | |
| | | 桃江乡 | | 乔王村、岩寨村、掌雷村、龙河村 | | | | |
| | | 达地水族乡 | | 也蒙苗寨 | 马路苗寨、同乌苗寨 | | 乌空村、里勇村 | |

续表

| 序号 | 县/市 | 乡镇 | 第一批 | 第二批 | 第三批 | 第四批 | 第五批 | 小计 |
|---|---|---|---|---|---|---|---|---|
| 14 | 雷山县 | 方祥乡 |  | 陡寨村、毛坪村、格头村、提香村、雀鸟村 | 平祥村、水寨村 |  |  |  |
|  | 数量 |  | 4 | 46 | 7 | 1 | 10 | 68 |
| 15 | 台江县 | 台拱镇 |  | 展福村、板凳村、南省村、南冬村、排朗村、桃香村、登鲁村、交片村、展下村 |  |  | 红阳村 |  |
|  |  | 施洞镇 |  | 小河村、旧州村、八梗村、黄泡村 |  |  |  |  |
|  |  | 南宫乡 |  | 交包村、交下村、交密村、展忙村 | 石灰河村 |  | 交宫村 |  |
|  |  | 排羊乡 |  | 九摆村、上南刀村 | 大塘村 |  | 下南刀村 |  |
|  |  | 台盘乡 |  | 德卷村、南尧村 | 空寨村、南瓦村 |  | 水寨村 |  |
|  |  | 革一乡 |  | 北方村、排生村、西南村 | 江边村、茅坪村 |  |  |  |

续表

| 序号 | 县/市 | 乡镇 | 第一批 | 第二批 | 第三批 | 第四批 | 第五批 | 小计 |
|---|---|---|---|---|---|---|---|---|
| 15 | 台江县 | 老屯乡 |  | 长滩村 | 白土村 |  |  |  |
|  |  | 方召乡 |  | 反排村、巫脚交村、巫梭村、交汪村 |  | 方召镇方召村 |  |  |
|  | 数量 |  | 0 | 29 | 7 | 1 | 4 | 41 |
| 16 | 剑河县 | 南哨乡 | 翁座村 | 巫沙村、反召村 | 高定村 |  | 九虎村 |  |
|  |  | 南加镇 |  | 塘边村 | 九旁村、柳基村 |  |  |  |
|  |  | 南明镇 |  |  | 小湳村 |  |  |  |
|  |  | 柳川镇 |  | 巫泥村 | 返排村、巫库村 |  |  |  |
|  |  | 革东镇 |  | 八郎村 | 大皆道村 |  |  |  |
|  |  | 久仰乡 |  | 基佑村、久吉村 | 毕下村、巫交村 |  |  |  |
|  |  | 久仰镇 |  |  |  | 巫溜村 |  |  |
|  |  | 太拥镇 |  | 太坪村、九连村 |  |  |  |  |
|  |  | 南寨乡 |  | 展留村、柳富村 |  |  |  |  |
|  |  | 磻溪镇 |  | 洞脚村、大广村 |  |  |  |  |
|  |  | 敏洞乡 |  | 沟洞村 | 高坵村 |  |  |  |
|  |  | 观么乡 |  | 巫包村 | 平下村 |  |  |  |
|  |  | 岑松镇 |  |  | 稿旁村 |  |  |  |
|  | 数量 |  | 1 | 15 | 12 | 1 | 1 | 30 |
| 合计 |  | 93 | 60 | 165 | 51 | 33 | 100 | 409 |

# 附录二　黔东南州第五批中国传统村落基本信息

| 序号 | 名称 | 村制 | 成村年代 | 户籍人口/人 | 主要民族 | 传统民族建筑 | 民族文化与特色工艺 |
|---|---|---|---|---|---|---|---|
| 1 | 黎平县洪州镇六爽村 | 行政村 | 清代 | 325 | 侗 | 六爽风雨桥、六爽鼓楼 | 飞山庙与萨坛祭祀文化、洪州琵琶歌 |
| 2 | 黎平县洪州镇赏方村 | 自然村 | 清代 | 413 | 侗、苗 | 赏方鼓楼、赏方风雨桥 | 腌鱼制作技艺、侗乡油茶栽培技艺 |
| 3 | 黎平县茅贡镇寨母村 | 行政村 | 元代及以前 | 1185 | 侗 | 百年老木房、寨母禾仓、寨母鼓楼 | 侗戏、侗族大歌、侗族服饰制作技艺、蓝靛靛染技艺、侗族木结构营造技艺 |
| 4 | 黎平县水口镇胜利村 | 行政村 | 清代 | 2283 | 侗 | 大寨鼓楼 | 春节民俗文化、侗族木结构营造技艺、胜利侗族服饰 |
| 5 | 黎平县中潮镇上黄村兰洞寨 | 自然村 | 元代及以前 | 851 | 侗 | 兰洞鼓楼、侗族民居 | 侗族大歌、兰洞侗族服饰、勉王歌节 |
| 6 | 从江县丙妹镇大歹村 | 行政村 | 元代及以前 | 1276 | 苗 | 苗族吊脚楼 | 芦笙节、苗族饮食习俗、大歹苗族服饰 |
| 7 | 从江县丙妹镇老或村 | 行政村 | 明代 | 553 | 侗 | 老或鼓楼 | 侗族大歌、侗戏、牛腿琴歌 |

续表

| 序号 | 名称 | 村制 | 成村年代 | 户籍人口/人 | 主要民族 | 传统民族建筑 | 民族文化与特色工艺 |
|---|---|---|---|---|---|---|---|
| 8 | 从江县丙妹镇龙江村 | 行政村 | 明代 | 2225 | 侗 | 龙江鼓楼 | 吃相思习俗、龙江侗族饮食文化、吃新节、侗族木结构营造技艺 |
| 9 | 从江县丙妹镇銮里村岑报寨 | 自然村 | 清代 | 246 | 苗 | 苗族吊脚楼 | 斗牛节、农事习俗、岑报苗族服饰 |
| 10 | 从江县翠里乡高开村 | 行政村 | 明代 | 525 | 侗 | 传统侗族民居 | 踩歌堂、琵琶歌、花桥工艺、藤编工艺 |
| 11 | 从江县翠里乡高文村 | 行政村 | 清代 | 616 | 壮 | 传统水碾 | 高文壮族服饰、壮年、变婆节 |
| 12 | 从江县翠里乡污牙村 | 行政村 | 清代 | 576 | 苗 | 传统苗族民居 | 苗族古歌、污牙苗族服饰、梯田农耕文化、芦笙舞 |
| 13 | 从江县翠里乡宰转村 | 行政村 | 明代 | 1150 | 侗 | 禾仓、戏台 | 大年初八传统文化节、烤鱼文化、宰转侗族服饰、侗族木结构营造技艺 |
| 14 | 从江县斗里镇潘里村八组 | 自然村 | 中华人民共和国成立后 | 181 | 瑶 | 瑶族吊脚楼 | 瑶族药浴、杨梅节、潘里瑶族服饰、盘王节、长鼓舞、瑶族手工造纸技艺 |

续表

| 序号 | 名称 | 村制 | 成村年代 | 户籍人口/人 | 主要民族 | 传统民族建筑 | 民族文化与特色工艺 |
|---|---|---|---|---|---|---|---|
| 15 | 从江县斗里镇台里村 | 行政村 | 清代 | 1435 | 苗、瑶、汉 | 传统民居 | 苗年、苗歌、台里苗族服饰、吃新节 |
| 16 | 从江县刚边乡鸡脸村 | 行政村 | 清代 | 606 | 壮 | 壮族花桥与凉亭 | 鸡脸婚俗、祭河神文化、鸡脸壮族服饰 |
| 17 | 从江县刚边乡宰船村 | 行政村 | 中华人民共和国成立后 | 525 | 壮 | 宰船寨门、壮族吊脚楼 | 壮年、煨酒酿造技艺、跳水节、壮族染布技艺 |
| 18 | 从江县高增乡付中村 | 自然村 | 明代 | 589 | 苗 | 苗族吊脚楼 | 苗年、燕子节、端午节 |
| 19 | 从江县谷坪乡山岗村燕窝寨 | 自然村 | 明代 | 320 | 苗 | 苗族吊脚楼 | 牯藏节、苗族古歌、苗绣、百鸟裙、酿酒技艺 |
| 20 | 从江县谷坪乡五一村党荀寨 | 自然村 | 元代及以前 | 350 | 苗 | 苗族吊脚楼 | 牯藏节、苗族饮食习俗、苗族刺绣 |
| 21 | 从江县加榜乡加页村 | 行政村 | 明代 | 553 | 苗 | 苗族吊脚楼、禾晾 | 祭天节、梯田农耕文化、蓝靛染织技艺 |
| 22 | 从江县加鸠镇白岩村 | 行政村 | 中华人民共和国成立后 | 457 | 苗 | 苗族吊脚楼、禾仓群 | 白岩苗族服饰、苗歌、芦笙舞、过新节、竹编工艺 |
| 23 | 从江县加鸠镇加能村 | 行政村 | 中华人民共和国成立后 | 623 | 苗 | 苗族吊脚楼 | 苗寨吊脚楼营造技艺、斗牛、米酒酿造技艺 |
| 24 | 从江县加勉乡加坡村 | 行政村 | 清代 | 414 | 苗 | 苗族吊脚楼、凉亭 | 牯藏节、苗族饮食习俗、吃新米节 |

续表

| 序号 | 名称 | 村制 | 成村年代 | 户籍人口/人 | 主要民族 | 传统民族建筑 | 民族文化与特色工艺 |
|---|---|---|---|---|---|---|---|
| 25 | 从江县加勉乡污俄村 | 行政村 | 清代 | 783 | 苗 | 苗族吊脚楼、禾仓群 | 从江香猪养殖技术、苗歌、牯藏节、打谷子节 |
| 26 | 从江县加勉乡真由村 | 行政村 | 清代 | 401 | 苗 | 苗族吊脚楼、凉亭 | 牯藏节、真由开秧门习俗、栽秧节、真由苗族服饰 |
| 27 | 从江县洛香镇大桥村 | 自然村 | 明代 | 552 | 侗 | 大桥鼓楼、大桥戏台、大桥寨门 | 侗族琵琶歌、侗族木构建筑营造技艺、侗族米酒酿制工艺、侗族河歌 |
| 28 | 从江县洛香镇平乐村 | 行政村 | 明代 | 321 | 侗 | 鼓楼、平乐风雨桥、平乐凉亭 | 萨玛节、侗年、侗族鼓楼习俗、蓝靛靛染工艺 |
| 29 | 从江县庆云镇佰你村迫面寨 | 自然村 | 清代 | 210 | 侗 | 迫面鼓楼、迫面戏台、传统侗族民居 | 侗族冻鱼节、迫面婚俗、吃相思、米酒酿造技艺 |
| 30 | 从江县庆云镇广力村归料寨 | 自然村 | 清代 | 246 | 侗 | 归料鼓楼、归料戏台、归料风雨桥 | 萨玛节、侗族鼓楼习俗、红色文化、侗戏 |
| 31 | 从江县停洞镇摆也村 | 行政村 | 明代 | 1605 | 苗 | 苗族吊脚楼、摆也寨门、凉亭、摆也风雨桥 | 芦笙舞、摆也苗族服饰、摆也婚嫁习俗、斗牛 |
| 32 | 从江县停洞镇归奶村 | 自然村 | 元代及以前 | 2814 | 苗 | 苗族吊脚楼、土地庙 | 芦笙节、吃相思、斗牛、苗族织布技艺、苗歌 |

续表

| 序号 | 名称 | 村制 | 成村年代 | 户籍人口/人 | 主要民族 | 传统民族建筑 | 民族文化与特色工艺 |
|---|---|---|---|---|---|---|---|
| 33 | 从江县停洞镇苗朋村 | 行政村 | 元代及以前 | 1337 | 苗 | 苗族吊脚楼、禾仓 | 榔规、芦笙节、吃相思、斗牛、苗朋婚丧嫁娶习俗 |
| 34 | 从江县往洞镇德桥村 | 行政村 | 明代 | 1633 | 侗 | 德桥鼓楼、德桥风雨桥德桥寨门、传统侗族民居 | 斗牛、侗族米酒酿造技艺、德桥侗族服饰 |
| 35 | 从江县往洞镇德秋村 | 行政村 | 明代 | 573 | 苗 | 德秋鼓楼、德秋风雨桥、传统侗族民居 | 芦笙舞、斗牛、德秋侗族服饰 |
| 36 | 从江县往洞镇贡寨村 | 行政村 | 清代 | 373 | 侗 | 贡寨鼓楼 | 牛腿琴歌、贡寨饮食习俗 |
| 37 | 从江县往洞镇往洞村平楼寨 | 自然村 | 明代 | 342 | 侗 | 平楼风雨桥 | 侗族大歌、斗牛、侗族刺绣 |
| 38 | 从江县西山镇滚郎村 | 行政村 | 清代 | 1157 | 侗 | 滚郎鼓楼、滚郎戏台、传统侗族民居 | 侗族大歌、侗族木构建筑营造技艺、侗年 |
| 39 | 从江县西山镇卡翁村 | 行政村 | 清代 | 1258 | 侗 | 卡翁鼓楼 | 侗族大歌、侗族木构建筑营造技艺 |
| 40 | 从江县西山镇秋卡村 | 自然村 | 清代 | 746 | 瑶 | 传统瑶族民居 | 瑶族药浴、秋卡瑶族服饰、盘王节 |
| 41 | 从江县秀塘乡打格村 | 行政村 | 元代及以前 | 712 | 瑶、侗、汉 | 传统木结构民居 | 打格服饰、酿酒技艺、酸汤制作技艺 |
| 42 | 从江县秀塘乡下敖村 | 行政村 | 民国时期 | 498 | 壮 | 传统壮族民居 | 下敖壮族服饰、酿酒技艺 |

续表

| 序号 | 名称 | 村制 | 成村年代 | 户籍人口/人 | 主要民族 | 传统民族建筑 | 民族文化与特色工艺 |
|---|---|---|---|---|---|---|---|
| 43 | 榕江县崇义乡纯厚村 | 行政村 | 清代 | 1226 | 汉、侗 | 传统木结构民居 | 侗年、土布制作技艺 |
| 44 | 榕江县定威乡计水村 | 行政村 | 元代及以前 | 1076 | 苗 | 苗族吊脚楼、禾仓 | 苗布、刺绣、蓝靛靛染工艺、牯藏节 |
| 45 | 榕江县古州镇高兴村 | 行政村 | 清代 | 2180 | 水 | 传统水族民居 | 水布、唢呐演奏、刺绣 |
| 46 | 榕江县古州镇三盘村 | 行政村 | 清代 | 1556 | 苗 | 苗族吊脚楼、禾仓 | 开犁节、木叶歌、三盘苗族服饰 |
| 47 | 榕江县朗洞镇高略村 | 行政村 | 明代 | 1567 | 苗 | 苗族吊脚楼、高略风雨桥、高略凉亭 | 芦笙节、斗牛 |
| 48 | 榕江县乐里镇保里村 | 行政村 | 明代 | 1335 | 侗 | 传统侗族民居 | 侗年、吃新节、烧鱼节 |
| 49 | 榕江县乐里镇本里村 | 行政村 | 明代 | 3363 | 侗 | 本里鼓楼 | 侗年、二月二、三月三、吃新节 |
| 50 | 榕江县乐里镇大瑞村 | 行政村 | 明代 | 3027 | 侗 | 大瑞鼓楼、大瑞风雨桥、大瑞寨门、侗族民居 | 三月三、吃新节、侗年、大瑞服饰 |
| 51 | 榕江县乐里镇乔勒村 | 行政村 | 清代 | 1288 | 侗 | 侗族吊脚楼、乔勒风雨桥 | 三月三、吃新节、侗年 |
| 52 | 榕江县平江乡高鸟村 | 行政村 | 清代 | 786 | 苗 | 苗族吊脚楼 | 苗年、吃新节、蜡染 |
| 53 | 榕江县平阳乡硐里村 | 行政村 | 明代 | 1335 | 侗 | 传统侗族民居 | 侗年、吃新节、禾兜节 |
| 54 | 榕江县塔石乡同流村 | 行政村 | 清代 | 1674 | 水 | 吊脚楼 | 水书、瓜节、羊瘪饮食文化 |

续表

| 序号 | 名称 | 村制 | 成村年代 | 户籍人口/人 | 主要民族 | 传统民族建筑 | 民族文化与特色工艺 |
|---|---|---|---|---|---|---|---|
| 55 | 榕江县寨蒿镇寿洞村 | 行政村 | 清代 | 2138 | 侗 | 传统侗族民居 | 三月三、六月六、吃新节、冰糖柑种植技术 |
| 56 | 雷山县达地乡里勇村 | 行政村 | 清代 | 537 | 苗 | 苗族吊脚楼 | 跳芦笙舞、苗族古歌、苗族刺绣、召龙节、吃新节 |
| 57 | 雷山县达地乡乌空村 | 行政村 | 明代 | 1211 | 水、瑶 | 传统民居 | 马尾刺绣、纺织、水书、梯田农耕文化 |
| 58 | 雷山县丹江镇排翁村 | 行政村 | 清代 | 770 | 苗 | 苗族吊脚楼 | 苗族古歌、苗年、苗绣、苗族飞歌、苗族蜡染、苗族板凳舞、苗族服饰、苗族婚俗 |
| 59 | 雷山县丹江镇阳苟村 | 行政村 | 明代 | 762 | 苗 | 苗族吊脚楼 | 苗族飞歌、苗族鼓藏节、苗族服饰文化、苗族扫寨、苗族酒礼歌、剪纸画、苗族情歌、雷山巫词 |
| 60 | 雷山县朗德镇乌肖村 | 行政村 | 明代 | 797 | 苗 | 文氏民宅 | 苗族服饰艺术、苗族古歌、苗绣、苗族鼓藏节、苗族飞歌 |

续表

| 序号 | 名称 | 村制 | 成村年代 | 户籍人口/人 | 主要民族 | 传统民族建筑 | 民族文化与特色工艺 |
|---|---|---|---|---|---|---|---|
| 61 | 雷山县望丰乡甘益村 | 行政村 | 清代 | 1708 | 苗 | 苗族吊脚楼 | 苗族芦笙舞、苗族织锦技艺、苗族刺绣 |
| 62 | 雷山县望丰乡乌江村 | 行政村 | 清代 | 640 | 苗 | 李氏民宅、潘氏民宅、苗族吊脚楼、禾仓 | 爬坡节、芦笙节、茶文化、苗族刺绣 |
| 63 | 雷山县西江镇小龙村 | 行政村 | 清代 | 628 | 苗 | 苗族吊脚楼、小龙村寨门、禾仓 | 地鼓舞、苗族刺绣、芦笙舞 |
| 64 | 雷山县永乐镇乔配村 | 行政村 | 清代 | 637 | 苗 | 苗族吊脚楼、乔配村寨门 | 苗年节、芦笙舞、古歌 |
| 65 | 雷山县永乐镇小开屯村 | 行政村 | 清代 | 431 | 苗 | 苗族吊脚楼 | 苗族刺绣、苗族银饰锻制技艺、苗族鼓藏节、苗族医药、苗族扫寨、苗族酒礼歌 |
| 66 | 台江县南宫镇交宫村 | 行政村 | 元代及以前 | 2029 | 苗 | 苗族吊脚楼、交宫村寨门 | 苗族古歌、苗族服饰艺术、苗绣、苗族飞歌、台江苗族踩鼓舞 |
| 67 | 台江县排羊乡下南刀村 | 自然村 | 明代 | 619 | 苗 | 苗族吊脚楼 | 苗族刺绣、苗族吊脚楼营造工艺、吃新节、苗年、南刀婚俗 |
| 68 | 台江县台拱街道红阳村 | 行政村 | 清代 | 1153 | 苗 | 红阳村寨门、风雨桥 | 苗族古歌、苗绣、苗族吊脚楼锻造工艺、苗族婚俗、祭桥节 |

续表

| 序号 | 名称 | 村制 | 成村年代 | 户籍人口/人 | 主要民族 | 传统民族建筑 | 民族文化与特色工艺 |
|---|---|---|---|---|---|---|---|
| 69 | 台江县台盘乡水寨村 | 行政村 | 明代 | 3453 | 苗 | 苗族吊脚楼 | 苗族吊脚楼营造工艺、苗绣、苗族古歌、吃新节、苗年、芦笙舞、苗族板凳舞、苗族酒礼歌、苗族飞歌、苗族婚俗 |
| 70 | 剑河县南哨镇九虎村 | 行政村 | 明代 | 735 | 苗 | 苗族吊脚楼 | 苗年、祭桥节、土布制作技艺 |
| 71 | 凯里市炉山镇角冲村 | 自然村 | 明代 | 860 | 畲 | 潘氏民宅、传统畲族民居 | 畲族粑糟舞、畲族武术 |
| 72 | 凯里市炉山镇六个鸡村 | 自然村 | 明代 | 542 | 畲 | 传统畲族民居、金氏民宅 | 畲族民歌、畲族粑糟舞 |
| 73 | 凯里市湾水镇岩寨村 | 行政村 | 明代 | 2421 | 苗 | 苗族吊脚楼 | 银饰制作、苗族服饰 |
| 74 | 凯里市下司镇清江村 | 行政村 | 元代及以前 | 5380 | 仫佬、苗 | 苗族吊脚楼、戏台 | 乡村旅游文化 |
| 75 | 丹寨县龙泉镇高要村 | 行政村 | 民国时期 | 1269 | 苗 | 苗族吊脚楼、高要寨门 | 梯田农耕文化、蓝靛染织技艺、苗歌 |
| 76 | 丹寨县龙泉镇排牙村 | 行政村 | 民国时期 | 782 | 苗 | 水上吊脚楼、杨正标宅 | 芦笙制作、芒筒文化 |
| 77 | 丹寨县南皋乡九门村 | 行政村 | 明代 | 2017 | 苗 | 苗族吊脚楼 | 芦笙节、斗牛 |
| 78 | 丹寨县南皋乡清江村 | 行政村 | 明代 | 982 | 苗 | 苗族吊脚楼 | 翻鼓节、南皋苗族服饰 |
| 79 | 丹寨县排调镇刘家寨村 | 行政村 | 元代及以前 | 833 | 苗 | 苗族吊脚楼 | 苗族服饰、苗年 |

续表

| 序号 | 名称 | 村制 | 成村年代 | 户籍人口/人 | 主要民族 | 传统民族建筑 | 民族文化与特色工艺 |
|---|---|---|---|---|---|---|---|
| 80 | 丹寨县排调镇排结村 | 自然村 | 元代及以前 | 622 | 苗 | 苗族吊脚楼 | 苗族蜡染、吃新节 |
| 81 | 丹寨县兴仁镇翻仰村 | 行政村 | 元代及以前 | 1640 | 苗 | 苗族吊脚楼 | 苗年、苗歌、翻仰苗族服饰、吃新节 |
| 82 | 丹寨县兴仁镇乌佐村 | 行政村 | 民国时期 | 466 | 苗 | 苗族吊脚楼 | 锦鸡舞、苗年、吃新节 |
| 83 | 丹寨县兴仁镇岩英村 | 自然村 | 元代及以前 | 1368 | 苗 | 苗族吊脚楼、寨门 | 苗年、斗鸟 |
| 84 | 丹寨县雅灰乡夺鸟村 | 行政村 | 明代 | 649 | 苗 | 苗族吊脚楼 | 苗族贾理、茶叶种植技术 |
| 85 | 黄平县一碗水乡印地坝村 | 自然村 | 明代 | 1749 | 苗 | 四合院 | 苗族刺绣、木船制造技艺、苗族古歌 |
| 86 | 岑巩县凯本镇凯府村 | 行政村 | 明代 | 1320 | 苗、土家、侗、汉 | 传统木结构民居 | 龙鳌祭祀、过赶年、土家族婚庆习俗、契约文书 |
| 87 | 天柱县坌处镇抱塘村 | 行政村 | 明代 | 628 | 苗 | 传统民居、宗祠 | 四十八寨歌节、天柱宗祠浮雕彩绘技艺 |
| 88 | 天柱县坌处镇三门塘村 | 行政村 | 明代 | 1776 | 侗 | 刘氏宗祠、侗族民居 | 四十八寨歌节、天柱宗祠浮雕彩绘技艺 |
| 89 | 天柱县渡马镇共和村甘溪寨 | 自然村 | 明代 | 538 | 侗 | 陶氏民宅、陈氏民宅、甘溪寨门 | 舞龙、武术文化 |
| 90 | 天柱县高酿镇邦寨村邦寨 | 自然村 | 明代 | 1410 | 侗 | 龙氏民宅、侗族民居 | 古商道文化 |

续表

| 序号 | 名称 | 村制 | 成村年代 | 户籍人口/人 | 主要民族 | 传统民族建筑 | 民族文化与特色工艺 |
|---|---|---|---|---|---|---|---|
| 91 | 天柱县高酿镇木杉村大寨 | 自然村 | 明代 | 1080 | 侗 | 刘氏民宅、侗族民居 | 烤烟、侗歌、舞龙 |
| 92 | 天柱县高酿镇坐寨村 | 行政村 | 清代 | 815 | 侗 | 龙氏民宅、侗族民居、禾仓 | 侗族饮食文化 |
| 93 | 天柱县蓝田镇碧雅村和当寨 | 自然村 | 明代 | 638 | 侗 | 袁氏民宅、侗族民居、禾仓 | 侗歌、芦笙节 |
| 94 | 天柱县远口镇元田村 | 行政村 | 明代 | 1612 | 苗 | 吴氏民宅、戏台 | 元田侗族服饰、元田饮食文化 |
| 95 | 锦屏县河口乡韶霭村 | 行政村 | 明代 | 1279 | 苗 | 石塔、苗族民居 | 苗歌河边腔、花灯戏技 |
| 96 | 锦屏县平略镇平敖村 | 行政村 | 明代 | 1238 | 苗 | 姜氏宗祠、吊脚楼建筑群 | 锦屏文书、四月八、尝新节、平敖服饰 |
| 97 | 锦屏县平秋镇圭叶村 | 行政村 | 清代 | 609 | 侗 | 圭叶山庄 | 北侗盘轴滚边绣、圭叶侗族服饰 |
| 98 | 锦屏县平秋镇魁胆村 | 行政村 | 元代及以前 | 1172 | 侗 | 歌廊 | 六月尝新节，祭桥节、侗家油茶栽培技术、十八杉栽培技术、斗木牛 |
| 99 | 锦屏县启蒙镇腊洞村 | 行政村 | 明代 | 3148 | 侗 | 侗族吊脚楼、水上粮仓、鼓楼、戏台 | 侗歌、四月八、六月六 |
| 100 | 锦屏县新化乡新化寨村 | 行政村 | 明代 | 2175 | 汉 | 四合院、宗祠 | 舞龙、玩水龙 |

注：参考2019年传统村落档案。

# 后　记

机缘使然，我和先生2014年2月从江西的高校调到凯里学院工作，现今已有8年，与黔东南州相识相知8年。记得刚来凯里市不久，朋友们来看望我们，聚餐之余，我便侃侃而谈，向他们介绍黔东南州的风土人情，朋友说："你喜欢这里呢!"是的，我想我是喜欢凯里市，喜爱黔东南州的。

记得2013年8月第一次来到凯里进行工作调动前的考察，正值盛夏，住的宾馆居然没有空调。老板说："我们这不需要空调，有风扇就行。"那一晚，我和先生居然连风扇都没开，真的是凉爽呢！吃饭的店里几乎清一色的火锅。这可是夏天呀，老家只有到冬天才吃火锅，这儿真不一样。所到之处常可感受到苗族、侗族等少数民族风情。本地人见到陌生人，若觉得你比他(她)大，就称呼你"姐""哥"；若觉得你年纪较小，就喊你"妹""弟"。这称呼使初来乍到的我们觉得有点不适应，但又觉得蛮亲切。在凯里市的所见所闻也令我和先生颇感新奇，加之有较为宽松的工作环境，可以做自己较想做的事，我们很快就做出了决定。

记得在办理工作调动手续时，同事、朋友们问我们去哪，我便说："凯里"。"凯里？在云南吧！"但听及贵州，大多皱起眉头，不表乐观，"那可是人无三分银，地无三分平的地方啊！"他们大多和之前的我一样，对贵州存有偏见，对凯里知之甚少。朋友！有时间的话，欢迎你们来贵州，来黔东南走走、看看。对于今日的贵州，相信你们也会有不同的见解。

由于先生所学是土木工程专业，自从来到黔东南州之后，只要有节假日，能抽得出时间，他就常拉着我到村寨去做民族调研。自此，我们的研究方向尽量结合地方民族文化特色，先生的研究方向增加了民族建筑，而我的研究方向则增加了民族教育。

2016年，我们响应国家的"二孩"政策，家中添了个小女孩——小号，孩子很可爱，给生活也带来了许多快乐。小号才2岁，就开始跟着爸爸妈妈走村串寨。尽管有时下乡带着这个"小尾巴"比较麻烦，但我和先生都庆幸有她的陪伴。

感谢先生在工作上予以的支持、指导与帮助，以及在家庭事务上的分担。感谢公公婆婆帮着我们照顾儿子，使得先生和我能抽得出更多的时间放在自己的工作上。感谢爸爸妈妈一直以来对我的支持，小时候鼓励我好好学习，年轻时也没催着我结婚，而是让我走我自己想走的路。现在爸爸妈妈年纪大了，且有病在身，但他们仍然在坚强而幸福地生活着。我真为他们感到骄傲！草根人民坚韧的生命力！“南无密栗多哆婆曳娑诃”，祝愿天下父母幸福安康！

写这本书也时常勾起我对家乡的怀念。我虽是在工厂里长大的，可我的根和很多人一样也是深扎在乡村。小时候我们姐妹三个到了寒暑假或节假日，大多是在乡下老家，而在外婆家的时间又更多些，因为奶奶家那边孙子多，她没有精力来照顾我们。有一年，我和姐姐在玩乡间生活生产用的两轮大平板拖车，不小心一条腿被压坏了，外婆背着我，坐着小船，到河对面的村子找地方名医，船桨划动着平静的水面，时不时发出“咯吱咯吱”的声音。火车我已坐过，但坐船还是第一次，新鲜得我连腿疼都忘记了。因为用的是中药，外婆经常要给我熬药再敷上，再用白纱布包裹好“小胖腿”。为了让我更快康复，外婆和外公为我做了拐杖，让我多练习，在外婆的精心照顾下，我的腿好了，又可以活蹦乱跳了。

小时候在老家过年，年味很浓，活动也多。有一年，村里演戏，表姐还演了“蚌壳仙姑”，我这个肤浅的小丫头不记得剧情啦，就记得那一天表姐装扮得好美！关于老家过年记忆中最深刻的还是做“冻米糖”。外婆会在年前早早地把做冻米粮的新米备好，蒸、晒、炒，经过处理好的米花散发出渗透阳光味的米香。糖是必不可少的，这糖可不是普通的糖，是麦芽糖，自家熬的，真的是太香甜了。本来小时候就难得吃糖，当一大坛熬好的麦芽糖摆放在我们这群“馋猫”面前时，尽管大人再三叮嘱我们别偷吃，做“冻米糖”时要用，我们仍然会蹑手蹑脚地来到大坛子前，表哥先带头，我们再跟上，用小勺子偷偷舀上几勺，放进嘴里，好好吃哟！至今那香甜味仍然留在舌尖，留在心里。

炒好的芝麻、花生备好后，大人们就将其与米花、麦芽糖搅拌均匀，然后放进木制的模具框里，用力压紧成形，那时整个厨房、堂屋都是热腾腾的，大人们欢快地忙碌着，孩子们也跟着跑这跑那，空气里弥漫着米糖香，“现在还不能吃，要等凉会呢！”舅妈驱赶着我们这群馋猫们，“我给你们做个冻米糖圆子”，舅舅用他的大手一抓一大把，两手搓揉几下，就做好了。我们惊喜，分别伸出小手做自己的“糖圆子”，刚做好的，不管它凉没凉，先吃再说，哈哈。等压紧成形的“冻米糖”

凉了,大人们便拿出长刀,一刀刀地切,切成一小块一小块,那小块的“冻米糖”四角平整,香、甜、脆、酥。做好的“冻米糖”不但年间用来招待客人,而且会留些在大缸里,放些米花在里面,这样“冻米糖”就不易受潮,保持它独有的酥脆。留在大缺里的“冻米糖”是平时大人们出去干农活的干粮,也是“小馋猫”的零食。缸里的“冻米糖”吃完了,就吃米花,米花也好吃,脆香脆香的,干吃也行,用开水或汤泡着也行。最初来到黔东南,说“油茶”好吃,我心里纳闷,“油茶是怎样的呢?”下村调研时,学生的姑姑给我们端上“油茶”,一瞧,哟!这不就像是老家的“泡米花”吗!

在我读高中之前,几乎每年暑假都要去老家帮忙干农活——“双抢”:大人们抢着时节收割稻谷,抢着时节插秧,我们这些小孩子也是帮忙做些力所能及的活,我多是干些较轻的打下手的活。外婆做好了饭菜,就常叫我和表妹送饭,因为大人们天没亮就动身下田干活,另外,清早干活也凉快些。送饭到罗家屋场那边的大田地,我是最有印象的,因为那块田地是离外婆家最远。我和表妹拎着饭盒饭篮,一路走着,走着走着,手也拎累了,不听使唤了,饭盒里的饭和粥也被泼洒到地上。“怎么办?”表妹问我。“这路都走了一半了,马上到我四叔家了,他家住路边,咱们到他家去装些饭。”到了四叔家,叔也忙去了,和善的四婶在家做饭,我把事情委由和她说。她笑了,把饭盒装满饭,叮嘱我俩走好点,别路上又洒了。我俩开心地点点头,这下可以交差了。后来,我又送饭,又不小心把粥和饭洒了,我拎着饭盒到四婶家,四婶见我,就知道怎么回事,给我装好饭菜,温和地目送我。

插秧这技术活我干不好,就被委派到秧田里拔秧苗,将其一小扎一小扎捆好。秧田里最令我害怕的是蚂蟥。有一次,蚂蟥就悄悄爬到我腿上吸血,我觉得腿上有异样的感觉,“是蚂蟥!”表哥见状淡定把蚂蟥从我腿上抓下来,拿根细木枝,穿透蚂蟥,将其体内翻出来,置于烈日之下,“晒死它!”。我只觉得蚂蟥恶心,好一阵子都不愿下田拔秧,宁愿做些其他的农活:锄草、栽菜、摘棉花等,外公风趣地说“这是接受社会主义的劳动教育,我们是在修地球呢”。

和学生们一起下村做调研,学生说:“老师,您没有不适啊!”,我说:“我也是在乡村生活过的。”我感谢长辈给我在乡村生活的美好时光,培养了我对劳动者的敬意,锻炼了我的体能与意志。

本书可以算是我来黔东南州后科研工作的结晶之一。从动笔到写完花了3年多的时间，题目是改了又改，书稿更是不知修改了多少遍，这个过程只有自己真切地知道其中的酸楚。

在项目的实施过程中，凯里学院建筑工程学院和教育科学学院的师生都有过参与，他们不畏烈日酷暑，不辞辛劳，走村串寨，为获得第一手资料付出了大量的心血。在苗乡侗寨里调研，村民们和老师们都欣然接受采访，给予了无偿的帮助与支持。在撰写过程中，参阅了前辈专家们诸多的研究成果，引用了相关学校的资料。在此，本人俱予以衷心的感谢。

本书的撰写和出版得到了贵州省教育厅创新群体重大研究项目“黔东南民族建筑研究创新团队”、贵州省高等学校教学内容和课程改革项目(项目编号：20190167)等项目的经费支持，同时还得到知识产权出版社相关同志的帮助，在此表示诚挚的感谢。

由于本人水平有限，书中还存在诸多不足，请诸位海涵，望各位老师、专家和读者不吝赐教！

蔡　萍

凯里学院

2021年12月